오스 기니스의 표현처럼 21세기의 교회는 "예수님이 '주'(主)인가? 현대성의 세력들이 '주'인가?"라는 시험 앞에 놓여 있다. 불행하게도 교회는 현대성의 위력에 압도당했다. 그 결과 21세기의 서구교회는 허무주의의 심연에 빠져 허덕이며 인본주의의 오만함에 경멸당해왔다.

이 책은 바로 이러한 위기 앞에 선 교회를 향해 선지자의 음성을 전하는 책이다. 현대성을 분석하되, 그것의 은밀한 내부의 논리를 파헤치며 무가치함을 가차 없이 폭로한다. 현대성은 이렇게 외친다. "우리에게 왜 하나님이 필요한가. 우리가 모든 것을 할 수 있는데!" 심지어 현대성은 교회에 하나님 없는 성장을 선물하기도 했다. 가치판단의 기준을 수(數)로 놓고 효율에 따라 줄 세우기로 목회 성공을 재단했다. 특별히 한국교회는 지난 몇 년 동안 사회에 스며든 신자유주의의 유혹 앞에 힘 한 번 쓰지 못한 채 목회의 근간이 흔들리는 치명상을 입었다. 치유와 회복, 그리고 새로운 도전이 요구되는 한국교회에 이 책은 매우 시의적절하다.

오스 기니스는 이른 바 '불가능한 사람'(impossible people)이 되라고 전언한다. 즉, 현대성이 결코 '조종 불가능한 사람', '도무지 한 패거리로 끼어줄 수 없는 사람' 말이다. 이를 위하여 모든 일에 '언제나 충성'이라는 과제가 성도에게 남겨진다.

어떤 독자들에게는 이 책이 매우 불편할 수 있다. 독자 자신 안에 인지하지 못한 채 종양처럼 피어 있는 현대성을 드러내어 거침없이 수술하려 들 것이기 때문이다. 저자는 외과전문의와 같이 이 과정을 치밀하게 수행한다. 그러나 진지한 독자들에게는 결정적인 전환점을 마련하리라. 눈에 보이지 않으나 심각한 도전에 직면한 교회가 이 책의 메시지로부터 하늘의 지혜를 얻길 기대한다. 그래서 주께서 소망했듯 하늘의 뜻이 땅에서 이루어지는 날이 속히 도래하길 고대한다.

송태근_삼일교회 담임목사, 「교회가 알고 싶다」 저자

「소명」, 「생명」, 「인생」, 「르네상스」로 이미 우리에게 익숙한 오스 기니스가 새로운 화두를 던지며 우리에게 다가왔다. 그의 책들은 한 번 손에 들리면 끝까지 눈을 뗄 수 없게 만드는 오래된 것들을 새롭게 보게 하는 것으로 가득 차 있었다. 그런데 특별히 이 책은 사회학자이면서 기독교 변증가인 그의 능력이 돋보이는 수작이다. 급변하는 세상에서 우리가 나아가야 할 방향을 제시하는 나침반을 손에 들려주고 있다.

최신의 사회 현상들을 변함없는 복음에 비추어 보는 그의 통찰력이 우선 놀랍다. 지금 서구는 기독교 이후(post-Christian) 시대에서 무기독교(non-Christian)로 넘어가는 중이며 그 사이에 진보 세속주의와 급진 이슬람이 기승을 부리는 상황이다. 이것은 총성 없는 전쟁이다. 이 책은 전장의 최전선에서 싸움을 벌이는 서구교회의 버거운 현실을 적나라하게 보여 주고 있다. 이것은 바로 우리의 현실이기도 하다. 이 책을 읽으면서 우리는 어떻게 서구 교회를 지원하며 어떻게 우리의 싸움을 대비해야 하는 지를 돌아보게 만든다.

오스 기니스는 인간이 신을 탐하는 바벨 문화 속에서 예언적 메시지를 던지고 있다. 우리로 하여금 이미 닥친 과학, 기술, 사회의 미래를 어떻게 예측하며 사회적 책임을 다할 것인가를 생각하게 한다. 시대를 읽지 못하면 결국 자신도 모르는 사이에 배교의 길을 걷고 소멸의 길로 접어들 수밖에 없다는 경각심이 든다.

급변하는 세상에서 어떻게 '믿음의 북극성'을 제시하며, '복음에 대한 신실함'을 지킬 것인가? 예수님의 제자로서 시대에 부르시는 하나님의 음성에 어떻게 순종할 것인가? 얀 후스, 마틴 루터, 본 회퍼처럼 세상이 감당하지 못할 사람의 길을 어떻게 갈 것인가? 이제 우리는 오스 기니스와 함께 심도 있게 이야기를 나누게 될 것이다. 이런 고민만이 우리의 믿음을 지키며 나아가 착하고 충성스러운 제자가 되게 한다. 가치의 위기를 겪고 있는 현 시대에 대안을 찾는 그리스도인이라면 반드시 읽어야 할 책이다.

한기채_중앙성결교회 담임목사, 서울신학대학교 교수 역임, 「태아축복기도문」 저자

오스 기니스는 시대를 밝혀 주는 기독교 사상가이다. 그는 이 책을 통해 시대와 기독교가 직면하고 있는 도전과 위기의 본질을 드러내면서 이를 어떻게 대처해야 할지에 대해 진지하게 나눈다. 그의 메시지는 항상 과거의 역사에 뿌리를 두고 있으며 동시에 미래의 예측과 대책을 제시한다. 물론 읽기가 수월하지는 않다. 그 이유는 글이 어렵기 때문이 아니라 우리가 그만큼 깊은 고민 없이 살아가고 있기 때문이다.

이 책은 발전되고 있는 현대 문명이 제공하는 안락함에 젖어 그 이면에 숨어 있는 무서운 사상적 세력을 보지 못하는 우리의 잠든 영혼을 깨워준다. 사상은 언제나 가면을 바꾸어 쓰면서 우리를 미혹하지만 그 본질은 언제나 예수 그리스도로부터 떠나게 하는 일이다. 모든 생각을 사로잡아 그리스도께 복종하게 하려는 선한 열심으로 집필된 이 책을 통해 우리 모두가 다시 깨어나기를 간절히 기도한다.

이재훈_온누리교회 담임목사, 「생각을 생각한다」 저자

세상과 한 패가 되기를 은근슬쩍 원하다가 이제는 아예 대놓고 욕망하는 오늘날의 교회는 이 책을 멀리해야 한다. 이 세상의 친구가 되기에 '불가능한 사람들'(Impossible People), 곧 하나님 나라 백성으로 세상을 살아가려 하지 않는다면, 우리가 당면한 세상의 도전을 심각하게 생각할 필요가 없기 때문이다. 그러나 이 세대를 분별하여 본받지 않고, 오히려 마음이 새롭게 되어 주의 뜻을 행하겠다는 하나님 나라 백성에게 이 책은 놀라운 통찰과 선명한 분별을 선물할 것이다. 서구 사회, 특히 미국 교회를 배경으로 쓴 글이지만 동일한 도전 앞에 이미 무릎을 꿇었는지도 모를 우리 자신과 한국교회는 오스 기니스의 예언자적 도전에 정직하고 용기 있게 귀 기울여야 한다.

김형국_나들목교회 대표목사, 하나복DNA네트워크 대표

뇌물과 선물이 현상적으로는 비슷하게 보인다. 그러나 본질과 가치에서는 결코 함께 자리할 수 없다. '그리스도인은 뇌물이 통하지 않는 사람'이라는 표현이 덥고 가문 여름날에 내리는 비처럼 청량하다. 사실 너무 당연한 말이다. 그러나 오랫동안 이 가치를 잊고 살아서 새롭게 들릴 뿐이다. 말하자면 오래된 새로운 가르침이다. 그리스도인은 그 존재 자체가 세상의 선물이다. 그리스도인들이 주님으로 부르는 예수 그리스도께서 세상에 계실 때 그러셨던 것처럼 말이다.

60년대 서구 사회에서 종교학자들을 비롯한 시대의 지성들은 종교가 사라질 것이라고 보았다. 하지만 70년대에는 세속 사회로 돌아온 신을 보아야 했다. 이른바 무종교성 또는 세속주의라는 것은 그 앞에 어떤 수식어가 붙든 사실은 하나의 종교적 구조와 마력을 갖고 있다. 그래서 오스 기니스의 바로 이 책, 종교개혁 500주년에 펴내기에 참 적절하고, 또 이 해에 그리스도인이 읽고 묵상하기에 참 고맙다.

지형은_말씀삶공동체 성락성결교회 담임목사, 「우리는 함께 아름다워지는 거야」 저자

오즈 기니스는 예언자이다. 그의 말을 들으라.

에릭 메택시스_「디트리히 본회퍼: 목사 순교자 예언자 스파이」 저자

오즈 기니스의 예언자적 글을 읽으려고 하면 저절로 자세가 가다듬어 지고 정신을 바짝 차리게 된다. 그의 메시지는 지혜, 용기와 더불어 불확실성을 함께 준다. 우리 문화가 어디로 나아갈지 우리는 예측할 수 없다. 하지만 세대마다 부르심을 받는 그 순간과 만나도록 인도하는 진리의 힘을 우리는 의지할 수 있다.

게이브 라이온스_Q 설립자, 「Good Faith」 저자

오스 기니스의 책이 나오는 대로 모두 읽는 이유는, 나 자신에게 도전할 것이 생기고 내 관점이 넓어지기 때문이다. 나는 이 책이 그의 가장 중요한 역작이 되리라 믿는다. 끝까지 집중하여 읽고 친구들에게도 선물하여 함께 토론해 보라. 그 정도로 이 책의 내용은 중요하다. 당신이 올해 읽은 책 중 가장 중요한 책이 될 것이다.

릭 워렌_새들백처치 목사, 「목적이 이끄는 삶」 저자

이 탁월한 책은 서구의 현대성이 기독교 신앙을 진보 세속주의로 대체하려고 어떤 수작을 벌이고 있는지 선명하게 보여 주고 있다. 이 치명적인 도전에 교회가 굳게 맞설 수 있도록 시의적절하게 경종을 울리는 책이다. 기독교 지도자라면 반드시 읽어야 할 책이다.

모니어 아니스_예루살렘과 중동 성공회 주교

오스 기니스는 이 책에서 특유의 예리하고 명료한 분석과 예언자적 시각으로 오늘날 같은 '절체절명의 중대한 시기'에 전심으로 그리스도를 위해 살도록 우리를 도전하고 격려하며 각성을 촉구하고 있다. 이와 같은 때에 꼭 맞는 책이기에 추천한다.

에이미 오르유잉_기독교 변증학 옥스퍼드 센터 책임자

Impossible People
by Os Guinness

Copyright © 2016 by Os Guinness
All rights reserved.
Published by InterVarsity Press

Korean translation copyright © 2016 by Togijangi Publishing House
2F, 71-1, Donggyo-ro, Mapogu, Seoul 04018, Korea

This Korean edition is published by arrangement with
Intervarsity Press
(P.O. Box 1400, Downers Grove, IL. 60515-1426 USA)

본 저작물의 한국어판 저작권은 Intervarsity Press와의
독점 계약으로 한국어 판권을 '도서출판 토기장이'가 소유합니다.
저작권법에 의하여 한국 내에서 보호를 받는 저작물이므로
무단 전재와 무단 복제를 금합니다.

특별한 표기가 없는 모든 성경 구절은 개역개정성경을 인용한 것입니다.

신앙의 변절을 요구하는 시대를 살다
오스 기니스의 저항

오스 기니스 지음 • 김진선 옮김

토기장이

차례

추천의 글
이 책을 읽기 전에

서문 우리는 이 시대를 살아남을 수 있을까 • 20

제1장 새 질서, 오래된 도전 • 41

'파이로 테크놀로지'에서 '바이오 테크놀로지'로 | '산업화 시대'에서 '정보화 시대'로 | 시간의 제약을 받고 시간에 짓눌리다 | 악이 마음껏 활개치다 | '단일한 현대성'에서 '다양한 현대성'에 이르기까지 | 글로벌 세계를 아우르다

제2장 지금까지 없었던 거대한 도전 • 77

끝없이 고르기 | 개인적 관여와 공적 무관심 | 창문 없는 세계 | 세 가지 경향

제3장 영들의 전쟁 • 119

열국의 천사 군주들 | 세상 질서와 열국의 우상 숭배 | 글로벌 세상의 하늘에는 몇 개의 태양이 있는가? | 광장 높은 곳에서 | 믿는 자 안에서의 전쟁

제4장 암흑의 핵심 • 157

가장 완벽한 혁명 | 견고한 모든 것이 녹아 대기 속으로 사라지다 | 파멸의 지름길 | 유일한 구원의 길은 무엇인가

제5장 아멘이 없는 삶 • 195

불안한 마음 | 교회의 사생아 | 적대적 동반자

제6장 어제나 오늘이나 영원토록 • 235

차이는 언제나 있을 것이다 | 왜 지금인가? | 다음 세대에 전하기 위해 필요한 것 | 전통을 전수하는 기관 | 두 가지 필수 요건 | 기억하라, 또 기억하라

제7장 우리에게 도구를 주소서 • 273

기술이 전부가 아니다 | 영적 전쟁의 무기 | 사상의 근원 추적 | 문화 분석 | 시대의 징조

맺는 글 이 시대의 시험을 견디어 내라 • 303

• 오스 기니스가 선별한 글로 이 책을 이해하는데 도움을 줍니다 •

여호와께서 이르시되 이 무리가 한 족속이요 언어도 하나이므로 이같이 시작하였으니 이 후로는 그 하고자 하는 일을 막을 수 없으리로다 자, 우리가 내려가서 거기서 그들의 언어를 혼잡하게 하여 그들이 서로 알아듣지 못하게 하자 하시고 여호와께서 거기서 그들을 온 지면에 흩으셨으므로 그들이 그 도시를 건설하기를 그쳤더라 그러므로 그 이름을 바벨이라 하니 이는 여호와께서 거기서 온 땅의 언어를 혼잡하게 하셨음이니라 여호와께서 거기서 그들을 온 지면에 흩으셨더라 창세기 11장 6-9절

터가 무너지면 의인이 무엇을 하랴 시편 11편 3절

나는 여호와이니 이는 내 이름이라 나는 내 영광을 다른 자에게, 내 찬송을 우상에게 주지 아니하리라 이사야 42장 8절

네 마음이 교만하여 말하기를 나는 신이라 내가 하나님의 자리 곧 바다 가운데에 앉아 있다 하도다 네 마음이 하나님의 마음 같은 체할지라도 너는 사람이요 신이 아니거늘 에스겔 28장 2절

나는 세상의 피조물들이 외치는 탄식 소리를 들었다. "우리는 이제 더 이상 달릴 수 없어. 창조주께서 우리를 위해 태초에 정해놓으신 그 길을 끝까지 갈 수 없어. 인간들이 악행을 저질러 우리를 풍차의 돛처럼 한자리만 맴돌도록 엉망으로 만들어 놓았기 때문이야. 그래서 이제 페스트처럼 악취가 풍기고 애타게 정의를 기다리느라 썩는 냄새가 나." 하나님은 세상의 피조물들이 학대나 혹사를 당하는 만큼 인간에게 고통과 시련을 주심으로 피조물들을 정화시켜 주실 것이다. 하나님은 모든 피조물을 인류에게 주셨다. 그러나 이 특권을 남용할 때, 하나님은 피조물이 인간을 벌하도록 허용하심으로 정의를 실현하신다.

빙겐의 힐데가르트_빙겐의 힐데가르트와 함께 하는 묵상

나는 너를 세상의 중앙에 두었으므로 네 주변을 둘러볼 때 세상에 무엇이 있는지 쉽게 볼 수 있을 것이다. 우리는 너를 하늘의 피조물이나 땅의 피조물, 혹은 죽을 존재나 죽지 않을 존재로 만들지 않았다. 너는 스스로 선택한 모습대로 너 자신을 만들어 가는 조형자요, 창조주가 되는 자유와 영예를 누릴 것이다. 너는 네 자신을 비천하게 만들어 짐승이 될 수도 있고, 네가 원한다면 더 고귀한 영적 존재로 다시 태어 날 수도 있다.

피코 델라 미란돌라_피코 델라 미란돌라: 인간 존엄성에 관한 연설

세속의 신이라는 인간의 지위를 존중해야 한다. 게오르그 헤겔_법 철학

한 민족이라는 것 … 그것이 우리 시대의 종교이다. 모든 사소한 종교들을 버리고 위대한 의무를 지고의 수준까지 이행함으로 교황이나 루터를

초월하는 고고한 한 가지 신념에 이르도록 그 안에서 자신을 하나되게 하라. 그것이 궁극적 종교이다. 에른스트 아른트_시대의 정신

종교의 시작과 중간, 그리고 마지막은 인간이다.

루드비히 포이에르바하_기독교의 본질

인간은 오직 그 실존이 자신에게서 비롯될 때만 자유롭다 … 철학은 이 점을 명백히 드러낸다. "나는 모든 신을 증오한다"는 프로메테우스의 고백은 철학 자체의 자백이자 최고 신적 존재로서 인간의 자아 의식을 인정하지 않는 천상과 땅의 모든 신을 거부하는 철학 스스로의 표어이다.

칼 막스_박사 논문

수많은 태양계에서 쏟아부은 별들로 반짝거리는 우주의 외딴 곳에 별이 하나 있었다. 그 별에서 어떤 영리한 동물들이 인식이라는 것을 발명했다. 그것은 세계사에서 가장 의기충천하고도 가장 기만적인 순간이었다. 그렇지만 그것도 한순간일 뿐이었다. 자연이 몇 번 숨 쉬고 난 뒤 그 별은 차갑게 꺼져 갔고 영리한 동물들도 멸망할 수밖에 없었다.

프리드리히 니체_비도덕적 의미에서의 진리와 거짓

나는 다시 굶주리고 목마르기 위해 먹고 마실 수밖에 없고 발바닥 아래 열린 무덤이 땅의 식량으로 나를 집어삼킬 때까지 먹고 마실 수밖에 없단 말인가? 나 같은 존재를 더 많이 만들어서 그들이 먹고 마시고 죽어서 내가 이미 한 일과 똑같은 일을 할 수 있도록 그들과 같은 존재들을

남길 수 있도록 해야 하는가? 끝없이 반복되는 이 독립적이고 영원히 반복되는 주기, 언제나 같은 방식으로 다시 시작되는 이 반복되는 게임, 오직 사라지기 위해 만물이 존재하고 다시 되돌아오기 위해 사라지는 이 게임의 의미는 무엇이며 스스로를 복제하기 위해 끝없이 자기를 삼키고 스스로를 삼키기 위해 스스로를 복제하는 이 괴물은 무엇인가?

요한 고틀리프 피히테_인간의 사명

서구사회는 그리스도를 잃었다. 서구가 죽어가는 이유가 바로 여기에 있다. 오직 유일한 이유가 이것이다. 도스토옙스키_노트북

신이 없으면 인간도 없다. 니콜라스 베르댜예프_신중세 시대?

일단 우주 생활에 익숙해지면 인간은 결코 멈추지 않고 우주를 배회하며 대부분을 식민지로 삼거나 이것만으로 만족하지 않을 가능성이 높다. 인간은 별들에 기생해서 사는데 만족하지 않고 별들을 침공해 자신의 뜻대로 조직하려 들 것이다 … 별들을 옛 방식대로 존재하도록 두지 않고 효율적인 열기관으로 바꿀 것이다 … 지적인 조직에 의해 우주의 생명은 수백만 수억 년까지 연장될 수 있고 그때에는 조직마저 사라질 것이다.

-J.D. 버날_세계, 육체, 악마

언젠가 좋은 형질을 가진 시민은 자신의 좋은 혈통을 후대에 남기는 일이 피할 수 없는 가장 중요한 의무이며 나쁜 형질을 가진 시민이 후손을 통하여 나쁜 혈통을 이어가게 해서는 안된다는 사실을 깨닫게 될 것이다. 문명

의 중대한 문제는 인구 중에 가치가 떨어지거나 유해한 요소들은 감소시키고, 상대적으로 가치 있는 요소들은 증가하게 하는 것이다 … 혈통이 나쁜 사람들이 번식하지 않도록 철저히 막을 수 있기를 진정 바란다. 이 사람들의 악한 본성이 노골화될 때 이 일이 시행되어야 할 것이다. 바람직한 사람들이 혈통을 이어갈 수 있어야 한다는데 역점을 두어야 한다.

시어도어 루스벨트_우생학의 왜곡

기이하면서도 간과되는 한 가지 사실은 무슨 일이 있어도 인류 종족에서 완전히 사라져야 마땅한 유형의 사람들이 자신을 재생산하고 집단적으로 지속되도록 허용되어 왔다는 점이다. 이들을 뒷받침하는 것은 차가운 이성의 통제를 전혀 받지 않는 따스한 마음이라는 무분별한 자비의 정책이다 … 지성인들의 출산율을 더 높여야 한다는 요청은 오직 한 가지 답변밖에 없다. 그것은 먼저 정신 박약자들에 대한 부담을 덜어 달라고 정부에 요청하는 것이다 … 불임 수술이 해결책이다.

마가렛 생어_미국의 산아제한 필요성

오직 하나님을 믿을 때만 정부를 비판할 수 있다. 하나님을 제거 하면 정부가 하나님이 된다. 사실 인민의 아편은 무종교이다. 사람들이 세상을 초월하는 존재를 믿지 않을 때, 그들은 세상을 숭배하게 된다. 그러나 무엇보다 그들은 세상에서 가장 강한 존재를 숭배한다. G.K. 체스터튼

자연은 잔인하다. 따라서 우리 역시 잔인해질 자격이 있다. 지금 귀중한 독일의 피가 철철 흘러도 눈 하나 깜짝하지 않고 꽃 같은 독일 청년들을

다음 전쟁터로 내보내는 마당에 해충처럼 번식하는 열등한 인종을 수백만씩 제거할 권리가 내게 없겠는가?

아돌프 히틀러_요아힘 페스트의 히틀러, 1974

여전히 하나님만이 인간에 맞서 인간을 보호할 수 있다. 우리는 영과 진리로 그를 섬기든지, 아니면 우리 손으로 우리 형상과 모양으로 만든 괴물 같은 우상에게 점점 더 스스로 노예가 되어 가든지 할 것이다.

에티엔느 질송_서기 2000년의 공포

스스로 신인 사람은 종교가 필요없다. 스스로 거룩하기 때문이다. 머리를 조아리지 않아도 된다 … 인간이 인간의 조직과 구조 속에서 인공적으로 만든 실재 속에 살면 살수록 자신이 자기 실존의 창조주라는 인상을 더 강하게 받는다. 에밀 브루너_기독교와 문명

인간은 언제나 그 자신의 가장 성가신 문제였다. 인간은 스스로를 어떻게 생각해야 하는가? 라인홀드 니버_인간의 본질과 운명

세상에서 대의들이 진척을 보일 때, 우리는 짐승이 아니라 정신이며 '의무'라고 이름을 짓든 말든 시공간 속에서 무엇인가 이루어지고 있음을 알게 된다. 윈스턴 처칠_끝없는 투쟁

스스로를 신이라고 생각하게 된 사람들, 섭리와 역사에 역행하는 사람들, 인간이 만든 제도를 신뢰하고 그 손으로 만든 것을 숭배하는 사람들,

그 오른팔의 힘으로 승리를 얻었다고 말하는 사람들이 가장 무거운 역사의 심판을 받는다. 허버트 버터필드_기독교와 역사

자연을 지배하는 인간의 힘은 실제로 자연을 도구로 사용하는 일부 사람들이 타인들을 지배하는 힘이다. C.S. 루이스_인간 폐지

지금과 같은 상태의 세상이라면 철학은 어떤 즉각적인 변화도 이루어낼 수 없을 것이다. 철학뿐 아니라 순수한 모든 인간적 사유와 노력도 마찬가지다. 오직 신만이 우리를 구원할 수 있다.

마틴 하이데거_슈피겔지 인터뷰, 1966

시스템들은 그 생태계와 다투는 어리석은 모든 종을 처벌하고 있다. 원한다면 그 시스템의 세력들을 '하나님'이라 불러도 된다.

그레고리 베이트슨_마음의 생태학에 이르는 단계들

지구 행성의 수많은 피조물 중 하나였던 인간이 이제는 그 행성 위로 대적할 자가 없는 제국을 드리우고 있다 … 이 전 지구적 인간 제국은 과거의 모든 문명이 무색해질 정도의 재물을 소유하고 있다. 하지만 바그너의 거대한 바할라 궁처럼 어이없이 비극적으로 운명을 마감할 수도 있다.

아우렐리오 페체이_로마클럽 설립자, 인간의 특성

인간이 되기 위해서는 통제를 받아야 한다. 그것이 윤리라는 단어의 처음이자 마지막이다. 조셉 플레쳐_뉴잉글랜드 의학 저널, 1971

우리는 혼돈의 자식이며 변화의 심오한 구조는 부패이다. 뿌리에는 부패만 있고 도무지 막을 수 없는 혼돈의 조수가 있다. 목적은 사라지고 남은 것은 방향밖에 없다. 우주의 중심을 냉정하게 깊숙이 들여다보면 우리는 이 암울함을 받아들일 수밖에 없다. 피터 앳킨스_제 2법칙

세상의 파멸보다 더 공포스러운 일이 있을까? 있다. 이런 식으로든 저런 식으로든 쓸모없는 지식이 그렇다. 그 지식은 좌충우돌 무에서 나와 아무 목적 없이 빛나다가 결국 영원히 사멸한다. 우디 알렌_1987년 9월

21세기를 살아남을 호모 사피엔스의 확률은 '50대 50에 지나지' 않을 것이다. 마틴 리스_영국 왕실 천문학자, 우리의 마지막 세기

21세기는 특이한 시대이다. 극단이 공존하는 세기이다. 우리는 훨씬 더 위대한 문명을 창출할 수도 있고 새로운 암흑 시대를 촉발시킬 수도 있다 … 우리는 스스로 통제할 수 없는 무엇인가를 시작한 마법사의 견습생처럼 되어 가고 있다. 마법사와 견습생 전설에 따르면 견습생은 마법의 위험성을 알지만 스승이 부재중인 틈을 타서 마법으로 장난을 한다. 그 이야기에서는 마법사의 제자가 그 견습생밖에 없지만 이제는 우리가 모두 견습생이다. 제임스 마틴_21세기의 의미

오메가 포인트에 도달하는 순간 생명(호모 사피엔스)은 단순히 단일 우주에서 뿐 아니라 논리적으로 생존이 가능한 모든 우주에서 모든 물질과 힘을 통제하게 될 것이다. 생명이 존재할 가능성이 있는 모든 공간적 지

역으로 확산될 것이다. 존 배로우와 프랭크 티플러_인류학적 우주론 원리

7만 년 전 호모 사피엔스는 여전히 아프리카 후미진 곳에서 자기 앞가림에만 신경쓰는 하찮은 동물에 지나지 않았다. 이후 몇 만 년에 걸쳐 이들은 스스로 전 지구 행성의 주인으로 변모했고 생태계의 공포스러운 존재가 되었다. 오늘날 이들은 신이 되려 하는 참이다. 영원한 젊음을 손에 넣을 뿐 아니라 창조와 파괴의 신적 능력까지 소지할 태세를 갖추었다 … 인간의 능력이 그 어느 때보다 막강해졌지만 그 모든 힘으로 무엇을 해야 할지 거의 무지하다. 더 문제는 인류가 과거 그 어느 때보다 무책임하다는 것이다. 친구라고는 물리 법칙밖에 없으면서 스스로를 신으로 만들어 놓고 책임질 줄을 모른다. 그 결과 친구인 동물들과 주변 생태계를 황폐화시키고 있지만 오로지 자신의 안락함과 즐거움을 추구하면서도 만족할 줄을 모른다. 스스로 무엇을 원하는지도 모른 채 불만스러워하며 무책임한 신들보다 더 위험한 존재가 있을까?

유발 노아 하라리_사피엔스

젊은 시절에 나는 나 자신이 '역사의 의미'에 대해 공언할 수 있다고 생각할 만큼 자신만만했다. 이제 나는 역사의 의미는 선언할 수 있는 것이 아니라 발견되는 것임을 깨달았다 … 모든 세대는 인간의 조건과 관련된 가장 중요한 쟁점들과 제대로 대면했는지 여부로 평가받을 것이다. 정치인들은 어떤 결과가 발생할지 모르더라도 이 도전에 맞서겠다고 결단해야 한다. 헨리 키신저_세계 질서

이런 개념들에 대해 토론을 한 후 어떤 사람이 내게 와서 "그렇게 말씀해주셔서 감사한데 선생님은 지는 싸움을 하고 있다고 생각하지 않으십니까?"라고 물었다. 좋은 지적이었다. 하지만 나는 이렇게 대답해주었다. "그래요, 유대인들의 싸움은 지는 싸움이 맞아요. 늘 그랬지요. 모세도 졌고 여호수아와 예레미야도 졌어요. 우리는 이룰 수 없는 이상을 이루고자 노력했고 불가능해 보이지만 아름다운 사회를 이루고자 희망했어요. 저 멀리 지평선 끝닿은 곳에서나 있을 메시야 시대를 믿었고 천사들과 씨름하다가 불구가 되었어요. 그동안 과거에 이겼던 자들은 모두 사라지고 없어요. 그런데 우리는 아직도 생기 왕성하게 젊음을 유지한 채 이 자리를 지키고 있지요. 여전히 지는 싸움을 하고 있지만 냉소주의에 빠지거나 과거처럼 지금도 우리의 파멸을 노리는 이들과 화해할 희망을 포기하지 않고 있어요. 이런 식의 지는 싸움이라면 손쉬운 승리나 섣부른 위로보다 훨씬 더 가치 있는 싸움이라 하겠지요."

랍비 조나단 삭스_미래 시제

서문

우리는 이 시대를 살아남을 수 있을까

1930년대 독일의 그리스도인들이 국가 사회주의의 매혹과 강압에 어떻게 그리 속절없이 굴복할 수 있었는지 궁금해 하는 사람들이 많다. 그런데 그들이 살았던 시대의 성격을 이해하면 대답은 분명하다. 오늘날 수많은 그리스도인들도 이 시대의 도전 앞에 그들처럼 맥없이 굴복하고 있다. 발전된 현대성(advanced modernity)의 유혹과 왜곡을 통해서든 성 혁명 이면의 그럴 듯한 사상을 통해서든, 혹은 현 시대의 의미와 우리를 대적하는 세력의 적개심을 제대로 이해하지 못해서든, 이러한 속절없는 굴복으로 우리의 복음 증거는 점점 힘을 잃어가고 있으며 예수의 주 되심과 권세는 배반을 당하고 있다. 이 모든 일이 전 세계 곳곳에서 중대한 사건들이 밀물처럼 몰려오는 바로 이 시점에 일어나고 있다.

현 단계의 역사는 발전된 현대 세계(advanced modern world)의 특성을 등에 업고 서구 교회 앞에 도전장을 내밀고 있다. 이러한 도전은 기독교인들에게 황제를 신으로 모시고 향불을 올리도록 했던 로마인들의 요구 못지않게 집요하고 단호하다. 앞으로 살펴보겠지만 서구 교회를 향한 이러한 도전은 아주 교묘하며 그 규모는 유례가 없을 정도로 크다. 그럼에도 불구하고 우리는 우리 주(主)의 소명을 부정하는 모든 것에 대해 어떤 대가를 치르더라도 용감하게 '노'(no)라고 대답해야 한다. 진정 예수님이 '주'(主)인가? 현대성의 세력들이 '주'인가? 주님을 부정하는 일체의 것에 '노'라고 말할 수 없는 교회는 문화적 패배와 예속이 예정된 길에 올라탄 셈이다. 그러나 '노'라고 용감하게 말했다면 그 다음에는 역시 용감하면서도 분명하고 생산적인 '예스'(yes)를 해야 한다. 주님의 복음과 생명, 인간과 미래에 대한 그분의 비전에 '예스'라고 말해야 한다. 그래야 그리스도인들이 이 세상과 다르게 살더라도 더 잘살 수 있음을 세상에 보일 수 있다.

지금 서구 그리스도인들은 절체절명의 중대한 시기에 살고 있다. 그리스도인들과 세상 문화의 격차는 점점 더 벌어지고 있고, 수많은 명목상의 그리스도인들이 '무종교인'이 되어 가고 있다. 여러모로 우리는 '고난주간(holy week)의 목요일 저녁'을 살아가고 있는 셈이다. 아직 수탉이 울지는 않았지만 주님의 최후를 보고 싶은 성난 군중들은 이미 이전에 저지른 우리의 배신을 충분히 보고 들은 터라 수치스러운 굴복을 더욱 재촉하고 있다. 그러므로 지금은 비겁자들이나 방관자들, 혹은 판사가 판결을 내릴 때까지 결정을 보류하는 사람들의 시간이 아니다.

지금 우리는, 전체 인류에게는 엄중한 시기이자 서구 교회에게는 결정적인 결전의 순간을 앞두고 있다. 수백 년에 걸친 유대교와 기독교 신앙에 대한 공격이 마무리되고, 서구를 규정하는 신앙이자 이데올로기로서 발전된 현대성의 조건에 최적이라는 '진보 세속주의'(progressive secularism)로 완전히 대체되느냐의 기로에 서 있다. 그러므로 점증하는 이 위기는 다름 아닌 발전된 현대 사회에서 서구의 영혼과 어떤 형태이든 믿음의 자리를 두고 벌이는 싸움이다. 이 위기는 다음 네 가지 도전의 상호작용이라는 차원에서 표현될 수 있다.

첫째, 서구를 규정하는 신앙으로서 유대교 신앙과 기독교 신앙의 우월성이 지속적으로 약화되어 이제 거의 퇴출 위기에 놓였다. 한편으로는 진보 세속주의의 공격과 다른 한편으로는 세계를 빚어 가는 발전된 현대성의 위력에 압도 당하고 있는 것이다.

둘째, 진보 세속주의가 거의 승리함으로써 유대교와 기독교 이후 세력의 싸움이 본격화되었다. 허무주의와 퇴폐, 야만성은 내부에서 서구의 쇠퇴와 몰락을 야기할 것이고, 진보 세속주의나 진화론적 인본주의의 오만함, 치솟는 자기 확신은 서구를 완전히 새로운 방향으로 인도해 신세계를 열고자 하는 오만한 시도를 진행할 것이다.

셋째, 유대교와 기독교 신앙이 붕괴됨으로써 전 세계의 지배력을 두고 싸우고 있는 강력한 대체 세력들, 즉 진보 세속주의와 급진 이슬람이 전 세계적으로 득세할 길이 열렸다.

넷째, 전반적인 상황이 서구의 모든 교회에 이중적 도전으로 다가오고 있다. 과연 주님을 증거하며 삶으로 살아가는 기독교 신앙이 발전된 현대 세계와 제도의 위력을 이겨내게 할 수 있을까? 일부 서구 국가에서 여전히 다수를 차지하고 있는 그리스도인들이 과연 진보 세속주의의 공격과 생활양식을 극복해내고, 인류 미래에 결정적으로 기여할 위치를 고수할 수 있을까?

본서는 발전된 현대 세계에서 교회가 받는 도전에 집중 조명하고 있지만, 사실 개별적으로 살펴보며 그 성격을 제대로 이해하기란 쉽지 않다. 이 모든 도전을 하나로 종합한 전체적인 시각을 가져야만 명확해진다. 반기독교 세력이 득세한다 해도 이는 그리스도인들이 전에 극복했던 이방 세계의 철학과 윤리, 생활 방식으로 복귀하는 것에 불과하기 때문이다. 다시 말해 지금의 도전은 첫 3세기 동안 초대 교회와 로마 사이에 벌어진 숙명적 충돌과 16세기에 있었던 오트만 이슬람의 술탄들이 가한 위협에 비길 만하다.

이 거대한 전략적 도전은 논의가 진전될수록 세부 내용이 드러나겠지만 핵심 부분을 먼저 요약해 소개한다면 다음과 같다. 발전된 현대성의 도전은 단순히 사상의 문제에 국한되지 않는다는 것이다. 그렇다. 서구 그리스도인들은 분명히 여러 사상적 조류의 결탁으로 인한 강력한 반대에 직면해 있고, 이 사상적 조류들은 거대한 홍수처럼 기독교 신앙을 삼키려고 엄청난 위협을 가하고 있다. 이 홍수는 수 세기에 걸쳐 공고화된 악명 높은 다음 네 가지 요인의 결과이며 모두 's'로 시작한다. 세속화(secularization)로 강화된 세속주의(secularism)는 분리주의(separationism)로 그 세력이 강화되었고, 그 결과 국가주의(statism)라는 새롭고 가공할 방식이 등장했다. (60년대, 'sixties'라는 다섯 번째 s요인이 추가될 수도 있다. 1960년대는 유럽과 미국 양쪽 모두 문화적 분수령에 해당하기 때문이다.) 이런 용어들과 흐름은 각기 다르기 때문에 각각의 의미를 살펴보며 구분하고, 서로 간의 관계를 확인하는 작업이 필요하다. 더 중요한 것은 이 모든 요인이 용기를 내어 저항하고 믿음으로 극복해야 할 대상이라는 것이다. 발전된 현대성의 세력들이 교회를 약화시켜 왔다면, 이 다른 세력들은 이제 서구의 유대교와 기독교 신앙을 완전히 무너뜨릴 조짐을 보이고 있다.

　서구 교회 전체에게 이 도전은 중대한 최후의 결전과도 같다. 따라서 본서는 가장 심각한 위기에 처한 서구의 그리스도인 전체를 일차적 대상으로 한다. 하지만 동시에 전 세계 모든 그리스도인 역시 서구와 서구 교회가 봉착한 위기의 중대성을 알아야 하고, 그 위기에 대처하기 위한 그들 자신의 역할이 필요함을 인식해야 한다. 그들도 언젠가 서구 교회와 동일한 도전과 문제에 직면하게 될 것이기 때문이다. 곧 서구 그리스도인들에게 전 세계 형제 자매들의 도움이 필요하게 될 것이다. 그리고 서구에 대한 그들의 지원이 필수적임도 드러나게 될 것이다. 비록 그들이 자국에서는 수적으로 열세이고 서구에 비해 가난하기는 하나, 서구 그리스도인들과 달리 현대성에 심각하게 오염되어 있지 않기 때문이다. 사도 베드로처럼 '은과 금'은 적을

지 모르지만, 그들에게는 서구 교회에 절실히 필요한 신실한 믿음과 용기, 담대함과 초자연적 체험이 있기 때문이다.

이 책은 여러 면에서 유대 공동체의 친구들에게 바치는 조용한 헌사이기도 하다. 많은 유대 지도자들이 인정하듯이 지금 유대인들은 발전된 현대성의 영향으로 유대교 이탈자들이 급증하는 심각한 위기에 봉착해 있다. 이것은 이전과 달리 반유대주의나 박해가 주된 원인이 아니다. 랍비 조나단 삭스의 말을 빌리자면 "유대인으로 사는 것이 쉽지 않을 때, 사람들은 유대인의 정체성을 고수했다. 하지만 유대인으로 사는 게 쉬워지자 사람들은 유대인이기를 포기했다. 전 지구적으로 이 시대 유대인의 중대한 문제가 이것이다."[1]

유대교가 명백히 위기에 처한 것은 사실이지만, 이른바 '유대인의 시간'이라고 할 수 있는 시대에 우리가 살고 있는 것 역시 사실이다. 무엇보다 첫째로 아브라함에게 기원을 둔 세 종교(유대교, 기독교, 이슬람교) 중 하나를 추종하는 이들이 세계 인구의 절반 이상이다. 둘째, 서구 세계가 유대 신앙과 사상에 오랫동안 많은 신세를 져왔음은 주지의 사실이다. 무엇보다 인간 존엄성과 자유라는 선물을 그들에게서 받았고, 자유를 중시하는 정치 제도에서 계약의 중요성을 인정하게 되었다. 셋째, 험한 역사 가운데 유대인들이 기적적으로 생존할 수 있었던 비결을 통해 믿음을 지킬 수 있는 방법을 배울 수 있다. 그리스도인들은 이 점에 대해 유대인들에게 감사해야 한다. 단순한 사실이지만 유대교의 많은 중요한 가치들이 우리가 망각할 위험에 처한 바로 그 가치들이다. 우리가 우리 주님께 끝까지 신실함을 지키고 우리 자신의 믿음을 증명하기 위해서는 반드시 그것들을 고수해야 한다.

본서는 여러 가지 이유에서 미국 교회에 집중할 것이다. 미국은 여전히 세계 주류 사회를 대표하고 있으며 발전된 현대 세계의 도전을 첨예하고 확실하게 경험하고 있기 때문이다. 또한 미국의 그리스도인들이 여전히 실제적 다수라는 점도 중요하다. 만약 그들의 부르심이 회복된다면, 우리는 세속주의자들의 침탈을 막고 세상을 더 나은 방향으로 인도하는데 큰 도움을 받게 될 것이다.

그러나 이러한 찬사 때문에 미국인들이 자기만족에 빠질 이유는 전혀 없다. 진보 세속주의의 승리(혹은 이교사상의 성공적 복귀)가 다른 서구 사회보다 미국에서 더 즉각적인 파멸을 초래할 이유들이 곳곳에 있기 때문이다.

누구나 알다시피 서구의 그리스도인들은 궁지로 내몰릴 때가 많다. 그들은 미래가 절망적이라는 말을 반복해서 들어왔다. 그들은 1천 년에 걸친 쇠퇴기를 경험하면서, 지는 싸움을 하고 있으며 게임의 승패는 이미 결정이 나 있다는 말을 줄기차게 들어왔다. 즉, 기독교는 '어제의 신앙'이고, 우리 시대는 이미 과거이며, 다른 신앙을 인정하지 않는 이유는 편협하기 때문이고, 우리는 '잘못된 역사의 편에 선' 보수 꼴통이라는 것이다. 실제로 그런 사람들이 있기라도 한 듯 미래는 무신앙(faith free)의 세상이 될 것이라고도 주장한다. 로마와 서구의 기독교화는 길게 굽이치는 역사의 길에서 '잘못 우회한 것'에 불과하며 따라서 서구는 방향을 잘못 틀었던 그곳으로 다시 돌아가야 한다고도 주장한다. 황제 율리아누스(배교자 율리아누스)는 로마가 이교의 위대함을 회복하는데 실패했으나 진보 세속주의자들은 그의 실패를 멋지게 만회할 것이다. 다만 그들의 목표는 세속주의적 철학을 제외하면 되돌아가는 것이 아니라 앞으로 전진하는 것이다. 새로운 전방으로, 즉 슈퍼 테크놀로지, 자동화, 로봇, 인공 지능, 인도된 진화, 특이점, 오메가 포인트와 오메가맨의 완전히 새로운 약속의 땅을 향해 나아가는 것이다.

우리는 그런 주장들을 단호하고 철저하게 배격해야 한다. 한편으로는 과학을 적극적으로 옹호해야 하지만, 미래의 신으로 자처하며 자신들의 인본주의적 미래를 앞당기고자 열을 올리는 그들의 유토피아적 판타지는 거부해야 한다. 향후 상상 불가의 우주 공간을 탐험하게 될지라도 뒤틀린 인간성은 여전히 그대로일 것이다. 또한 우리는 '예수의 추종자'로서 보수적인 반동이나 한물간 퇴물이라는 비방을 거부해야 한다.

우리는 오늘날처럼 왜곡된 기형적 세계에서 여전히 소금과 빛의 사명을 감당해야 한다. 우리는 과거의 훌륭한 유산의 수호자일 뿐 아니라 미래를 위해 세상과 맞서야 할 임무를 지닌 개척자이다. 현재 당면한 많은 도전들 중 이보다 더 중대한 소명은 없다. 이 시대가 심각하기는 하지만 현재의 도전은 그 자체로 의미심장하다. 또한 앞으로 더 심각한 시련이 닥친다는 전조 증상이기도 하다. 그러므로 현재 우리의 반응은 앞에 놓인 더 중대한 시험의 시범 운행이나 마찬가지다. 주께서 낙심한 예레미야 선지자에게 훈계하셨듯이 우리가 "보행자와 함께 달려도 피곤하면 어찌 능히 말과 경주하겠"는가(렘 12:5). 그렇다면 우리는 한 가지 단순한 문제와 맞닥뜨리게 된다. 기독교 신앙이 우리에게 더 이상 실제적이고 결정적인 신앙이 아니라면, 기독교가 우리 사회와 우리 문명의 결정적이고 실제적인 신앙으로 머물러 있기를 어떻게 기대할 수 있는가 하는 것이다.

유일한 청중

우리는 예수님의 제자로서 한 명의 청중, 유일한 청중, 바로 하나님 앞에서 살도록 부름을 받았다. 아브라함 이후로 믿음의 삶은 언제나 '한 목소리에 모든 것을 거는' 것이었다. 우리에게는 한 목소리만이 중요하다. 국민의 소리도 아니고 시대의 음성도 아닌 하나님의 음성만이 중요하다. 인기나 위로를 구하는 욕망의 부드러운 속삭임이나 스스로의 명성을 구하는 조심스러운 눈동자, 혹은 위협적인 행동주의자와 소셜 미디어 군중의 비열한 얼굴은 중요하지 않다. 마찬가지로 중요한 판단도 한 가지밖에 없으며 최종적으로 중요한 칭찬의 말도 한마디밖에 없다. "잘하였도다. 착하고 충성된 종아."

우리 부모님은 어린 나에게 이 교훈을 가르치기 위해 애를 쓰셨다. 물론 그분들의 가르침과 내가 스스로 그것을 체득하기까지는 긴 시간적 격차가 있었지만 말이다. 옳은 것이 무엇인지 아는 것과 그것을 신실하게 지키는 것은 언제나 차이가 있을 수밖에 없다. 나는 중국에서 유년 시절을 보냈다. 중국은 2세기에 걸쳐 유럽과 미국의 침탈에 유린 당하고, 이어서 2차 세계대전과 야만적인 내전으로 큰 상흔을 입었다. 당시 나는 수도였던 난징에서 살았지만, 다닐 만한 학교가 거의 없었던 까닭에 다섯 살에 상하이의 기숙학교로 가기 위해 비행기에 올랐다.

그 어린 나이에 기숙학교로 들어갈 수밖에 없었던 당시의 상황이 가혹한 것은 분명했지만, 그런 경험을 하는 아이가 나만은 아니었다. 나는 부모님과 떨어져 홀로 생활한 것이 그때가 처음이었다. 그래서 아버지는 우리 가족 생활의 중심에 '믿음의 북극성'이 있음을 상기시키는 상징물로 두 개의 작고 매끈한 납작돌을 찾아 그 위에 아버지와 어머니의 인생 좌우명을 붓으로 써넣어 내게 주셨다. 오랫동안 그 작은 두 돌멩이는 당시 대부분 영국 남학생들이 입던 교복인 나의 회색 플란넬 반바지 주머니에 들어 있었고, 만질 때마다 아버지와 어머니를 떠올리게 해주었다. 오른쪽 주머니에는 아버지의 좌우명인 "충성된 종이 되라"가, 그리고 왼쪽 주머니에는 어머니의 좌우명인 "주님을 기쁘시게 해드리자"가 적힌 돌멩이가 들어 있었다.

이후 마오쩌둥과 인민군이 난징을 접수하고 수도를 다시 베이징으로 옮긴 후, 철권 통치가 시작되면서 나는 중국에서 탈출하는 혼란 통에 그 작은 두 돌멩이를 잃어버리고 말았다. 그러나 그 안에 담긴 교훈을 잊은 적은 단 한 번도 없었다. 예수님의 제자들은 어디든지 언제든지 어떤 일에도 불구하고 '충성된' 종이 되었고 '그분을 기쁘시게 하는' 부르심 가운데 살았다.

중국의 우리 형제 자매들은 역사상 가장 체계적이고 잔인한 박해를 받아왔다. 그러나 그들은 그 옛날 제자들과 동일한 충성심으로 스스로를 무장했다. 이 글을 쓰고 있는 지금도 우리는 세계 곳곳에서, 특히 한때 교회의 요람이었던 중동에서 그리스도인들의 순교를 목도하고 있다. 그들은 무고와 공격, 신체 절단과 강간, 종교 청소, 살해, 폭탄 테러, 참형과 심지어 십자형에 이르는 위협을 받고 있다. 이 모든 위협은 그들이 예수님의 이름을 부인하지 않기 때문이다.

그런데 우리는 어떠한가? 우리 역시 어떤 대가를 치르더라도 예수님과 그분의 권위를 따를 준비가 되어 있는가? 아무 생각 없이 한 번만 절하면 다니엘의 세 친구들은 목숨을 부지할 수 있었음에도, 산 채로 불태워 죽인다는 위협에 굴하지 않고 느부갓네살 왕의 우상 숭배를 거부했다. 창문 하나만 닫고 커튼만 쳐도 다니엘은 목숨을 구할 수 있었음에도, 하나님을 향한 충성심을 약화시키기는커녕 사자의 먹이가 되는 길을 선택했다. 향을 피우는 흉내만으로도 목숨을 건질 수 있었음에도, 초대 그리스도인들은 예수가 아닌 시저를 주로 인정하기를 거부함으로 인간 횃불이 되어 사라지거나 야수의 저녁 먹잇감이 되었다. 황제와 왕비와 전 제국에 맞서는 것이 터무니없는 만용으로 여겨졌음에도, 아타나시우스는 세상에 맞서(세상을 등지라, contra mundum) 진리를 대변했고 그 신실함으로 다섯 번이나 유배 생활을 했다. 양심을 따라 전통의 합의에 맞서는 마틴 루터를 사람들은 교만하다거나 미쳤다고 말했지만, 그는 화형대에서 죽어간 얀 후스의 순교에도 굴하지 않고 끝까지 믿음을 지켰다. 학문이라는 미래의 중대한 일을 위해 목숨을 보존하라는 절친한 친구들의 만류에도, 디트리히 본 회퍼는 히틀러의 소굴로 다시 들어가 두려운 교수대의 위협에 맞섰다.

그런데 우리는 어떠한가? 우리는 우리 앞에 있는 허다한 구름 같은 증인들과 순교자들의 빛 안에 살고 있는가? 아니면 발전된 현대 세계의 안락한 분위기에 젖어 아무 생각 없이 살고 있는가? 사실 오늘날은 신앙의 박해보다 현대성의 유혹이 더 위협적이다. 로마 제국의 황금시대에 플리니 2세(Pliny the Younger)는 그리스도인들이 비타협적이고 뜻을 굽히지 않으니 처형해야 한다고 말했다. "죄의 성질이 어떠하든 그들의 고집과 꺾이지 않는 교만은 처벌을 받아야 한다고 생각한다."[2] 많은 순교자들도 유사한 죄목으로 처형당했다. "그들이 끝까지 고집을 피우고 주장을 굽히지 않아서 처형했다."[3]

오늘날 우리라면 끝까지 고집을 꺾지 않는다는 이유로, 비타협적이고 완강하다는 이유로 유죄 판결을 받을 수 있겠는가? 기독교 역사상 지금의 서구처럼 예수의 주 되심이 부당한 취급을 당하거나 기독교 수정주의가 득세한 적이 없다. 오늘날처럼 기독교의 성경 해석이 이렇게 자의적이고, 설교가 이렇게 타협적이며, 신앙인의 행실이 이렇게 방탕한 때가 있었는가? 오늘날처럼 아무 고민 없이 세상과 타협하고 쉽게 신앙을 저버리면서도 그 수치를 모르니 이렇게 천박한 적이 또 있었는가?

다시 한 번 말하겠다. 1930년대 독일 그리스도인들이 국가 사회주의의 매혹과 강압에 어떻게 그렇게 속절없이 굴복할 수 있었는가? 그들이 살았던 시대의 성격을 이해하면 대답은 분명하다. 오늘날 수많은 그리스도인들도 이 시대의 도전 앞에 그들처럼 맥없이 굴복하고 있다. 현대성의 유혹과 왜곡을 통해서든, 혹은 성 혁명의 유혹을 통해서든, 혹은 우리를 대적하는 세력의 집요한 적개심을 제대로 이해하지 못해서든, 이러한 굴복으로 우리의 복음 증거는 날카로운 예리함을 잃어 가고 있으며 예수의 주 되심과 권세는 배반을 당하고 있다. 이제 이 상황을 되돌려 우리 주님께 합당한 태도를 취할 때가 되었다. 아니, 이미 늦은 감이 있다. 온 열방의 우리 형제 자매들이 믿음을 지키려고 목숨으로 대가를 치르고 있는 이때, 서구의 세대는 우리 주를 배신했다는 쓰라린 후회만을 남기기 전에 어서 서둘러야 한다.

타협불가론자

왜 이 책의 제목이 '불가능한 사람들'(impossible people, 원서 제목)인가? 이 말은 11세기 베네딕트 수도회의 개혁가 피터 다미안(1007-1073년)을 일컬어 사용된 표현이었다. 단테는 다미안을 낙원의 최상위 계열에 속하는 성인이자 아시시 프란시스의 전임자로 보았다.

우리 시대처럼 천 년 전에도 사람들은 진리를 무시하고 기독교 신앙의 온전성과 진실성에 무관심했다. 죄의 심각성에 대한 자각의 결여로 교회는 타락하고 부패가 기승을 부렸다. 뿐만 아니라 성직자와 교회 지도자, 일반 성도까지 도덕적으로, 신학적으로 부패했다. (히브리 선지자들의 시대처럼 오늘날 복음주의자들 중에서도 목회자들이 성도들을 미혹과 타락으로 이끌 때가 너무 많다. 물론 '저명한 목자들'이라는 용어 자체가 모순이다.) 이에 맞서 다미안은 개혁을 촉구했는데, 교회의 지위를 돈으로 사고파는 성직 매매를 격렬히 비판했고, 성직자들 사이에 용인되던 동성애, 소아성애, 남색을 강도 높게 비난했다.

후에 가톨릭교회는 다미안의 열정을 인정하여 그를 성 피터 다미안으로 시성했다. 물론 생전에 그는 광적이고 부정적이라는 비난을 받기도 했다. 그러나 사실 그는 교회의 '영혼의 전쟁'에 목숨을 건 사람이었고, 예수님께 충성하고 복음의 진리를 지키고자 헌신한 사람이었다. 그가 모든 형태의 부패와 부도덕을 가차없이 비판하고 좌시하지 않았던 이유는 그 안에 있는 열정 때문이었다. 그는 어떤 방해와 반대에도 흔들리지 않고 맞섰다. 오직 예수께 헌신하고자 하는 그의 열정이 얼마나 불 같았던지 그는 '조종 불가능한 사람', '뇌물이

안 통하는 사람', '아무도 말릴 수 없는 사람'이라고 불렸다. 그리고 후대에 조지 오웰이 누군가를 인정할 때 사용한 표현대로 그는 '도무지 한 패거리로 끼워 줄 수 없는 사람'이었다(한 패로 끼워 준다는 것은 유화책을 통한 최고의 설득 수단이다).

물론 불가능한 사람(impossible man)은 그 뜻이 모호해 칭찬의 말로 해석될 수도 있고 모욕적인 말로 받아들여질 수도 있다. 당시 피터 다미안을 존경하는 사람들도 많았지만, 그 못지않게 그를 미워하는 사람들도 많았다. 타협을 모르는 그로 인해 많은 사람들이 불편해 했고 뜻을 꺾어야 했다. 그러나 피터 다미안은 이에 대해 전혀 개의치 않았다. 그는 오직 한 청중만을 생각하며 말하고 글을 쓰고 행동했다. 그 외 다른 목소리는 그를 제지할 수 없었다. 그는 오직 예수님께만 신실했다. 그의 믿음은 강철 같이 강했다. 그는 난공불락의 사람이었다.

우리에게는 바로 이런 기독교 지도자들이 필요하다. 성 바실리의 거침없는 지적에 큰 모욕감을 느낀 한 로마 근위병 대장은 평생 누구에게도 이런 취급을 받은 적이 없었다며 큰 소리로 말했다고 한다. 그러자 바실리는 "단언컨대 당신은 주교를 만난 적이 없었소"라고 대답했다고 한다. (그가 이 말을 할 당시는 주교가 정치적 임명직이 아니었음이 분명하다. 그리고 주교가 된다고 권력과 개인적 출세가 보장되는 때도 아니었다. 종교상의 이유가 아닌 다른 이유로 임명되는 그런 식의 주교들이 존재하는 한 교회는 절대 자유롭지 못할 것이다.) 그러나 지금의 도전은 단순히 지도자에 국한되지 않고 훨씬 광범위하다. 발전된 현대 세계에서 예수님의 신실한 제자로 살고자 하는 이들은 모두 이와 유사한 도전과 유혹에 직면해 있다. 그러므로 우리 역시 '불가능한 사람들'이 되어야 한다. 연민으로 눈처럼 녹을 수 있는 가슴을 가졌으나 강철과 부싯돌처럼 단호한 얼굴과 의지로 어떤 압력과 유혹에도 넘어가지 않고 농락 당하지 않으며 뇌물이 통하지 않는 그리스도인, 그럼에도 우리 주님의 온유함과 자비와 은혜와 따뜻함을 잃지 않는 그리스도인이 되어야 한다. 복음주의자이든 가톨릭이나 정교회 교인이든, 혹은 오순절파 교인이든 우리는 어떤 일에도 불구하고 그 누구보다 오직 예수께만 흔들림 없는 충성을 바쳐야 한다. "예수는 주님이시다"가 우리의 고백이자 권위이며 기준이고 인생의 법칙이 되어야 한다. 그분을 부정하는 사람이나 대상이 무엇이든 우리는 굳건히 맞서야 한다. 현대 그리스도인들은 어깨가 튼튼해야 한다. 그 어깨는 명령받은 대로 십자가의 무게를 감당할 수 있어야 만들어지는 것이다.

본서는 이미 출판된 「르네상스」의 자매편이다. 그 책을 먼저 출간한 것은 한 가지 이유 때문이다. 나는 그 책에서 복음에 대해 확고한 믿음(영원히 흔들리지 말아야 할)을 가져야 할 이유를 살핀 후, 낙관적 희망으로 끝맺었다. '도전과 반응'이라는 일반적 순서를 의도적으로 뒤집어 도전보다 반응을 먼저 소개했다. 예수의 복음의 성격과 기록이 그러하기에 시대가 아무리 암울하고 감당해야 할 도전이 아무리 엄청나더라도 우리는 복음을 절대적으로 신뢰해야 한다. 암울함, 충격, 공포는 하나님의 백성들의 길이 결코 아니다. 우리는 두려워할 필요가 없다. 본서는 우리가 당면한 도전과 이 도전에 대한 우리의 반응이라는 주관적 면을 다룬다. 복음 자체가 변화시키는 능력을 내재하고 있지만, 우리는 모든 어려움에 맞서 어떤 대가를 치르더라도 복음을 신뢰하고 복음에 순종하며 살아야 한다. 용기와 확신을 가지고 복음에 반응해야 한다. 그래야 오늘의 세상에서 예수님의 부르심과 그 나라의 복음에 맞게 신실하게 살 수 있다.

도전의 객관적인 면에 대해서는 전혀 걱정할 필요가 없다. 예수의 복음은 그 자체로 변화시키는 능력이 있음을 믿어야 한다. 무엇보다 복음은 인류를 구원하기 위한 하나님의 능력으로, 그 영향력은 찬란하면서도 부정할 수 없는 기록으로 남아 있다. 오늘날의 과제는 복음에 대한 우리의 신실함이다. 우리는 복음을 믿는다고 말하는 모든 이에게 요구되는 도전에 부응해야 한다. 하나님의 말씀과 어긋나는 모든 것과 단절하겠다는 용기로 복음에 대한 우리의 확신을 입증해야 한다. 간단히 말해, 우리는 복음에 대항하는 모든 주장과 권력에 맞서, 믿음으로 우리의 안전과 생계, 명예와 삶 자체를 하나님과 그분의 말씀에 걸 준비가 되어 있어야 한다. 그러므로 우리는 부르심을 받은 대로 살아야 한다. 자기 십자가를 지고 복음과 예수의 주 되심에 합당한 삶을 살 때 따르게 될 대가를 계산해 보아야 한다. 그리고 어떤 대가를 치르더라도 역사적으로 우리 앞에 있고, 오늘날 우리 주변에 있는 구름처럼 허다한 증인들에 비견될 만한 삶을 살아야 한다.

지난 세기 가장 위대한 기독교 지도자를 한 사람 꼽는다면, 그는 런던 랭함 플레이스의 올 소울즈 교회 교구 목사이자 탁월한 설교자, 성경 교사, 복음 전도자, 저자, 세계적 지도자이며 많은 이들의 친구인 존 R.W. 스토트이다. 수십 년 동안 그와 알고 지냈지만 나는 임종 3주 전 병상에 누운 그를 마지막으로 방문한 때를 결코 잊지 못할 것이다. 한 시간 넘게 기나긴 지난 세월의 수많은 추억들을 함께 나눈 후, 나는 그를 위해 어떤 기도를 해주기를 바라느냐고 물어보았다. 그는 누운 채 기력이 딸린 듯 거친 숨을 몰아쉬며 거의 들릴락 말락 한 소리로 이렇게 속삭였다. "마지막 숨이 떨어질 때까지 주님께 신실할 수 있도록 기도해주게."

우리 세대도 바로 이런 기도의 열정이 불타오르기를 바란다. 유대 현인들은 모세가 하나님께 반역하고 금송아지를 만든 백성들을 용서해 달라고 간청할 때, 하나님이 그들을 버리기로 결정하시면서 제시한 이유를 인용했다고 말한다. ("이들은 목이 곧은 백성입니다.") 모세가 자신의 말이 논리에 맞지 않음을 몰랐겠는가? 그러나 그의 간청의 핵심이 바로 그것이었다. 시내 산에서는 최악의 악덕으로 몰린 완고함이, 하나님에 대한 믿음을 버리라는 유혹을 받을 때는 가장 고귀한 덕목이 되는 것이다. 아마도 유대인들은 그 목이 곧은 완고함으로 말미암아 신앙에 대한 변절의 유혹과 죽음의 위협에 저항할 수 있었을 것이다.

믿음과 신실함이 없는 교회는 절대 교회라고 할 수 없다. 그리고 그 믿음과 신실함은 절대 굽혀지지 않는 견고한 수준을 유지해야 한다. 발전된 현대 세계에서 교회에 주어진 최대의 도전은, 우리가 주님의 증인으로서 살며 복음을 증거하는 것이다. 미 해병대 구호 '셈퍼 파이'(Semper Fi)처럼, 즉 '언제나 충성'이다. 2천 년 기독교 역사상 우리 시대처럼 이 소명이 시험을 받은 적은 없었다. 죽음의 위협이나 안락한 삶을 약속해 주겠다는 유혹이 오더라도 우리는 삶의 매순간 주님께 충성하며 마지막 숨이 붙어 있는 순간까지 신실해야 할 책임이 있다.

기도 하나님, 주님은 유일한 참 하나님이시며 주님 외에 다른 신은 없습니다. 오직 주님만이 우리의 구원과 소망이십니다. 우리는 스스로를 신뢰할 수 없고 구원할 수 없습니다. 우리의 소망 또한 우리에게 있지 않습니다. 만약 주님이 아닌 다른 어딘가에서 소망을 찾는다면 그것은 어리석은 일이며, 이 험한 인생에서 주를 버리고 다른 곳에서 힘과 지혜를 구한다면 그 역시 미련한 일입니다. 하나님, 비록 보잘것없고 약한 우리지만 우리의 모든 것이 되어 주셔서 오직 은혜로 살아가게 하옵소서. 주의 권능으로 힘을 얻고 주의 사랑으로 뜨거워진 심장으로 주만 신뢰하게 하옵소서. 신실하시며 언약을 지키시는 주는 찬양받으시기에 합당하신 분입니다. 예수 그리스도의 이름으로 기도드립니다. 아멘.

묵상하고 나누기

1 오늘날 서구 교회가 처한 도전에 대한 핵심 주장과 이것이 전 세계 그리스도인들에게 중요한 이유는 무엇인지 토론해 보라. 더 하고 싶은 말이 있다면 무엇이며 무엇을 바꾸고 싶은가?

2 그리스도인들이 수적으로 여전히 상당한 규모의 집단임에도 이토록 문화적으로 영향력이 약화된 이유는 무엇이라고 생각하는가?

3 '한 패로 끼워줄 수 없는' 신실함이란 무슨 의미인가? '안온한 순응주의자'로서 그리스도인의 사례는 어디서 찾을 수 있는가? 이것이 단순히 수사적 표현에 불과한가, 아니면 우리 생활 방식에 더 포괄적인 함의를 지닌 것인가?

제1장

새 질서, 오래된 도전

그리스도인들이 수백 년 동안 알아왔던 세상은 이제 없다. 영원히 사라졌다. 우리는 전혀 새로운 상황과 마주하고 있다. 우리는 우리를 배척하는 이들뿐 아니라 거대한 변화 속에서 새로운 모든 것과 맞서야 한다.

어른이 된 이후 가장 기억에 남는 중국 방문 중 하나를 꼽는다면, 어느 명문 대학 경영학과에서 중국 CEO들을 대상으로 주최한 포럼에 참석해 강연을 한 일이다. 공식적인 행사였기에 중국 국가를 불렀고, 중국 공산당 창건일을 기념하는 거대한 케이크를 커팅하는 순서도 가졌다. 그렇게 긴 순서를 거치고 드디어 내 강연이 시작되었다. 사람들은 지겨울 법도 한데 내 강의를 한 마디도 놓칠세라 열중해 들었고, 이후 세계 상황에 대한 열띤 토론이 이어졌다. 그 모습을 보면서 나는 적지 않게 놀랐다. 그러나 그날 가장 예리한 질문은 행사가 마무리될 무렵 정찬을 마치고 강의실로 되돌아갈 때 경영학과 학장이 던진 질문이었다.

"공개적으로 하기 어려운 질문을 여쭤볼까 합니다." 그 학장은 이렇게 운을 뗀 뒤 다음과 같이 물었다. "제가 잘못 알고 있나요? 우리 중국인들은 과거 서구가 가진 기독교적 뿌리에 열렬한 관심을 갖고 있습니다. 그래서 중국의 미래에 무엇이라도 도움이 될까 배우려고 합니다만, 서구의 당신들은 그 뿌리를 잘라내지 못해서 안달하는 것

같습니다. 제가 잘못 생각한 겁니까? 그리고 이런 일이 계속되면 어떤 현상이 생기게 되는 것일까요?"

슬프지만 나는 그의 지적이 사실임을 인정해야 했고, 서구인들이 치러야 할 대가가 만만치 않을 것이라고 대답해야 했다. 지금 서구는 그 뿌리가 되는 유대교와 기독교 신앙과 단절하고, 그 문화의 근간이 되는 전체 시스템을 스스로 파괴하고 있다. 무시무시한 일이지만 이것만 개별적으로 살펴보아서는 안 된다. 더 넓은 각도에서 살펴볼 필요가 있다. 다음 세대의 미래는 중대한 다음 세 질문의 대답이 어떠하냐에 따라 결정적 영향을 받을 것이다. 이 질문들은 모두 종교적이며 그 중 하나는 그 학장의 질문과 직접 관련이 있다.

1. 이슬람은 결국 평화적으로 현대화될 것인가? (문제의 핵심은 무슬림들이 타종교인들의 양심의 자유를 인정하고 전쟁과 강요가 아닌 설득으로 타인에 대한 접근 방식을 바꾸려 하겠느냐로 요약된다.)
2. 중국의 마르크시즘은 어떤 신앙, 혹은 이데올로기로 대체될 것인가? (공산당이 실권을 잡고 있지만 이데올로기는 허울뿐이므로 대체제가 무엇인가가 관건이다. 민족주의나 유물론, 아니면 유교나 불교, 아니면 기독교 신앙으로 대체될 것인가?)
3. 서구 세계는 그 뿌리를 회복할 것인가, 아니면 버릴 것인가? (이 책의 주제가 바로 이것이다.)

얼핏 보면 단순한 문제 같지만 이 질문 하나하나는 드러난 것보다 훨씬 더 복잡하고 난해하다. 그 학장의 관심사와 여기서의 나의 관심사 역시 세 번째 질문의 반응과 관련이 있다. 유대교와 기독교 신앙을 무너뜨리고자 하는 진보 세속주의의 시도로 서구 세계는 그 문화적 뿌리를 잘라내는 작업을 오랫동안 진행해왔고, 결과적으로 유대교와 기독교 신앙은 서구 문명의 근간을 형성한 조성자로서 지배적 지위를 상실했다. 기독교 신앙이 이교 신앙 대신 서구의 지배적 신앙으로 자리를 잡아간 긴 전환기는 주후 4세기라고 흔히 말한다. 그러므로 우리 시대 역시 거대한 역전이 일어나고 있는 전환기에 해당한다. 달리 말해, 많은 현대 세속주의자들이 변절자 율리아누스가 기독교의 발전을 차단시키고 이교 신앙을 회복하려고 시도하다 실패한 지점에서부터 그 과정을 되돌려 다른 결과를 만들어 내려고 공개적으로 시도하고 있다.

그러나 '임무 완료'라는 세속주의자들의 주장은 아직 시기상조이자 희망사항에 지나지 않는다. 우리는 여전히 과도기에 있으며 아직 게임은 끝나지 않았다. 대부분의 사람들이 근간이 되는 유대적이고 기독교적인 체계가 무너질 때 초래할 결과를 아직 실감하지 못하고 있다. 당연한 말이지만 문화전쟁은 낭만과는 거리가 멀며 격렬하게 진행 중이다. 그런데 서구는 거의 불가능한 일, 즉 강을 건너다가 강 한가운데서 말을 갈아타고 그 위대함을 유지하려는 일을 시도하고 있다. 그러나 그렇게 할 때 필연적인 결과이겠지만 서구의 '남은 위대함'은 사실상 '꺾인 꽃'과 같은 문명의 위대함이 될 수밖에 없다. 서구는 그 영혼을 잃었다. 한때 자랑했던 찬란한 이상은 과거일 뿐 더 이상 흠모의 대상이 아니다. 이런 이상들은 빛이 바랬거나 위선자의 그럴싸한 주장에 불과한 것으로 인식되고 있다. 만약 서구가 흠모의 대상이 된다면 오직 독보적인 과학 기술과 경제적 번영, 군사력 때문일 뿐, 그마저도 곧 모조리 빛이 바랠 날이 올 것이다. 그렇다고 지금 서구가 완전히 비기독교적(세속주의적이거나 이교도적)인 것은 아니다. 돌이킬 수 없는 지경이 되기까지 시간이 얼마나 남았는지 모르겠지만 말이다.

서구의 국가들은 뿌리가 잘려나간 문화와 관련해 특징적 차이를 드러낸다. 유럽과 미국은 물론이고 개신교 국가들과 가톨릭 국가들 간에도 중요한 차이가 존재한다. 오늘날 거의 모든 곳에서 그 뿌리가 잘리고 있으며 기초를 바꾸고자 하는 단호한 시도도 진행 중이다. 그러나 우리는 그들이 한때 누렸던 성장과 화려한 영화가 결국 시들어 사라질 것이라고 분명히 말할 수 있다.

뿌리가 잘려나간 꽃과 같은 문명? 뿌리를 이루는 제도와 도덕적 생태계의 파괴? 영혼이 사라진 문명? 우리는 이 위기에 대해 더 세련된 명칭을 부여할 수도 있다. 한때 서구 사회의 영감과 기초였던 믿음과 사상들이 이제는 거부당하고 지배력을 상실해가고 있다. 바로 이런 면에서 이 위기는 '정당성의 위기'(legitimation crisis) 또는 '문화적 권위의 위기'라 할 수 있다. 또한 우리는 지금 여러 서구 사회에서 이 문제 자체가 가시화되면서 가져온 결과들을 추적해 볼 수도 있다. 다음 세 가지 추세의 결합으로 사회 중심에 생긴 공동화 현상과 커다란 진공 상태를 고찰함으로써 꺾인 꽃과 같은 문명을 살펴볼 수도 있기 때문이다.

첫째, 서구 세계의 기초와 핵심 사상, 이상을 이루며 강력한 힘을 발휘했던 유대교와 기독교 신앙이 직접적인 배척의 대상이 되어 왔다. 이런 배척은 한편으로는 세속주의 같은 철학들의 전면적 공격과 또 한편으로는 상대주의로 급격히 쏠리는 다원주의의 전 지구적 폭발, 또 한편으로는 발전된 현대성이 그 자체의 가치 외에 모든 가치를 축소하고 폄훼하는 방식에 기인한다. 그 결과 서구의 기초가 흔들리고 유대교적 기독교적 합의에 균열이 생기며 '주도권'을 둘러싼 심각한 갈등 속에서 저마다 목청을 높이는 혼란스러운 갈등 양상이 전개되고 있다. 문화적 엘리트라 자처하는 수많은 집단들 사이에서는 세속주의와 자연주의적 세계관이 득세하는 반면, 유대교적 기독교적 시각은 촌스럽고 수구적이며 인간 번영과 진보에 방해만 되는 한물간 천덕꾸러기처럼 취급하는 것이 당연시되는 분위기이다.

둘째, 수많은 서구적 개념들의 의미에 미묘한 변화가 진행되었다. 그로 인해 한때 강력한 영향력을 발휘하던 유대교적 기독교적 용어들이 이제는 그 의미와 지속성이 변하여 다양하게 사용되고 있다. 예를 들어, '자유'라는 용어는 현대의 자유 분방함과 방임주의적인 의미로 큰 호응을 얻고 있다. 그러나 이러한 변화와 대체가 지극히 느리고 미묘하게 이루어져, 이에 대한 심각성을 인지하는 사람이 거의 없고 대부분이 이전처럼 태평스럽게 살고 있다.

셋째, 세속주의적 용어를 빌려 새롭게 설명하는 방식으로 유대교적 기독교적 사상을 유지하고자 하는 시도는 실패했다고 볼 수 있다. 분명한 사실은 유대교적 기독교적 기초의 대안이라고 자처하는 세속주의와 여러 철학이 그 이상을 펼칠 바탕이 되어 줄 자체적 기초 체계가 전혀 없다는 것이다. 예를 들어, 생명의 고귀함, 인간 존엄성, 자유에 따르는 책임, 정의, 평등, 보편성과 같은 개념들의 적절한 기초를 제공하지 못하는 신흥 무신론자들을 보라. 이들은 날로 심각해지는 불평등과 사회 양극화의 독소를 치료할 어떤 해독제도 제공하지 못한다. 모든 인간은 하나님의 형상으로 만들어졌으므로 고귀하며 양도할 수 없는 존엄성을 지닌다는 믿음이나 인간이 창조주를 가장 닮은 부분은 자유라는 선물 때문이라는 믿음에 근거했던 성경적 기초들이 계속 잘려 나가고 있고, 그로 인한 열매들은 시들어 가고 있다.

서구 사회의 공동화를 초래한 이런 원인들은 하나같이 모두 유대교적 기독교적 뿌리가 있음을 분명히 말할 수 있다. 기독교 신앙은 '일반 대중의 유대교'라는 벤자민 디즈라엘리의 지적에는 부정할 수 없는 진실이 담겨 있다. "유대적 사상이 세계 절반의 종교를 결정했고 더 개화된 절반의 종교를 결정했다"[1]는 조지 엘리엇의 말도 마찬가지다. 조나단 삭스가 지적한 대로 영국과 미국의 혁명 결과가 프랑스와 러시아 혁명의 결과와 결정적으로 다른 하나는 전자의 정치 철학이 청교도 사상에 뿌리를 두었다는 점이다. 이 청교도들은 사실 '고대 이스라엘 역사에 사상적 기반을 둔 기독교 히브리파들'[2]이었다.

이러한 추세들로 인해 초래된 수많은 결과들이 있지만, 특히 요즘은 기독교가 아니라면 무엇이든 가능하다는 인식이 유행처럼 번지고 있다. 유대적이고 기독교적인 것이 아니라면 어떤 기이하고 생소하고 놀라운 사상도 지지를 받을 수 있고, 실제로 그런 일이 자주 벌어지고 있다. 기독교를 터부시하는 이러한 모습은 나라마다 방식은 다르지만 서구 대부분의 나라에서 목격되고 있다. 최근 영국의 한 장관은 기독교적 뿌리를 지닌 영국에서 목도되는 터무니없는 현상에 대해 다음과 같이 설명했다.

> 로마 가톨릭이라면 아동 학대의 방조자가 되고, 앵글로 가톨릭이라면 벨벳과 레이스에 집착하며 동성애를 혐오하는 편협한 사람이 된다. 자유주의적 성공회 신자라면 시도 때도 없이 부들부들 손을 떠는 양심 팔이 호객꾼이 되고, 복음주의자라면 끔찍한 강박장애자들로 배턴버그(마지팬을 씌운 스폰지 케이크) 한 조각에도 퇴폐적인 것을 좋아한다고 마음이 불편해하는 자들로 손가락질 받는다. 기독교와 별로 상관없다고 생각되는 영역에서조차(도덕적 추론) 기독교 신앙은 무조건 매도당한다.[3]

슬프게도 유대 공동체 역시 이 위기에서 자유롭지 못하다. 그리고 이제는 이 위기를 반유대주의 정서 탓으로 돌릴 수도 없다. 기독교가 쇠퇴한다는 통계 발표에 환호하는 것처럼 유대교의 쇠퇴에 반응이 없을지라도 지금 서구 유대인들이 처한 현실은 그리스도인들보다 훨씬 더 심각하다. 지금 유대교 신앙에서 이탈하는 이들이 그 어느 때보다 많다. 랍비 삭스의 입을 빌리자면 이렇다.

> 오늘날 디아스포라 전역에서 유대인 두 명 중 한 명이 결혼을 통해 유대교를 포기하거나 아예 결혼을 하지 않는다. 혹은 결혼을 하더라도 유대교 가정을 꾸리고 자녀들을 유대 신앙으로 키우며 유대의 이야기를 이어가는 일에 동참하지 않겠다는 결정을 내린다 … 세계에서 가장 규모가 큰 미국 내 유대 공동체는 2천5백여 년 전 역사의 장에서 잃어버린 열 지파가 사라진 이후로 그 어느 곳보다 빠른 속도로 축소되고 있다. 영국에서도 동일한 사태가 벌어지고 있다 … 유대 공동체에서 매일 열 명씩 떨어져 나가는 상태가 10년 이상 지속되고 있다.[4]

또 다른 한편으로 삭스는 기독교 신앙에 대한 서구의 공격이 유대교의 핵심 사상에 대한 공격임을 강조한다. "서구의 자유 민주주의는 유대-기독교 전통이라고 알려진 가치들을 포기하고 있다 … 사회가 유대화 되기는커녕 오히려 눈에 띌 정도로 급속히 탈유대화하고

있다."⁵

　서구 그리스도인들은 이런 상황을 외면할 수 없다. 그렇다고 해서 '희생자 놀이'를 하거나 과거를 동경하거나 베드로처럼 보복하려 하면 안 된다. 베드로는 검으로 하나님 나라를 방어할 수 있다고 잘못 생각했지만, 정작 신변이 위험해지자 사실을 말하기보다 침묵함으로 스승을 배신했다. 무함마드와 비교해 예수를 '비무장 선지자'라 칭한 마키아벨리의 지적은 옳았다. 예수님은 하나님 나라와 성격이 다른 거짓되고 위험한 일련의 반응은 분명히 거부하셨다. 그리고 예수님을 신실하게 따르는 자들이 어떤 대우를 받게 될지에 대해 직설적으로 경고하셨다. 물론 세계의 다른 지역에 사는 그리스도인들은 서구보다 훨씬 더 심각한 공격을 받고 있다. 차별이 아닌 박해를, 조롱이 아닌 죽음의 위협을 받고 있다.

　그러나 새로운 문화적 불편함보다 훨씬 더 심각한 문제는 서구 문명의 중심에 생긴 위험한 진공 상태이다. 꺾인 꽃과 같은 상태는 사상과 이상의 진공 상태를 낳았지만, 이 상태는 영원히 지속될 리 없다. 실제로 거대한 전쟁이 벌어질 조건이 만들어졌다. 한편으로는 퇴폐와 혼란의 세력, 다른 한편으로는 교만과 오만한 자기 확신이라는 세력의 싸움 말이다. 이 전쟁을 저지하지 않고 확산되도록 방치한다면, 이 세력들은 내부에서부터 서구를 무너뜨릴 것이다. 그러면 서구는 단지 지도상에 지명만 남게 될 것이다. 이미 말했지만 서구는 무기독교(non-christian)라기보다 아직 기독교 이후(post-christian) 상태에 있다. 그러나 위기가 심화되면서 두 용어의 차이는 점점 더 구분하기 힘든 사태로 전개되고 있다.

서구의 기초로서 유대-기독교 신앙과 이 신앙을 대체하고자 하는 진보 세속주의와의 충돌을 가장 명확히 들여다볼 수 있는 창은 텔레비전으로 중계된 1968년 윌리엄 F. 버클리와 고어 비달 사이에 벌어진 열 번의 논쟁이었다. "베스트 오브 에너미즈"(최고의 적수)라는 다큐멘터리로 생생하게 잡아낸 이 영화에는 두 사람의 미국인 논객이 출연한다. 이 두 사람은 속한 계층이나 아이비리그에서 공부한 천재라는 점, 탁월한 토론 기술에서 서로 입장이 비등했지만, 철학과 윤리와 목표는 판이하게 달랐다. 한편에는 가톨릭 신자로서 「예일의 신과 인간」(God and Man at Yale)이라는 책과 〈내셔널 리뷰〉라는 잡지를 통해 현대 보수주의 혁명을 촉발하고 로널드 레이건의 당선에 기여한 버클리가 있었고, 다른 한편에는 다작 작가로서 정치적 좌파 성향의 괴짜이자 동성애자라고 공개 선언한 성 혁명의 주창자인 비달이 있었다. 두 사람의 논쟁은 서로를 향한 증오심이 생생하게 느껴질 정도로 뜨거웠고, 결국 이성적인 토론이라기보다 서커스 같았다. 토론의 최고조는 아홉 번째 토론회 때 비달이 버클리를 '나치 비밀 당원'이라고 이죽거린 순간이었다. 이에 버클리는 "이 괴상한 자식, 나치 비밀 당원이라고 한 말 취소해. 당장 취소하지 않으면 면상을 갈겨 곤죽을 만들어 버릴 테니까"라고 소리쳤다.

버클리가 이성을 잃고 분노함으로 인해 비달이 토론의 승자가 되었다는 평가가 대체로 많았지만, 두 사람 간의 평생 지속된 증오심은 그 당시 문화적 중요성에 비하면 차라리 애교 수준이었다. 이 논쟁은 이후 불타오를 미국의 문화전쟁에 비하면 서막에 지나지 않았다. 1968년은 1960년대의 재앙이 집중된 해였다. 학생들의 봉기, 미라이 대학살과 베트남 전쟁으로 인한 혼란, 올림픽의 흑인 차별 반대 시위인 '블랙 파워 살루트'(the Black Power Salute), 마틴 루터 킹 주니어와 바비 케네디 암살이 한 해에 다 일어났다.

두 번째 토론은 시카고 민주당 전당 대회가 폭력으로 얼룩진 시기에 진행되었다. 〈타임〉지의 랜스 모로우는 "그 해는 날카로운 칼날처럼 과거에서 미래가 잘려나간 해였다"[6]라고 기고했다. 칼럼니스트 조지 윌은 1968년을 "아마 미국 역사상 최악의 해[7]였을 것"이라고 말했다. 당연하겠지만 토론 그 자체는 거대한 틈이 벌어지는데 결정적인 역할을 하지 않았다. 단, 두 진영에 거대한 틈이 존재함을 유감없이 드러내 보여 주었다. 분별력 있는 사람들에게 그 논쟁은 미국과 서구의 영혼을 차지하고자 목숨 걸고 진행되고 있는 두 믿음 사이의 격렬한 투쟁에 대한 분명한 선언으로 보였다.

우리는 '어떻게 해서 이런 위기가 생겼는가'와 같은 여러 의문을 가질 수 있다. 하지만 나는 분석보다는 현재의 우리 반응에 관심이 있다. 그리스도인들이 수백 년 동안 알아왔던 세상은 이제 없다. 영원히 사라졌다. 우리는 전혀 새로운 상황과 마주하고 있다. 다원주의의 폭발만으로 우리는 로마 제국의 분열 이후 처음 보는 상황에 처하게 되었다. 그러므로 우리를 배척하는 타인들뿐 아니라 21세기 초 인간 경험의 거대한 변화 속에서 새로운 모든 것과 맞서야 한다. 지금 목격하고 있는 변화 중 상당 부분은 수백 년 동안 진행되어 온 것이다. 따라서 유대적이고 기독교적 합의가 서구에서 대체로 잘 보존된 적이 있었다고 주장할 근거 자료는 전혀 없다. 그러나 영어권에서는 이전의 문화적 강점이 상당 부분 유지된 유대교적 기독교적 합의의 존재를 외관상으로나마 확인할 수 있는 가장 최근의 10년은 1950년대라 할 수 있다.

그 후로 불과 몇 십 년이 지난 지금 그런 합의는 어떤 형태로든 완전히 사라져서 단순한 회복이나 복원도 불가능한 수준이 되었다. 근래 기독교 문화전쟁이 대부분 수포로 돌아가는 이유가 여럿이지만 특히 이것도 한 원인이다. 서구에서 천 년 이상 우세했던 기독교 세계는 심각하게 약화되었고, 반면 경쟁 신앙(특별히 세속주의)들은 수적으로나 영향력 면에서 그들만의 세계를 벗어나 확산 일로에 있다. 따라서 우리 모두가 직면할 미래는 어떤 면에서 우리 인류에게 전혀 낯설고 새로운 미래일 것이다. 그러므로 우리 세계의 변모된 모습들과 그 변화가 인간 경험을 형성하는 새로운 방식을 평가하는 작업을 시작해야 한다. 그리고 다음으로 이 새로운 현실에 비추어 '기독교적 충실성'의 의미가 무엇인지 고찰해보아야 한다. 이것은 머지않아 세계 다른 지역 성도들의 미래에도 결정적으로 관여하게 될 것이기 때문이다. 뒷장에서 직접적인 영적 도전들의 일부를 소개하겠지만, 먼저 거대한 지구적 변화의 일부와 그 변화들이 우리 세대에게 주는 의미를 살펴보고자 한다.

'파이로 테크놀로지'(pyrotechnology)에서 '바이오 테크놀로지'(biotechnology)로

첫 번째 거대한 변화는 그 중요성에 비해 거의 토론의 주제가 되고 있지 않다. 이 변화가 중요한 이유는 인간이 자신과 우주에서 자신의 위치를 보는 방식과 관련이 있고, 지구라는 작고 푸른 별의 지배적 피조물로서 자연계와 관계하는 방식과 연관이 있기 때문이다. 우리 인간 세계는 불의 공학에 기초한 '파이로 테크놀로지 시대'에서 생명 공학에 기초한 '바이오 테크놀로지 시대'로 이행하고 있다고 한다.[8] 현재의 관점에서 볼 때, 산업 혁명은 획기적인 사건이었고 인간 진보에 아주 혁신적이고 강력한 추진력을 제공했지만, 급진적인 동시에 패러다임을 바꾸는 파괴적인 사건이었다. 그로 인해 발생한 정치 혁명과 대전들, 특히 러시아 공산주의, 독일 파시즘, 1·2차 세계 대전은 치명적일 정도로 파괴력을 발휘했다. 그러나 실상 그 사건들은 산업화의 결과로 일어난 수많은 혁명적 변화의 부분적 표현에 지나지 않았다. 과학 기술적 사회적 혁명은 정치적이고 군사적인 혁명보다 훨씬 더 파급력이 크고 장기적이다.

산업 혁명은 18세기 영국에서 증기 기관과 방직 기계 같은 기계의 발명으로 시작되어 전 서구 세계를 거침없이 강타해 과거와 단절하고 미래를 향해 거침없이 질주하도록 만들었다. 이렇게 해서 산업화는 인류의 거대한 비약을 이루어 내었고 인류는 농업 사회에서 산업 사회로, 자연 세계에서 기계 세상으로, 시골에서 도시로, 제레미 리프킨의 표현을 빌리면 '건초 더미 세상'에서 '매연 굴뚝 세상'[9]으로 변화되었다.

산업화 시대의 혁명적 의미가 축소되어서는 안 된다. 단순히 새로운 시대의 여명으로만이 아니라 옛 시대의 종말로 보는 것이 타당하다. 역사적 안목에서 보면 산업 혁명은 과거 수천 년까지 거슬러 올라가는 파이로 테크놀로지의 기나긴 역사의 최종 단계에 해당한다. 이 관점에서 보면 파이로 테크놀로지 자체도 한때 혁명적이었다. 이것 역시 당대에는 '인간 근육의 힘'에서 '불의 힘'으로의 이동이라는 거대한 변혁을 일으켰다. 플라톤에서 루이스 멈퍼드, 제레미 리프킨과 유발 하라리에 이르는 사상가들은 하나같이 불의 중요성과 불의 사용으로 생긴 역사의 여러 시대를 강조했다.

불을 사용하기 전까지 지구상의 모든 동물의 힘과 중요성은 그 육체의 힘으로 결정되었다. "근육의 힘과 이빨의 크기, 날개의 넓이"에 따라 그 서열이 결정되었다. "바람과 조류를 활용하기는 했지만 그 힘을 제어할 수는 없었고, 언제나 그들의 내재된 물리적 설계의 제약을 받았다."[10] 그러나 인간이 불을 마음대로 제어하게 되자 거대한 비약이 이루어졌다.

플라톤이 지적한 대로 프로메테우스가 신들에게서 불을 훔친 후 인간은 한때지만 신들의 전유물이었던 지식과 힘의 원천을 손에 넣게 되었다. 멈퍼드는 인간에게 빛과 열, 전기라는 이 세 가지 선물을 준 것은 무엇보다 불이었고, 이로 인해 인간은 자연을 정복하고 한때 몸담고 있던 자연 세계에 맞서 과학 기술로 만든 인간 세계인 '제 2의 자연'을 구축할 수 있었다고 주장한다. 리프킨은 불의 시대가 등장하면서 인간 근육의 힘을 사용한 '부수고 쥐어짜고 깨고 으깨고 가는' 행동이 불을 이용해 '녹이고 땜질하고 연마하고 태우는 과정의 보조 역할을 하기 시작했다'[11]고 주장한다. 화석 연료 형태로 축적된 태양 에너지의 활용을 비롯해 불의 기술로 가능해진 공학 덕분에 인류는 자연 세계와 독립된 '제 2의 집'을 건설하고 가공할 프로메테우스의 에너지로 급 진보할 수 있게 되었다.

그러나 파이로 테크놀로지의 위대한 시대는 종말을 고하고 있다. 이 종말은 재생불가능한 에너지의 예견된 고갈과 산업화로 병든 지구, 생물 종의 멸종이 부분적인 원인이다. 그러나 훨씬 더 큰 이유는 전혀 새로운 종류의 인간 공학 기술, 생명 공학의 출현 때문이다. 바이오 테크놀로지의 혁명적 의미가 이것이다. 이것은 21세기 생물학과 유전학이 발전하면서 시작되었고, 유대 전설의 '골렘', 그리스 신화의 '이카루스와 그의 밀랍 날개', 괴테의 '마법사의 제자', 메리 쉘리의 '프랑켄슈타인', 프리드리히 니체의 '주인과 심부름꾼' 같은 신화에서 오랫동안 예고된 대로 인류는 생명 그 자체를 건드리는 일에 착수했다.

유전자 공학 혁명은 아직 초기 단계이고 많은 부분 과학적 허구라는 추측의 영역에 머물러 있다. 그러나 그 잠재력에서 볼 때 그 의미가 엄청나다. 플라톤의 '철인 왕'은 현대에 이르러 '과학자 왕'(scientist-kings)에게 자리를 내주었고, '창조주로서 하나님'에 대한 신앙은 '창조주로서 인간'에 대한 확신으로 대체되었다. 자연의 외형에 치중하던 우리는 바야흐로 이제 생명의 본성 그 자체를 변형시키고 내부에서부터 그 본성을 새로운 형태로 조합시킬 수 있게 되었다. ("우리는 이제 인류를 제조할 수 있다"라고 MIT 테크놀로지 리뷰는 최대한 점잖게 말한다. 그들에게는 "인간이 스스로에게 맞게 피조물을 개조할" 실험실이 있다.)[12] 언제나처럼 예상되는 위험이나 예측 불가능한 미지의 후유증과 결과에도 불구하고 "기술적으로 가능하다면 실제로 이루어질 것이며" "우리(서구)가 하지 않으면 누군가 다른 사람(러시아나 중국 아니면 이란이나 인도)이 그 일을 할 것이 분명하다."

나는 이 새로운 급진적 진보가 지니는 역사적 교훈보다는 영적이고 도덕적인 의미에 더 관심이 있다. 창세기 11장에서 바벨탑 이야기를 읽은 사람이라면 누구나 불에 구운 벽돌로 인해 당대 수메르인들에게 일어난 변화의 영적 중요성을 인식할 것이다. 도자기를 굽는 가마, 벽돌, 반짝거리는 단단한 세라믹, 놀라운 기술과 하늘 높이 치솟은 거대한 지구라트와 더불어(바퀴와 아치, 달력의 발명과 더불어) 그들에게는 스스로 이름을 떨쳐 신의 반열에 오르게 해줄 건축 자재가 있었다. 그들은 자신들의 인공 '성산'이 하늘과 땅에 난 틈과 하나님과 인간 사이의 틈을 메워줄 것이라 생각했다. 하나님도 이 사실을 인정하셨다.

"이 후로는 그 하고자 하는 일을 막을 수 없으리로다"(창 11:6).

인간은 스스로 하나님처럼 되어 하나님이 전혀 필요 없는 꿈을 실현하기 위해 과학 기술을 활용할 수 있다. 과학자 왕과 바이오 테크놀로지의 용감한 새 시대는 이 바벨의 탐욕을 새로운 차원으로 이끌어 줄 거대한 걸음의 최신판이다.

영적인 차원에서 이 시도는 바벨탑 사건 이후로 인간 자율성과 우상 숭배의 허울에 사상 최대의 힘을 실어 줌으로써 대참패로 끝난 스탈린의 '새 인간'과 히틀러의 '새 인류'처럼 참혹한 실패와 비교할 수 없는 비극을 낳을 것이다. 도덕적 차원에서는 뒤에서 살펴보겠지만 유전적 결함과 질병에 대한 싸움에서 경이롭고 진정한 돌파구가 열릴 것이다. 하지만 또한 새롭고 세련된 형태의 우생학의 망령이 되살아날 것이다. 섬뜩한 나치의 실험과 중국의 무서운 젠더사이드(gendercide, 특정 성별자에 대한 대량 학살) 정책은 오히려 원시적으로 보일지 모른다. 특이점 프로젝트('디지털 영생'을 목표로 함)와 길가메쉬 프로젝트(죽음의 극복을 목표로 함) 같은 현대적 계획들이 보여 주듯이 파이로 테크놀로지에서 바이오 테크놀로지(그 다음으로 애스트로 테크놀로지-astrotechnology)로의 거대한 이동은 가장 영적이고 문화적 의미가 큰 변화로써 현재 수준의 토론이 제시하는 것보다 훨씬 더 중요하다. 철학자 메리 미즐리가 경고한 대로 새로운 과학자 왕들이 그리는 미래의 판타지는 고작해야 "후행적으로 우주를 창조하는 영광스러운 위치로 승격된 인간 지성"[13]으로밖에 보이지 않는다. 그들이 제공하는 것은 '인간 종족을 높이는 끝없는 진화의 에스컬레이터'이고 '인간 신격화'[14]의 시작이다. 맨해튼 프로젝트와 아폴로 달 착륙과 같은 거대한 승리 덕에 한없이 높아진 과학은 만물의 이론을 약속하며 이제 전능하고 전지하다는 찬사를 받고 있다. 신 바벨 형(neo-Babel form)의 과학자는 이제 '하나님 자신'이 되어 있다. 하나님은 인류를, 자유를 지닌 존재로 창조하심으로써 신에게 도전할 수 있는 위험을 무릅쓰셨다. 하지만 그 위험과 도전은 인류 스스로 신이 되기 위한 시도 끝에 인류 자신과 피조계를 파괴할 힘을 지닐 정도로 위험 수위에 도달했다. 물리학자 폴 데이비스의 과장대로 "참으로 우리는 우주의 주인이 되어야 마땅하다."[15]

유대 현인들은 바벨탑 이야기에서 '벽돌'과 '혼란'이라는 두 핵심 단어가 히브리어로는 정확히 서로 순서가 뒤바뀌어 있다는 사실을 오랫동안 상기시켜 주었다. 바벨의 건축자들은 "스스로 이름을 내고" '하늘'과 '땅'의 경계를 없애고자 오만한 시도를 하다가 '혼란'의 영원한 상징이 되었고, 그들의 문명이 얼마나 인간적인지를 보여 주었다. 인간의 의도는 항상 의도하지 못한 결과의 싹을 틔운다. 유토피아에 대한 꿈은 고대 바벨론인들의 꿈이든 최근의 마르크스주의자나 미래의 서구 세속주의자들의 꿈이든 항상 악몽으로 끝난다.

'산업화 시대'에서 '정보화 시대'로

두 번째 거대한 변화가 첫 번째 변화와 동일하게 중요한 이유는 인간이 서로를 의식하고 대화를 통해 서로 관계하며 인간 도전에 반응할 수 있는 방법과 관련이 있기 때문이다. 다시 말하지만 우리는 세계화로 인해 산업화 시대에서 정보화 시대로 이동하고 있다. 첫 번째 변화와 다르게 이 두 번째 변화는 끝없는 토론의 주제가 되고 있다. 또한 누구나 알 정도로 분명하기 때문에 말장난이나 '글로벌로니'(Globaloney, '세계화'-global-와 '헛소리'-baloney-라는 말의 합성어)로 치부하기 쉽다. 당연하겠지만 세계화에 대한 주장은 언제나 조심스럽게 접근해야 한다. 세계화의 중요한 초기 국면들을 인식해야 하고, 어떤 설명이든 그와 상반된 흐름에 대한 설명도 곁들여야 하기 때문이다. 무역 용어의 표현대로 글로벌 세계는 '글로벌화'(globalizing)와 '로컬화'(localizing), 심지어 '글로컬화'(glocalizing)마저 동시에 진행되고 있다.

세계화가 실재하며 중대한 의미가 있다는 사실은 의문의 여지가 없다. 세계화란 정확히 인간의 상호 연결성이 세계적 수준에 도달하는 과정이라고 정의할 수 있다. 세계화의 새로운 잠재력을 개발하는 선두 주자는 단연 시장 자본주의이지만 세계화는 단순히 경제에 한정되지 않는다. 실제적 배후는 정보 기술이다. 특히, 컴퓨터와 인터넷 시대의 정보 기술의 속도, 규모, 동시성이나 혹은 텔레비전 스크린, 컴퓨터 스크린, 모바일 폰이나 태블릿 기기의 스크린이라는 현대적 삼위일체 앞에서 하루의 거의 절반을 보내는 '세 스크린 효과'를 말한다.

세계화가 추상적인 수준에서 설명될 때가 많지만, 사실 일상생활에서는 훨씬 더 구체적인 방식으로 영향을 미친다. 그 영향력은 세계화 시대의 새로움을 묘사하는 숱한 구호 등에서 발견할 수 있다. "이제 모든 사람이 모든 곳에 있다." "우리는 즉각적이고 전면적인 정보로 모든 것을 실시간으로 보는 첫 세대이다." "모든 것이 상호 연결되어 있으나 아무도 책임지는 이가 없다." "세계 어디로든 24시간 안에 도달할 수 있다." "지구촌 안에 산다." 세상이 더 작아졌지만 또한 더 커진 이유는 "상호 연결된 세상에서 지도자는 항상 온 세계를 상대로 해야 하기 때문이다" 등등.

정말 중요한 문제는 세계화가 인간 지식과 사상의 혁명이라는 것이다. 기술의 진보는 어떤 면에서 모두 혁명적이다. 하지만 대다수 기술은 우리 행동 방식에만 영향을 미친다. 그러나 인간 지식의 혁명은 우리 사고방식에 영향을 미친다는 면에서 그 위력이 엄청나다. 예를 들어, 문자와 인쇄술의 발명 같은 이전의 혁명들이 미친 거대한 영향을 생각해 보라. 세계화는 그 속도로 생각과 지식을 실시간으로 전파시키고, 그 규모와 범위로 지식의 규모를 사상 유례 없게 만든다. 또한 동시성을 가지고 있어 누구나 접근 가능하며 따라서 이것은 대중적 현상이 된다.

다시 한 번 말하지만, 이 시점까지 오게 된 정확한 과정이나 역사보다는 결과가 중요하다. 세계화의 경우 그 결과는 어마어마하고 결정적이다. 인간의 정체성에서부터 시작하여 가정과 공동체, 직업과 소비주의, 정치와 국제 관계, 그 외 수많은 광범위한 영역에서 세계화가 미친 결과를 추적할 수 있을 것이다. 그러나 우리는 발전된 현대 세계에서 '믿음'의 효율성과 진실성의 결정적인 두 가지 결과만 거론할 것이다. 하나는 우리의 시간 의식에 세계화가 미친 영향이고, 다른 하나는 악과 고난 같은 세계적 문제의 확대에 미친 영향이다.

시간의 제약을 받고 시간에 짓눌리다

우리는 인간이기에 시간에 제약을 받는 동시에 '시간에 짓눌리는' 존재(토마스 하디)이다. 이 사실은 과거나 미래나 변함없다. 시간이라는 화살은 멈출 줄 모르고 역사를 관통해 멀리 날아간다. 물고기가 물속을 떠나 살 수 없듯이 우리 인생은 시간 속에 끼어 있고, 슈퍼마켓에 진열된 상품에 찍힌 유통 기한처럼 시간이 제한되어 있다.

그러나 13세기 유럽에서 시계가 발명되면서 우리는 천천히 새로운 방식으로 시간의 제약과 짓눌림을 받게 되었다. 우리 시간은 언제나 정각 몇 시로 표현된다. 굵게 표시된 시간표를 따라 달리는 철도망으로 상징되는 19세기 산업화와 함께 속도, 정확성, 조정, 효율성과 같은 특징들이 시간에 대한 현대식 초기 인식의 두드러진 특징이 되었다.

그러나 이것은 과거의 이야기이다. 산업화 시대의 시간은 그 발전에도 불구하고 원시성을 벗어나지 못했다. 오늘날의 글로벌 시대는 실시간으로 즉각 정보를 전달받는 세상으로 발전했고, 완강히 버티던 공간이라는 실재도 거의 제거 당했다. 이제 더 이상 인간은 수고가 필요 없고, 말은 달릴 필요가 없고, 돛은 올릴 필요가 없으며, 엔진은 발화와 연료 공급이 필요 없게 되었다. 말하고 싶고 보내고 싶은 것이 미처 알아차리기도 전에 이미 눈앞에 있다. 아무 노력 없이 버튼이나 컴퓨터 자판 하나만 건드려도 다 눈앞에 대령 된다.

그 결과 필요가 즉각 충족되고 편리들을 노력 없이 누리는 세상이 되었다. 뿐만 아니라 끊임없는 과부하 세상이 되었다. 그러나 며칠 걸리던 세상을 몇 시간 만에 건너며 공간을 정복하고 지리는 단축했으나 시간을 정복하지는 못했다. '시간 절약'(time saving)은 '시간 노예'(time slaving)로 바뀌었다. 쉼 없는 서두름으로 해야 할 일은 그 어느 때보다 더 빠르게 넘쳐나고 있다. (얼마 전 정찬 모임에서 아내를 초청한 주인은 감사 인사를 하고 마무리 후식이 나오기까지 5백 통이 넘는 메일을 받았다고 한다.)

그러므로 인간이 시간과의 싸움에서 승리했다는 자랑은 허풍에 불과할 뿐이다. 우리는 '속도, 물건, 스트레스'라는 세계에서 '당장 긴급한' 일의 폭정에 시달리며 살아가고 있다. 일과 여가, 공적 세계와 사적 세계의 경계가 해체되어 휴식 없이 모두가 시간 곡예사와 멀티태스커(multi tasker)로 내몰리고 있다. 쥐들의 경주처럼 무의미한 경쟁에 참여하고 있다. 해야 할 일들에 짓눌리고 기억해야 할 우선순위와 통제할 의제와 씨름하고 있다. 가혹한 주인의 지배를 받는 시간 노예인 우리는 이제 모두 다윈주의자로서 '속자생존'(the survival of the fastest)의 위협 아래 매일 살아가고 있다.

그렇다면 생각할 시간은 누구에게 있는가? 당신은 생각의 패스트푸드인 인터넷 여론에 휘둘리지 않고 스스로 사유할 시간이 있는가? 성경의 지혜라는 빛에 비추어 충분히 생각하고 분별력을 갖출 시간이 있는가? 예배하고 혼자만의 시간을 가지며 영적 훈련을 받을 공간과 생활의 광포함에 저항하는 반 문화인으로써 살 공간이 있는가? 기독교 역사상 그 어느 시대보다 오늘날의 그리스도인들에게 더 치밀한 분별력이 요구되는 것은 어쩌면 당연한 일이다. 발전된 현대 세계 탓에 인생에 대해 고민할 시간은 줄어들고, 현대의 가장 심각한 도전들과 씨름할 도구는 점점 더 사라지고 있다. 발전된 현대 세계의 시간과 더불어 사는 세계화된 세계는 유례 없는 도전으로 다가오고 있다.

악이 마음껏 활개치다

세계화로 인해 악과 고통 같은 오래된 문제들과 씨름하는 우리의 어려움은 더욱 가중되고 있으며 또 다른 도전들에 부딪히고 있다. 많은 문제들의 규모가 이제 전 세계적으로 넓혀졌다. 이제 아우슈비츠와 같은 이전 세대의 참상의 증거들 앞에 우리가 그 세대보다 더 죄를 짓거나 악하지 않다고 말할 수 없다. 글로벌 세계로 도약하면서 악을 규정하고 처리하는 전통적인 방식은 주변으로 밀려났고 악은 더 극대화되었다. 일례로, 무기 때문이 아니라 분업과 책임감 분산 같은 교묘한 현대적 방법으로 인해 파괴의 위력이 더 커졌다.

가령 멀지 않은 과거까지만 해도 음란물은 추악한 노인들이나 보는 것이었고, 더러운 뒷골목의 가게에서 파는 잡지가 대부분이었다. 심각한 성도착 행위도 음지 깊숙한 데서 성행했다. 그러나 오늘날은 거의 모든 사람이 클릭 한 번으로 음란물을 접할 수 있게 되었고, 그렇게 됨으로써 수백만의 사람들의 생각과 생활 속에 음란물이 자리하게 되었다. 그리고 온갖 성적 취향과 변태 성욕을 맞춤 충족시키는 섹스 관광도 돈만 내면 언제든지 가능해졌다.

발전된 현대 세계에서는 전 지구적 상호 연결성과 접근성이라는 선악의 개입을 차단한 차가운 가면을 쓴 악이 마음껏 스스로를 과시한다. 이제 악은 수백만 사람들에게 권리의 문제이자 자연스러운 소비자의 선택 문제이다. 인신 매매, 노예제, 직권 남용을 통한 정치적 부패와 같은 현대적 악은 그 어느 때보다 규모가 크고 큰 비용을 치러야 하는 전 지구적 문제가 되었다. 예를 들어, 축구와 크리켓, 올림픽 같은 세계적인 대회에서 심각한 부패가 적발되더라도 후원 기업들이 미온적 반응으로 일관하는 것을 생각해 보라. 이윤을 해친다면 정직성 따위는 아무 짝에도 쓸모없는 것이다! 몇 마디 언급으로도 드러나듯이 악의 이런 확대가 매우 심각하다. 하지만 이 또한 휘몰아치는 세계화의 영향이 미친 한 측면에 지나지 않는다.

'단일한 현대성'(singular modernity)에서 '다양한 현대성'(multiple modernities)에 이르기까지

세 번째 거대한 변화는 '단일한 현대성'에서 '다양한 현대성'으로의 이동과 관련이 있다. 현대 세계는 그 기원을 다양하게 추적할 수 있지만 당대에 세계 주류를 이룬 세계열강들을 순서대로 서술하는 방식이 일반적이다. 즉, 용감무쌍한 항해사들의 나라 포르투갈, 대담하지만 탐욕스러운 개척자들의 나라 스페인, 전쟁의 천재성과 위대한 문화적 창조물의 나라 프랑스, 무역 제국과 예술의 나라 네덜란드, 정치적 혁신과 해가 지지 않는 해상 제국 영국, 팍스 아메리카나와 당대의 글로벌 거인으로서 지위를 가진 미합중국 순이다.

앞에서 서술한 대로 당대 승자로 자처한 서구 국가는 자동적으로 세계의 승자가 되었다. 승자는 지배적 위치에 있는 동안 현대성을 주도하고 주조할 수 있는 특권을 누렸다. 유일한 경쟁자 역시 서구를 구성하는 국가들 중 하나에서 나왔고, 이 국가들이 돌아가며 차례로 세계의 주류 사회를 차지했다. 세계의 나머지는 언제나 '그 나머지 나라'(the rest)였다. 그리고 이 나머지 나라는 동등한 존재가 아닌 뒤쳐진 존재로서 원시적, 퇴행적, 반동적, 전통적, 전근대적 세계로 간주되든 다수 세계로 간주되든 개발 도상국가로 인식되든 상관없었다. 한마디로 말해 현대성은 서구적이고, 세계화는 서구화이자 미국화, 심지어 코카-식민화를 의미했다. 항상 서구 사회를 뒤쫓아야 하는 운명인 나머지 나라는 비록 완전히 따라잡으리라는 희망은 없지만 최선을 다해 뒤쫓아 가는 것이 그들이 할 일이었다.

중요한 점은 그런 오만이 경제력과 군사력처럼 명확한 문제보다 훨씬 더 깊숙한 곳까지 영향을 미쳤다는 것이다. 또한 사상에도 영향을 미쳤다. 예를 들어, 계몽주의 세속화론은 상아탑 속의 냉정한 지성들이 도달한 객관적이고 학술적인 가정보다 훨씬 큰 영향을 미쳤다. 이 이론은 자기 본위적이다. 세계가 현대화될수록 종교성에서 꾸준히 탈피하게 될 것이다. 따라서 세속화는 보편적이면서 필연적이었다. 그러나 이 이론의 주창자들은 당대의 가장 근대적 대륙인 유럽의 상태를 전 세계에 투사했기 때문에 이 이론을 주장할 수 있었다. "유럽처럼 세상도 명확하지 않는가?" 그러므로 그들은 유럽의 자신들을 글로벌 전위부대로 보고 유럽의 세속성이 예외적일 수밖에 없는 특별한 조건을 무시했다. (미국이 이 이론에 부합했던 적은 분명히 단 한 번도 없다. 미국은 유럽을 인계받아 세계에서 가장 현대적 국가가 되었지만 근대 국가들 중 여전히 가장 종교적이다.)

보다 최근에는 냉전에서 미국이 거둔 승리가 곧 '역사의 종식' 그 자체의 증거이며 미국적 방식의 자유 민주주의의 영구적 승리의 정점을 증언한 것이라는 터무니없는 주장이 미국에서 표면화되었다. 그러나 이 주장은 미국식 왜곡의 '헤겔식 난센스'에 불과했으며 유럽의 세속화론과 동일한 결함을 드러냈고 동일한 운명을 겪었다. 미국의 세계 지배는 많은 사람들의 생각과 달리 그렇게 오래가지 않았다. 하지만 이 이론은 찰나적이고 현란한 빛으로 미국식 자유 민주주의 승리를 절대화해서 역사 자체에 투사했다. 왕의 천부적 권리를 인정하지 않았던 국가가 그 자신의 예외주의를 절대화하고 그 외 모든 역사의 종식을 선언하는 동일한 교만에 빠진 것이다. 일종의 국가적 규모의 '자아도취적 셀카 순간'이라 할 수 있다.

세속화와 역사의 종말, 두 경우 모두 이제 착각에 지나지 않았음이 드러났다. 세계는 여전히 완강할 정도로 종교적이며 종식된 것은 역사가 아니라, 오히려 자유 민주주의의 맹목적 지배이다. 그러나 더 중요한 점은 세계화의 가장 중요한 결과 중 하나로 현대성이 다양한 방식으로 더 많은 국가와 지구상의 더 많은 지역으로 확산되고 있다는 점이다. 그 결과 현대성의 다양하고 수많은 표현들 혹은 다양한 현대성이 존재하게 되었다. 다시 말해서 각 나라는 그 자체의 역사와 그만의 문화적 가치를 지니고 있다. 그러므로 현대성을 받아들이되 그 자신의 속도에 맞게 그 자체의 원리와 우선순위에 따라 스스로의 문화적 상황에 맞추어 적용해야 한다. 최근 중국에 방문할 때마다 자주 들었던 말이 이 점을 완벽하게 드러낸다. "이제 우리 차례야." 각 국가가 실제로 발휘할 자율성은 한계가 명확하지만, 현대성은 많은 이들이 생각하는 것보다 더 막강한 영향력을 발휘한다. 그러나 이론상으로 모든 나라는 각기 다르게 현대성에 적응할 수 있으며 바로 이런 의미에서 우리는 다양한 현대성이라는 실재를 인정해야 한다.

글로벌 세계를 아우르다

이미 오래전에 숙고했어야 할 이런 인식이 교회에 어떤 의미가 있겠는가? 세계에서 가장 성도수가 많은 종교이자 최초의 진정한 세계 종교의 일원인 우리 그리스도인들은 존 웨슬리의 "나는 온 세상을 내 교구로 본다"는 말이나 "지구적으로 생각하고 지역적으로 행동하라"는 르네 드모스의 금언을 어떻게 적용할지 책임감을 갖고 씨름해야 한다. 글로벌 세계는 우리가 더 이상 구제해야 할 우리 세계가 아닌 것처럼 관리 가능한 우리 세계도 아니다. 그런 이유로 우리는 우리보다 훨씬 더 큰 힘, 훨씬 더 높은 지혜, 즉 하나님의 주권성과 섭리를 신뢰한다. 토마스 홉스가 주장하는 세속 국가의 '레비아단'이나 아담 스미스의 자본 시장의 '보이지 않는 손'과 마찬가지로 세속주의는 섭리의 대체제가 아니다. 스스로 위대한 양 행동하는 글로벌 거대주의(global giantism)의 치명적 유혹도, 혹은 스스로 '세계 시민'이라 선언하면서 그 본질적 의미를 숙고하지 않는 오만한 공허함도 더 이상 대체제가 될 수 없다. (버지니아 울프: "여성으로서 나에게는 나라가 없다. 여성으로서 나는 어떤 나라도 원하지 않는다. 여성으로서 나의 나라는 전 세계이다.")[16]

글로벌한 동시에 로컬한 사고방식을 유지하되, 다루기 까다로운 실재들이라는 현재적 환경 속에서 기독교적 비전의 웅장함을 해치지 않는 방법은 무엇인가? 우리는 예수의 성육신을 모범으로 삼고 살아야 한다. 또 한편으로는 온전한 함께 함, 육체적 현존성, 심지어 핸드폰과 스마트 기기와 글로벌 통신의 압박 속에서도 얼굴을 맞대고 그분을 바라보는 중요한 삶의 양식을 누려야 한다. 또한 일상성의 우선순위라는 우리 주님의 부르심에 기쁘게 순종해야 한다. ("일용할 양식을 주옵소서." "한날의 괴로움은 그날로 족하다.") 무엇보다 우리는 유한한 존재이다. 보잘것없는 우리 인생은 한순간에 지나간다. 시편 기자의 표현대로 인생은 "베틀의 북보다 빠르다." 오늘 여기 있다가 내일 사라지는 존재이므로 인간적인 거대주의의 모든 주장은 모순되고 위험하다.

이것은 무엇보다 인간성과 교회의 크기가 당연히 한계가 있을 것이라는 의미이다. 얼굴을 맞댄 관계로 결속될 수 있는 공동체의 적정

규모는 매직 넘버인 150명에서 200명 정도라고 한다. 그러므로 수만 명이 넘는 메가처치이든 수천만 명이 넘는 메가시티이든 공동체가 이 규모를 초과하는 즉시 면대면이 아닌 여러 비인간적 방식으로 조정이 필요해진다. 이는 소셜 미디어의 상호 연결이라는 가벼운 방식일 수도 있고, 권위주의적인 정치적 통제라는 강압적 방식일 수도 있다. 그러므로 이런 형식의 조정 방식은 그 성격과 영향이 중요하다.

좋든 싫든, 사람들을 결속시키는 이런 여러 방식은 그 자체적으로 뚜렷한 역동성이 있어서 언제나 결국 전체 공동체의 성격을 결정하게 된다. 현대 메가시티들은 그 자체로 태생적 문제가 야기되는 규모에 도달했다. 그리고 첨단 기술로 무장했지만 유사한 문제를 가진 메가처치도 있다. 이런 방식들은 시각 영상과 추상물의 아름다움을 열렬히 환영하며 성 프란시스가 겸손하게 '낙타 형제'라 부른 몸을 폄하하는 테크노 영지주의자들의 호응을 받을 것이다. 그러나 그들이 미래의 물결이 될 일은 절대 없다. 이웃한 교구 교회는 단순히 과거의 교회가 아니라 미래 교회이다. 때로 조롱의 대상이 되고 보잘것없어 보이더라도 인간이 인간으로 존속하며 몸을 유지하는 한 유행에 뒤떨어지는 퇴물 취급은 받지 않을 것이다.

그러나 이 도전 역시 또 다른 측면이 있다. "하나님이 세상을 이처럼 사랑"(요 3:16)하셨으므로 우리 역시 그러해야 한다. 무엇보다 이제 우리는 '실시간으로 세상의 모든 일'을 볼 수 있고 '24시간 안에 거의 모든 곳에' 도달할 수 있다. 그러므로 우리는 실력을 기르는 노력으로 "우리 줄을 길게 하며 우리 말뚝을 견고히 해서" 우리의 최첨단 기술로 된 장막을 그 어느 때보다 넓게 확장해 사람들을 맞아들여야 한다. 또한 우리의 일상적 소명의 모든 영역에서 '주님을 위해 최선'을 다해야 한다. 모두가 이 일에 동참할 때, 기독교 공동체의 손과 마음과 사랑이 지상의 어떤 신앙 공동체보다 더 광범위하고 효과적으로 세계를 아우를 수 있을 것이다.

단일 지역 교회로서 릭 워렌 목사가 시무하는 남 캘리포니아의 새들백 처치보다 더 대담하고 효과적이고 왕성하게 이 일을 해내는 교회는 없었다. 물론 이런 일에 동참하는 다른 교회들도 적지 않지만 말이다. 우리는 기도 범위를 더 넓혀 각 정부들을 위해 간절히 기도해야 한다. 이 세상을 더 안전하고 정의롭고 자유롭게 할 수 있는 책임 있는 모든 주체를 위해 기도해야 한다. 그렇게 할 때 비로소 우리는 온 세상을 향한 우리 하나님의 사랑에 합당한 자가 될 수 있을 것이다. 그리고 정의에 대한 우리의 열정과 관용, 사랑이 새로운 국경을 넘어 텔레비전과 자유 여행 시대가 도래하지 않았더라면 절대 이웃이 되지 않았을 사람들을 도울 수 있게 될 것이다. 또한 사람들에게 여러 인간 관심사의 한계에 대해 도전하고, 그 어느 때보다 더 고차원적이고 포괄적인 수준에서 선한 사마리아인 이야기를 실천할 수 있을 것이다.

글로벌 차원과 지역적 차원의 이러한 균형이 가능하고 지속 가능하겠는가? 세계 교회가 이 목표를 달성하고 시대적 도전에 부응해 인류의 미래에 중심적 역할을 할 수 있겠는가? 우리는 세계열강들을 대신해 영적 전쟁을 할 수 있겠는가? 이런 일들은 절대 쉬운 일이 아니지만 다양한 현대성의 함의는 그런 중대한 문제들과 직접 관련이 있다. 실제로 이런 변화는 관련된 문제들 때문에 모두 중대하다. 그러므로 이 변화들을 분석하는 일은 다른 지면에서 별도로 다루어야 할 것이다. 그러나 적어도 우리는 매혹적이고 불안정한 격변의 현대세계라는 광대한 지평을 볼 수 있는 세계적 시각을 가져야 한다. 이것이 우리 시대의 세계이며 주님 앞에서 우리에게 맡겨진 순간이다. 오직 그 사실을 인정할 때 우리는 이 시대와 세대에서 하나님의 뜻을 실행하는 책임을 감당할 수 있을 것이다.

기도 하나님 아버지, 주님 앞에서는 우주도 한 점 티끌에 불과하며 아무리 높은 꿈과 목표도 볼품없습니다. 주님, 측량할 수 없는 주의 영광과 진리, 한없는 주의 사랑, 놀라운 주의 은혜로 우리의 마음과 생각을 넓히사 주를 향한 믿음이 요동치 않게 하옵시고, 열방을 향한 긍휼의 마음을 주사 그들의 필요를 채우게 하옵소서. 열방을 향한 주님의 마음으로 사랑하며 살게 하옵소서. 예수 그리스도의 이름으로 기도드립니다. 아멘.

묵상하고 나누기

1 오늘날 바벨탑을 쌓고 '하나님처럼' 되고자 하는 탐욕의 사례들을 어디서 볼 수 있는가? 반박하기에는 너무 자연스럽고 확고해 보이는 주장들과 태도들은 무엇인가?

2 글로벌한 것과 지역적인 것, 일상적인 것의 긴장으로 우리가 영향을 받는 부분은 무엇인가? 불가능한 요구들의 조화를 맞추고자 어떤 방법으로 씨름했는가? 바람직한 방향으로 글로벌하게 사고할 수 있는 부분은 무엇인가?

3 제국주의와 식민주의 같은 과거의 악에 반발하기는 쉽다. 하지만 과거의 함정을 피하면서 동시에 전 세계를 위해 기도하고 돌보는 더 나은 진보의 방법은 무엇인가?

제2장

지금까지 없었던 거대한 도전

'같은 방향을 향해 일생 순종해야 하는' 제자도는 현대 생활의 결을 거스르는 참으로 어려운 길이다. 그럼에도 불구하고 발전된 현대 세계에서 제자도는 우리 시대의 피할 수 없는 중요한 우선순위이다.

1989년 나는 영광스럽게도 마닐라에서 개최된 2차 로잔대회 총회에서 '선교와 현대성'을 주제로 강연을 해달라는 초청을 받았다. 광범위할 뿐 아니라 선교에 참여하는 대부분의 사람들에게 익숙하지 않은 주제임에도 불구하고 내게 허락된 시간은 단 17분에 불과했다. 그러나 나는 주어진 시간 내에서 최선을 다했다. 총회가 끝난 후 현관 입구로 나갔을 때 한 선교사가 내게 다가왔다. "강연 내용을 다 듣지 못했고 들은 내용도 다 이해가 되지 않았어요. 다만 한 가지 질문을 드리고 싶은데요. 주최 측은 왜 당신에게 '모성'(maternity)에 관한 강연을 부탁했을까요?"

현대성(modernity)을 모성(maternity)으로 잘못 알아들었다는 말인가? 현대성이라는 용어는 많은 사람들에게 생경하지만 모성이라는 단어는 익숙하다. 그러나 우리는 그 익숙한 용어를 사용하는 방식에서 덜 익숙한 용어를 이해할 만한 단서를 얻을 수 있다. 모성은 어머니의 역할과 관련된 모든 광범위한 분야를 아우르고, 현대성 역시 이와 같이 단순하지만 포괄적이다. 우리의 현대 세계를 이루는 모든 사상과 제도를 포함한다. 단순히 사상뿐 아니라 도시, 비행기, 핵발전소, 기업과 회사, 자동차, 텔레비전, 컴퓨터, 스마트폰까지 망라할 수 있는 단어이다. 간단히 말해 현대성은 사상의 문제보다 훨씬 더 광범위하다.

확실히 모더니즘과 포스트모더니즘은 짝을 이루는 사상이지만, 모더니티는 사상보다 훨씬 폭넓은 범위를 가리킨다. 예를 들어, 상대주의, 회의주의, 효율성, 계산 가능성과 같은 고유한 현대적 사상들이 여기에 포함되며 거기서 멈추지 않는다. 그러므로 포스트모더니즘과 포스트모더니티를 혼동하는 것은 잘못이다. 이런 구분은 여러 가지 함의를 도출한다. 특히, 사상적으로 모더니스트 혹은 포스트모더니스트인 사람은 쉽게 생각을 바꾸어 철지난 자신의 생각을 포기할 수 있다. 그러나 모더니티(현대성)는 일련의 사상보다 훨씬 폭넓은 개념이므로 누군가가 아주 싫어하거나 반대한다 해도 쉽게 버릴 수 있는 것이 아니다. 사실 모더니티(현대성) 이후의 세계라는 의미에서 글로벌 재앙과 무관한 진정한 포스트모더니티를 생각하기란 불가능하다.

그런데 도대체 이런 구분들이 왜 중요한가? 이것은 단순히 의미론적 구분이 아니다. 오늘날 직면한 도전들을 평가하는데 서구 그리스도인들이 매우 중요하다. 서구 대다수 회중들을 상대로 누군가가 "현대 교회는 지금 여태껏 겪어 보지 못한 유례없는 거대한 도전에 직면하고 있다"는 말을 한다면 사람들은 아마 황당한 표정으로 그를 바라볼 것이다. 우리가 직면한 위험성과 원인이 정식 진단을 받지 않은 암처럼 대부분 서구 그리스도인들의 의식 속에 아직 들어가 있지 않기 때문이다. 그러나 다음 내용에 대해서는 확실히 알 것이다. 저명한 무신론자들의 가차 없는 공격을 받는 것이 어떤 것인지, 여러 국가에서 발호하는 근본주의 이슬람의 무차별적 공격이 어떤지에 대해서 말이다. 그리고 언론과 문화 엘리트들 같은 특정 분야에서 부당한 반감이 지속적으로 커지고 있다는 사실에 대해서 말이다. 그런데 지금까지 없었던 가장 큰 도전이라니? 신앙의 박해나 이단의 공격보다 더 심각한 도전이 있다는 말인가? 현대적 통신 수단들이 사람들의 목덜미를 잡아 뒤주지 않고, 그들의 대의로 관심을 잡아채 가는 일이 일상적으로 일어나는 시대라 해도, 그런 말은 과장이나 쓸데없는 기우로 여겨질 것이 분명하다.

교회가 직면한 가장 거대한 도전을 표상하는 것은 모더니즘이 아니라 더 광범위하고 더 강력한 의미의 모더니티(현대성)이다. 현대성은 교회가 당한 모든 박해와 이단의 힘을 합친 것보다 더 해로운 영향을 교회에 미쳤다. 네로에서 디오클레티아누스, 스탈린, 마오쩌둥, 아야톨라들과 이맘들에 이르는 기독교 박해자들의 공격은 정면 공격이었고 이단들의 공격은 교묘하게 중앙부를 파고들었지만, 현대성으로 인한 손상의 절반에도 채 미치지 못한다. 실제로 순교자들의 피는 교회의 밀알로 작용했고 이단들의 공격은 믿음을 더 예리하게 가다듬는데 기여했다. 그리고 사도신경과 니케아 신조 같은 역사적 정통

신앙의 고전적 선언을 촉발시키는데 기여했다. 그러나 지금까지 발전된 현대 세계의 도전들을 극복하고자 분연히 일어선 현대 교회의 영웅적 반응은 전혀 없다.

우리가 명심해야 할 일이 있다. 현대성이 교회에 치명적 도전이긴 하나 적대적 이데올로기들처럼 정면 공격을 감행하지 않는다는 점이다. 예를 들어, 새로운 무신론자들은 이전의 공산주의자들과 비슷하다. 기독교 신앙을 완강하게 반대하며 이에 대한 그들의 반대와 배제에 어떠한 주저함도 없다. (하버드 유전학자 리차드 르윈틴의 글을 인용한다. "그 문으로 어떤 신의 발도 들여놓도록 할 수 없다.")¹ 사실상 그들은 "여기서는 어떤 신앙도 원치 않는다"고 말하며 아우슈비츠 비르케나우 수용소에 도착한 유대인들을 상대로 즉각 분리 작업을 실시한 나치 경비대처럼 믿음의 사람들에 대해서도 동일한 분리 작업을 시행하고 있다.

이렇게 야비하고 공개적인 반대가 새로운 무신론자들과 같은 일부 모더니스트들이 제기한 도전임은 분명하지만, 현대성의 도전은 아니다. 무엇보다 세속주의(개인적 철학으로서), 분리주의(종교와 공적 생활의 엄격한 분리를 주장하는 합법적인 정치적 정책으로서), 그리고 세속화(현대화의 일부를 이루는 한 과정)는 결정적 차이가 있다. 이 세 용어는 흔히 서로 혼용된다. 이 용어들은 유사한 결과를 미친다는 면에서 비슷하지만, 그 과정은 완전히 다르며 그 차이는 매우 중요하다. 첫째는 철학이고 둘째는 정치적 정책이며 셋째는 하나의 과정을 가리키는 말이다. 철학으로서의 모더니즘은 신앙을 노골적으로 반대할지 몰라도 모더니티(현대성)는 그렇지 않다. 반대가 아니라 유혹과 왜곡을 통해 손상을 가한다. 가령, "여기서는 신앙이 허용되지 않습니다"라고 말하지 않고 "여기서는 신앙이 필요없습니다"라고 말한다. 예수님의 말씀과 토라와 반대로 현대성은 인간이 이제 '빵만으로' 살 수 있다거나 과학이나 기술, 경영, 마케팅만으로 살 수 있다고 주장한다. 세속주의자들은 하나님을 원치 않는 반면, 세속화된 사람들은 하나님을 전혀 필요로 하지 않는다. 이런 차이는 현대성의 수많은 유혹과 왜곡의 한 예일 뿐이다.

앞에서 우리는 오랫동안 지배적 위치에 있던 세속화론이 사실상 종교에 미친 현대성의 영향에 대한 거짓되고 편향적인 해석이라는 점을 살펴보았다. 세계는 꾸준히 현대화되고 있으며 그 이론의 주창자들이 예언한 것과 달리 종교는 사라지지 않았다. 실제로 여러 면에서 오늘날은 그 어느 때보다 종교에 광적이다. 그러나 여기서 한 걸음 더 나아가지 않고 종교가 번성하니 전과 바뀐 것이 없다고 주장하는 것은 잘못이다. 한때 비판자들이 생각하고 희망하던 대로 종교는 사라지지 않았지만, 이전과 변한 것이 없는 것은 아니다. 현대성은 어떤 이들에게는 독특한 방식으로 종교에 영향을 미쳤다. 간단히 말해, 우리 주님에 대한 신실성을 지키며 세상에 있되 세상에 속하지 않기 위해서는 세상을 제대로 이해해야 한다.

여기서 현대성이 기독교 신앙과 기독교 교회에 미친 영향을 본격적으로 논의하지는 않을 것이다. 그 이유는 이미 지적했다. 대신 현대성이 기독교 신앙과 교회에 가한 손상의 세 가지 예만 소개하겠다. 각각의 경우 그 손상의 배후에 있는 흐름은 많은 타종교나 신앙에 별 문제가 되지 않겠지만, 기독교 신앙은 결정적이고 치명적 영향을 받는다. 그것은 복음의 본질과 기독교 진리의 성격 때문이다. 다시 한 번 말하지만 내 관심은 역사 연구나 분석이 아니라 이것이 제자도에 던지는 의미에 있다. 그리스도인들은 세상에 있되 세상에 속하지 말라는 부르심을 받았다. 그러므로 현대성은 분명히 가장 강력하고 만연하며 버거운 현대적 세상의 특징이다. 그리고 바로 그 안에 교회에 대한 도전이 도사리고 있다. 기독교 교회가 현대성이라는 세상의 유혹과 왜곡을 이기지 못한다면, 비루한 세속성에 굴복해서 그 문화적 허약함과 주님에 대한 신실성의 실패라는 민낯을 적나라하게 드러낼 것이다.

끝없이 고르기

일차적인 중대한 왜곡은 현대 세계가 우리를 '권위의 지배를 받는 입장'에서 '선호의 입장'으로 바꿈으로 생긴다. 더 엄밀히 말해 그 자신의 권위를 제외한 모든 형태의 권위를 허물어뜨리고, 모든 반응은 단순히 선호의 문제일 뿐이라고 생각하도록 만드는 것이다. 유대교와 기독교 신앙에 권위가 얼마나 핵심적이고 중요한지 새삼 말할 필요가 없다. 랍비 조나단 삭스는 레위기가 '유대교의 핵심 텍스트'라고 지적하며 전승은 '그가 부르셨다'는 의미의 첫 글자 '바이크라'를 따서 레위기 이름을 지었다고 한다.[2] 레위기의 많은 교훈들은 "여호와께서 말씀하여 이르시되", "여호와께서 이르시되", "여호와께서 명하시되"라는 세 구절로 시작하며 이 구절은 모두 사랑과 친근감의 어조를 띠지만 반박할 수 없는 하나님의 권위를 강조한다. 역사상 신앙의 대상이 된 신들 중 유일무이한 여호와는 초월자이시다. 따라서 그분이 하시는 말씀은 구속력을 지닌 진리이다. 권위를 갖고 우리에게 선포된다. 이 권위를 희석시키는 짓은 하나님을 묵살하는 짓과 다름없다.

그리스도인들은 '예수님의 주 되심'을 중요한 기독교 신앙 고백이자 확신으로 생각한다. 한때 의심을 품었다가 믿음을 고백한 도마의 말대로 우리는 "나의 주님이시요 나의 하나님이시니이다"(요 20:28)라는 확고한 확신에 도달해야 예수를 따른다고 할 수 있다. 그리스도인들은 예수 그리스도가 온전한 하나님으로서 온전한 인간이 되셨음을 믿는다. 그리고 이것이 그 존재의 유일무이하고 확실하며 충분한 계시이자 초월자 하나님의 본성과 뜻으로, 그분 외에 다른 신이 없고 그분 외에 우리가 구원받을 다른 이름이 없다고 믿는다.

그러므로 예수를 따르는 사람들은 권위 아래 있는 사람으로 하나님의 초월적 위대하심 앞에서 살아가며 그런 삶을 부끄러워하지 않는다. 하나님이 주시는 말씀을 신뢰한다. 그리고 하나님이 명하시는 대로 순종한다. 그러므로 우리가 스스로 창조된 존재가 아니며 자아 충족적이지 않고 자율적인 존재가 아님을 기쁘게 인정한다. 세상에 그 누구도 유대인과 그리스도인들만큼 자유에 대해 고귀한 이상과 견고한 의식을 가지고 있지 않다. 성공회 일반 기도서는 하나님에 대해 "그분을 섬김이 완벽한 자유"라고 말한다. 그러나 이 자유는 삼중적 틀로 되어 있으므로 결코 자율적이라는 의미로 해석되지 않는다. 첫째, 이 자유는 우리 스스로의 성취가 아니라 하나님의 선물로 이해된다. 둘째, 이 자유는 언제나 관계적이기에 우리 주님과 형제 자매들, 이웃들과의 관계 속에서만 경험되고 무르익는다. 셋째, 이 자유는 언제나 예수의 가르치심과 성경이라는 틀 속에서 체현된다. 유대교와 기독교의 자유는 '하나님의 생활 방식'이라는 진리의 형식 안에서 누리는 자유이다.

다시 말해서 기독교 신앙은 예수의 권위를 기반으로 하는 신앙이다. 예수님이 어떤 명령을 하시든, 혹은 어떤 다른 권위가 주어지든 예수님의 권위 있는 인장이 그분을 신실하게 따르고자 하는 그리스도인들의 최종적 기준이다. 하나님의 영감된 말씀인 성경의 절대적 진실성과 최종적 권위를 예수님이 직접 강조하셨고 가르치셨으므로 성경은 우리의 최종적 권위이자 법이 된다. 성경의 말씀은 하나님의 말씀이고 우리는 하나님의 말씀에 순종한다.

비판자들은 권위에 대한 이런 시각을 현대성의 세계에서 받아들이기 힘든 경직되고 낡은 고루한 생각으로 치부한다. 현대성은 교묘하지만 체계적인 수많은 방법으로 이런 시각을 도무지 인정할 수 없는 잘못인 양 만들어 버린다. 먼저, '다원화'라는 피할 수 없는 현상에 대해, 그리고 그 위력에 대해 살펴보자. 다원화란, 현대 생활의 모든 영역에서 끝없는 선택과 쉴 새 없는 변화가 확대되고 증가하는 과정에 있음을 의미한다. "모든 사람이 이제 모든 곳에 있다"고 한다면, 모든 사람이 항상 '그 모든 타인'을 의식하며 타인에 대한 그 모든 의식으로 어느 때나 항상 열려 있는 선택과 변화를 의식하게 된다. 그리고 오늘 선택해야 할 수많은 것들이 있다면, 내일은 훨씬 더 많아질 것이다.

당연하겠지만 현기증이 날 정도로 수많은 선택 거리는 슈퍼마켓이나 쇼핑몰에 가면 확연히 드러난다. 하지만 선택의 부추김은 소비 시장의 담장을 뛰어넘어 광범위한 영역으로 확산되었다. 아침 식사용 시리얼과 레스토랑의 고급 요리에서부터 성 정체성과 성적 유혹, 온갖 유형의 성적 합의까지, 그리고 인생의 자립을 돕는 기법과 철학들에 이르기까지 우리는 끝도 없는 선택 앞에 놓인다. 선택의 초점은 언제나 선택한 대상보다 선택하는 행위에 맞추어진다. "그냥 선택해." "선택하면 돼." "경험해 봐." "직접 시도해 봐." "시도해 보지 않고서 어떻게 알겠어?" 무엇보다 언제나 타인이 있다. 언제나 누군가, 혹은 다른 게 있다. 그러니 시도하지 않으면 어떻게 확인해볼 수 있겠는가?

니체는 「선악의 저편」(Beyond Good and Evil)에서 이렇게 적었다. "한 사람을 향한 사랑은 야만적인 것이다. 그것은 다른 사람을 모두 희생하며 행해지기 때문이다. 신에 대한 사랑도 마찬가지다."[3]

그렇다. 하나님도 소비자의 한 선택 품목으로 전락해 버렸다. 진리가 더 이상 중요한 문제가 아닐 때, 한 가지 선택을 고수하는 행위는 더 이상 지적 확신의 문제가 아니라 어리석고 소심하다는 증거이다. 무언의 광고 문구가 말해주듯이 당신은 늘 열린 마음을 가져야 한다. 진정한 자유 사상가는 언제나 선택하고 계속 선택하기를 원할 것이며 실험하고 계속 실험하기를 원할 것이다. 우리의 자유는 선택의 옳고 그름이나 어리석고 우둔함에 관계없이 선택할 수 있는 자유이다. 선택할 수 있는 한 우리는 자유롭다. 중요한 것은 오로지 선택이다. 진리, 선함, 권위는 선택이라는 핵심적 행위나 주요 사건과 아무 상관이 없다. 주권적 선택자로서 당신은 원하는 것이 무엇이든 선택하고 또 선택할 수 있는 주권적 권리를 자유로이 행사할 수 있다. 결국 모든 선택이 아무 차이도 없어 보이고 각각 하찮은 존재로 쪼그라들 때까지 이 선택은 끝없이 이어진다.

이 책을 읽어온 독자라면 누구라도 양심의 자유와 양심적 반대가 오늘날 일상적으로 묵살되는 이유가 무엇인지 바로 알아차릴 수 있을 것이다. 선택의 자유와 양심의 자유는 완전히 다르다. 선택의 자유는 자율적이 되어 권리 문제가 된 데 비해, 양심의 자유는 한 번도 자유로운 적이 없었다. 그것은 의무, 즉 자유롭지 않은 구속력 있는 의무였다. 양심은 정확히 개인이 의무나 양심의 명령에 매인 존재였기 때문에 존중을 받았다. "여기에 제가 서 있습니다. 이 외에 아무것도 할 일이 없습니다." 그러나 오늘날 세상은 양심의 자유를 선택의 자유인 양 혼동하고, 따라서 양심은 의무도, 권리도 없는 것으로 생각한다.

이렇게 선택에 치중한 대가는 현대 소비 사회의 중심에서 찾을 수 있다. 내용을 희생한 선택은 주권적 선택자는 격상시키고 선택 내용은 가치절하해서 선택을 선호의 문제로 만들어 버린다. 아침 식사용으로 위트시사의 오트밀을 선택할지, 버쳐 뮤슬리나 아이리쉬 오트밀을 선택할지, 주력할 운동으로 축구나 야구, 혹은 골프를 선택할지가 중요한 문제인가? 그렇다면 금요일에 이슬람교도와 예배를 드릴지, 토요일에 유대인과 함께 드릴지, 혹은 일요일에 그리스도인과 함께 드릴지, 아니면 아예 예배를 포기할지는 중요한 문제인가? 혹은 형수가 이성애자인지, 레즈비언인지, 아니면 상사가 이성애자인지 동성애자인지, 아니면 성전환자인지는 중요한가? 사람마다 제각각이다. 각각의 생활방식과 여정이 다른데, 다른 사람의 입장이 되어 보지 않고서 누구를 판단할 수 있겠는가? 누군가는 이런 선택을 하고 또 누군가는 저런 선택을 한다. 우리는 모두 다르게 선택할 자유가 있고 그 선택은 선호의 문제일 뿐이다. 그런데 누가 옳은지 어떻게 판단할 수 있겠는가? 다른 사람의 선택에 누가 신경을 쓰겠는가? 그리고 남들의 선호를 판단하는 일에 무슨 관심을 갖겠는가?

그런 자율적이고 자유로운 선택의 소비주의가 쇼핑몰에서 침실, 사무실과 투표함에 이르기까지 온 사회를 엄습할 때, 그 결과는 뻔하다. 권위에 순종할 때 어떤 대가를 치를 것이며 소신에 따른 반대 의사를 존중하던 풍토는 어떻게 될 것인가? 어떤 제약도 없는 자율적이며 주관적인 주권자로서 개인의 선택은 '소비왕국의 바람둥이 왕'이다. 선택이 편리와 편안을 가장 가까운 시종과 하수인으로 거느린 채 인생의 대부분을 지배한다. 그러므로 권위와 순종은 함께 추방된다. 권위와 순종은 무한한 선택의 판타지 게임을 망치고 흥을 깨는 불청객일 뿐이기 때문이다. 그러면 교회 내부에서는 권위에 심각한 위기가 생길 것이다. 예수님의 권위와 성경을 거부하는 듯한 수많은 입장과 해석들이 난무하게 될 것이다. 이러한 결과는 전혀 놀랍지 않다.

복음주의자들은 특별히 '선택'의 왜곡에 취약하다. 그 까닭은 회심의 부르심에 대한 선택에 과도한 의미를 부여하기 때문이다. 선택이 그들의 아킬레스건이 될 수 있다. 유대인들은 '선택된 백성'(chosen people)이기에 그들의 신앙은 숙명이다. 반면 복음주의자들은 '선택하는 백성'(choosing people)이므로 그들의 신앙은 종종 단순히 그들의 결단에 불과하다. 물론 믿음의 걸음은 선택, 즉 한 개인이 취하는 가장 중요한, 그리고 책임이 요구되는 것이다. 그러나 결단의 행위로써 선택을 과도하게 강조하면 선택이라는 행위 자체가 전부가 된다. 하지만 그럴 경우, 많은 현대적 선택의 숙명처럼 구속력을 갖지 못하고 쉽게 바꾸어도 상관없는 상태로 쪼그라들 수 있다. 선택과 변화는 가까운 친구 사이로, 믿기로 선택한다는 이유로 믿음을 결단한 사람들은 반대 상황이 될 때 그만큼 쉽게 믿음을 저버릴 수 있다.

이런 현대적 편이성을 회심에 관한 초대교회의 심오한 신학, 특히 세례의 공적 증언을 강조하느라 큰 대가를 치렀던 역사와 비교해 보라. 세례 의식은 로마의 충성 의식을 직접 차용한 의도적인 의식이었다. 로마인들에게 충성 맹세, 즉 사크라멘툼(sacramentum)은 법정의 일반 맹세보다 훨씬 엄중한 것이었다. 권위 앞에서 자신의 말을 반드시 지키되 맹세에 대한 보장으로 목숨을 내놓겠다는 엄중한 맹세였다. 그리고 사크라멘툼을 한 사람들은 당시 구별된 자들(사케르)이었다. 그들은 맹세를 어길 경우 '신에게 바쳐졌다.' 그들은 거룩한 충성의 맹세를 바쳤으므로 자신은 더 이상 자신의 것이 아니었다. 예를 들어, 사크라멘툼은 전장에 나가고자 부대에 편입된 로마 군인들이 황제에게 한 충성 맹세였고 검투사들이 싸우러 나갈 때 한 맹세였다.

그리스도인들에게 세례는 일시적인 선택이 아니었다. 공개적 서약이자 과거와의 결정적 단절이었고 하나님 앞에서, 그리고 형제된 성도들과 주시하는 세상 앞에서 예수님에 대한 충성을 약속하는 엄중한 맹세였다. 임종 직전 세례를 요청하는 이들이 그렇게 많은 이유가 바로 이 때문일 것이다. 이런 세례의 대표적인 인물은 콘스탄티누스 황제이다("이제 나는 하나님의 백성 중 하나가 되었습니다.

이제 하나님께 합당한 삶을 살겠습니다.")⁴ 사람들은 숨을 거두기 전에 죄 사함을 받고 싶어 한다. 하지만 그보다 일찍 자신을 헌신함으로써 큰 대가를 치러야 하는 엄중한 구속력이 있는 서약(사크라멘툼)에 얽매여 살고 싶어 하지는 않는다. 오늘날의 선택은 구속력이 없어 편리할 수 있지만 믿음의 언약적 맹세는 다르다. 자신을 예수님께 바치는 것이므로 큰 대가를 각오해야 한다. 우리는 우리 십자가를 지고 여기까지 왔고 더 이상 돌아갈 길이 없다. 우리는 더 이상 우리의 것이 아니다.

선택을 사소한 문제로 만드는 현대적 유혹이 새롭게 나타난 현상은 아니다. 이런 유혹은 궁극적으로 진리의 구도자이자, 필연적으로 진리의 곡해자이기도 한 우리의 타락한 본성에서 기인한다. 안타깝게도 우리는 하나님의 진리에 맞추어 내 욕망을 길들이려 하지 않고 거꾸로 내 욕망에 맞추어 현실을 빚어 가려 한다. 현대 소비주의가 그 어느 때보다도 열렬히 우리를 거들고 부추기고 있다. 5세기 경 성 어거스틴은 이 문제를 거론했고 성경을 왜곡하는 마니교에 대한 그의 반박은 동성애 결혼의 정당성을 합리화하고자 하는 이들에게도 동일하게 적용될 수 있다. "복음 안에 있다 하면서 믿고 싶은 것은 믿고, 믿고 싶지 않으면 안 믿는 너희들은 복음이 아니라 스스로를 믿는 것이다."⁵

오늘날이라고 다르지 않다. 동성애와 레즈비언 수정주의를 옹호하는 그리스도인들은 복음보다는 자신과 성 혁명을 믿는다. 자신의 욕망을 성경 진리에 맞추기보다 욕망에 진리를 맞추려고 성경을 왜곡한다. 쇠렌 키에르케고르의 통렬한 지적대로 그들은 해석으로 예수를 배신하며 '유다의 입맞춤'을 하고 있다.

개신교 자유주의는 이 길을 오랫동안 느긋한 걸음으로 걸어오면서 계몽주의와 계몽주의 이후 세계관들의 잇따른 권위들을 수용하고 예수님의 권위를 노골적으로 거부했다. 혁명파인 자코뱅파의 동조자들을 가리켜 조지 캐닝이 쓴 표현을 풀어쓰자면 자유주의 수정론자들은 "자기 자신을 제외한 모든 신앙의 친구들"이다. 그 과정에서 온 교회와 교파가 실질적으로 허상을 따라 영적이고 제도적 자살을 저질렀고 스스로를 불충실한 만큼 부적절하게 만들었다.

극단적인 개신교 수정주의의 비극적 이야기 탓에 그 뒤를 따라 절벽을 향해 무모하게 돌진하는 복음주의 수정주의자들의 안타까운 시도를 바라보기가 더욱 더 괴롭다. 예를 들어, 샌프란시스코의 한 복음주의 교회 목사는 지금 이대로라면 예수의 길은 인류 번영에 '파괴적'이라고 생각한다고 선언하였다. 따라서 수위를 낮추어 더 '온정적이고' 현대적인 생활 방식의 동성애 결혼을 허용해야 한다고 주장한다. 애석하게도 그는 성경과 역사의 교훈을 제대로 이해하지 못하고 있다. 그는 자기 자신뿐 아니라 어리석게 자신을 뒤따르는 사람들의 영적, 제도적 자살을 자초하고 있다. 당연한 응보이겠지만 그나 그와 유사한 사람들은 1세대 전에 남들이 야단법석을 떨며 뿌린 씨앗의 열매를 거두고 있을 뿐이다. 이 모두가 구도자 중심과 청중 주도의 교회들이 추구해야 할 자명한 이치라며 말도 안 되는 주장에 우리가 자못 진지하게 열광했기 때문이 아니겠는가? 한 예로 유명한 기독교 마케팅 컨설턴트의 말을 소개한다. "가장 중요한 것은 메시지가 아니라 청중이라는 기독교적 커뮤니케이션의 기본 원리를 마음에 되새겨야 할 것이다."

청중이 가장 중요하다고? 절대 그렇지 않다. 수천 번 반복하지만 그것은 아니다. 복음의 메시지와 그 메시지의 주 되신 예수님만이 중요할 뿐, 청중이 아무리 부유하거나 명망이 높고 매력적이라 해도 가장 중시해서는 절대 안 된다. 그렇다. 사도 바울처럼 우리는 유대인들에게는 유대인처럼, 이방인들에게는 이방인처럼 다가가야 한다. 어떤 연령대든 생활수준이 어떠하든 누구도 배제해서는 안 되며 모든 사람의 형편에 맞게 다가가야 한다. 물론 구도자 중심 방식의 진실의 한 면이 바로 이것이다. 그러나 진실의 또 다른 이면이 있다. 우리는 그들과 하나 되기 위해서가 아니라 바울처럼 그들이 예수님께 돌아오도록 하기 위해서 언제나 모든 사람에게 여러 모습이 되어야 하는 것이다.

이런 주장에 동조하는 모든 복음주의자는 자신의 내면을 잘 살펴보아야 한다. 지금까지 1세대 동안 '세상을 바꾼다'는 이야기가 난무해왔지만 누가 누구를 바꾸고 있다는 말인가? 세상이 교회를 바꾸고 싶을 것이라는 점은 의문의 여지가 없다. 성적 취향과 같은 이슈들을 세상이 성공적으로 주도하는데 걸림돌은 오직 교회밖에 없다. 당연히 세상은 교회를 바꾸고 싶을 것이다. 그런데 교회는 어떠한가? 아직도 세상을 바꾸기를 원하는가, 아니면 세상과 동조해서 교회를 바꾸는 것이 유일한 교회의 관심사인가? 복음주의의 중대한 핵심이 타락한 상태이므로 누가 누구를 바꾸고 있는지 확인하는 일은 거의 불가능하다.

누군가의 말을 듣거나 글을 읽을 때 꼭 확인이 필요한 중요한 질문들이 있다. "말의 핵심은 무엇인가?" "사실인가?" "무엇에 관한 내용인가?" 현대 정보화 시대는 이 세 가지 질문을 모두 무시하지만, 그리스도인들은 진실성을 확인하는 이 질문이 주변부로 밀려나도록 방치해서는 안 된다. 분명히 '진실성'은 단기간으로 보면 치러야 할 대가가 크다. 대세를 거슬러야 하며 한때 정치적으로 옳았던 방향이 갑자기 목숨을 위협하는 거친 불관용으로 바뀔 수 있다. 그러나 이런 자세가 대가를 각오해야 하는 것이라 해도, 예수님의 권위를 거부하고 복음 안에 있는 생활 방식을 폐기할 때 치를 장기적 대가에 비하면 그리 큰 희생이 아니다. 우리 주님은 바로 이런 위험을 경고하셨다.

> "몸은 죽여도 영혼은 능히 죽이지 못하는 자들을 두려워하지 말고 오직 몸과 영혼을 능히 지옥에 멸하실 수 있는 이를 두려워하라"
> (마 10:28).

복음주의 수정론자들은 어서 정신을 차려야 한다. 그들의 엉성한 주장을 듣거나 읽다 보면 참으로 고통스럽고 참담한 마음이 든다. 다수의 성 혁명 옹호자들은 세속 문화에 맞장구를 쳐주고 자신들을 방해하는 예수님의 명확한 교훈과 성경을 훼손하는데 일조하는 그들을 잠시 떠받들어줄지 모른다. 예수님과 성경, 기독교적 전통이 그들에게 결정적인 걸림돌이라는 점은 의심의 여지가 없다. 그러나 사실 성 혁명은 그런 복음주의 수정론자들에게 전혀 관심이 없으므로 성 혁명의 기습 공격이 가속도가 붙으면 그들은 쓰레기처럼 버려질 것이다. 그러나 복음주의 수정론자들의 진짜 비극에 비하면 그 정도는 아무것도 아니다. 예수님과 그분의 말씀의 권위에 맞서 높아지려는 시도는 결코 가벼이 볼 일이 아니다. 사도 베드로는 예수님을 부인한 후 회복되었지만, 개인적, 정치적 이해 관계로 예수님을 배신한 유다는 그 불충성으로 스스로를 정죄한 모든 사람에게 경고가 되었다.

예수님은 "롯의 처를 기억하라"(눅 17:32)고 말씀하셨다. 이제 복음주의 수정론자들은 롯을 기억해야 한다. 롯은 물이 풍부한 에덴동산 같은 소돔에서 혜택을 누리는 삶을 선택했고, 결혼을 통해 그들의 사회적 주류에 편입해 그 성의 핵심 지도자 반열에 오를 정도로 출세했다. 그런데 어느 날 롯이 진실의 순간과 직면하게 되었을 때, 그는 너무나 순진하게도 소돔 사람들을 믿었다. 그러나 그들은 롯의 호의적인 환대를 받아들이지도 않았고, 그의 도덕적 기준이 그들과 다르다는 사실 역시 조금도 고려하지 않았다. 그들은 롯을 그의 손님들처럼 해하겠다고 위협했다.

"이 자가 들어와서 거류하면서 우리의 법관이 되려 하는도다 이제 우리가 그들보다 너를 더 해하리라"(창 19:9).

불쌍한 롯은 그의 사위들에게 마저 조롱거리가 되었다. 롯은 온갖 노력을 다 했지만 그가 원하는 대로 그들의 일원으로 받아들여지지 않았다. 그는 언제나 이방인이었다. 롯은 자신이 나그네임을 결코 잊지 않았다. 우리 역시 세상에서 항상 나그네로 살아야 한다. 세상에 살되 세상에 속하지 않는 신실한 그리스도인으로서 시류에 따라 변화되어야 하고, 동시에 소위 역사의 옳은 편에 서야 한다는 세상의 압력에 굴하지 않아야 한다.

개인적 관여와 공적 무관심

현대성의 왜곡에 관한 두 번째 예는 종교가 통합이 아닌 분리의 입장에 서도록 부추기는 '현대 세계의 경향성'이다. 아브라함을 시초로 하는 세 신앙은 모두 하나같이 온전성과 통합에 대한 타협을 모르는 요구를 핵심적인 확고한 특징으로 한다. 유대인들에게 이 신앙과 삶의 통합성은 토라의 통제를 받음으로 가능하다. 그리스도인들에게 이런 통합성은 예수님의 주 되심을 적용함으로써 이루어진다. 그리고 무슬림은 코란, 혹은 샤리아의 교훈을 되새김으로 신앙과 삶의 통합을 이룬다. 반면 이 외 다른 많은 종교들은 이런 주장을 절대 하지 않는다. 가령 뉴에이지 운동의 추종자들의 명상 행위는 주식 투자를 하거나 사업을 하는 태도와는 아무 상관이 없다. 그러나 예수님을 따르는 사람들에게 통합은 타협할 수 없는 요구이다. 하나님이 하늘과 땅의 주가 되신다면 그분의 주 되심에 모든 영역이 포함되어야 하며 그렇지 않다면 아무 의미가 없다. 그분의 말씀과 삶의 통치가 세상 모든 영역에 적용되어야 한다.

그러므로 그리스도인의 삶은 한결같이 시종일관 진실해야 하며 모든 그리스도인은 어디서 무슨 일을 하든지 성실해야 한다. 모세는 하나님의 백성들 중 일부만 가서 예배를 드리도록 하자는 바로의 타협적 제안에 단도직입적으로 말했다.

"우리의 가축도 우리와 함께 가고 한 마리도 남길 수 없으니"(출 10:26).

예수님은 제자들에게 이렇게 말씀하셨다.

"너희는 나를 불러 주여 주여 하면서도 어찌하여 내가 말하는 것을 행하지 아니하느냐"(눅 6:46).

존 R. 모트의 단순하지만 근본적인 말을 인용한다. "예수 그리스도가 모든 일의 주가 아니시라면 정말 주가 아니다."

진심을 다해 예수님의 주 되심을 말하고 쓰고 찬양하는 일은 어렵지 않다. 그런데 그 열정으로 발전된 현대 세상에서 주 되심을 삶으로 살아내는 일이 그 어느 때보다 어렵다는 사실을 가릴 수 있다. 전통적 세계에서는 통합적인 삶에 대해 굳이 일부러 생각할 필요가 없었다. 우리 조상들은 대부분 작은 촌락과 적당한 규모의 읍에서 살았고, 그런 곳은 유기적인 공동체를 이루며 서로 얼굴과 얼굴을 맞대는 관계였다. 대부분이 걷거나 말을 타면 금방 온 마을을 쉽게 둘러볼 수 있었고, 서로 간에 자연스럽게 믿음이 형성되었다. 특히, 하나의 신앙만 섬길 때는 더욱 그러했다. 그러나 이제 그런 세상은 없다. 현대성의 핵심은 '다원화'와 '분화'라는 두 가지 과정이다. 전자는 끝없는 타인, 선택, 대안이 주어진다는 것이고, 후자는 그 어느 때보다 도시가 폭발하고 장거리 여행이 늘어나고 통신 수단이 빨라지고 영역이 광범위해짐에 따라 복잡하고 다양한 온갖 종류의 영역들이 쏟아진다는 것이다.

로스앤젤레스(혹은 상하이나 멕시코 시티)처럼 고속도로가 사방으로 나 있는 현대의 대도시들을 생각해 보자. 많은 사람들이 일요일에 75마일이나 100마일 속도로 달려 교회를 가고, 월요일에 유사한 거리를 이동해 직장에 출근한다. 그들은 이에 대해 대수롭지 않게 여긴다. 그러면 이제는 그들이 쇼핑을 하고 영화관에 가거나 아이들을 학교에서 스포츠 센터나 놀이공원, 해변으로 데려갈 때 이동하는 거리들을 더해 보라. 결과적으로 보면 모든 장소가 끝없는 운전으로 연결되는 거대한 네트워크를 이루고, 각 장소마다 서로 다른 목적과 우선순위와 생활 방식이 작동한다. 한마디로 '파편화된 세상'(world of fragmentation)이다.

말할 필요도 없겠지만 로스앤젤레스식의 생활 방식은 물리적 혹은 지리적 파편화의 한 단면일 뿐이다. 삶의 수많은 다른 영역에서 유사한 분화(쪼개짐을 미화해서 표현한 용어로 때로 '완전히 산산조각 날 정도로 박살이 나는 것')가 발생하고 있다. 피임약과 도도한 성 혁명이 낳은 방종에 가까운 자유 덕분에 현대 세계는 성과 사랑을 분리할 수 있게 되었고 사랑과 헌신, 결혼과 출산, 출산과 양육을 별개의 문제로 독립시킬 수 있게 되었다. 한때는 하나의 통합된 영역이자 사상이 이제는 개인의 자유와 선택의 독자적 문제가 되었다.

이것은 믿음으로 온전히 통합된 삶을 그 어느 때보다 살아 내기 어려워졌다는 뜻이다. 따라서 통합적인 삶을 살고 싶어도 이제는 의도적이고 의식적으로 노력하지 않으면 어렵게 되었다. 파편화된 세상에서는 대세의 흐름을 따라 모든 독립된 삶의 장소들과 인생의 분리된 이슈들을 자연스럽게 받아들이고 장소에 따라 바꾸어 살거나 개별적 이슈들을 개별적으로 취급하라는 유혹이나 경향이 노골적이다. 그런 파편화가 머리가 빈 경건주의처럼 깊이가 결여된 신학들로 인해 더 악화되리라는 것은 말할 필요도 없다. 캘리포니아의 교회들을 향해 한 지역 역사가가 혹평을 쏟아낼 수밖에 없었던 한 가지 이유는 정확히 그런 파편화된 무의식적 신앙 때문이었다. 그는 캘리포니아의 기독교 신앙이 "개인적으로는 참여하나 공적으로는 전혀 상관성이 없다"(privately engaging, publicly irrelevant)고 지적했다. '통합된 믿음'이 아니라 '파편화된 믿음'이라는 것이다. 삶에 대한 그리스도의 주재권이 수없이 많은 조각으로 뿔뿔이 흩어졌다. 수많은 단편들로 파편화되어 아예 사망 상태가 되었다. 더 심각한 문제는 한 유대교의 익살스러운 표현이 오랫동안 인정한 대로, 신자들이 비겁함 때문에 자기 입장을 드러내지 않을 수도 있다는 것이다. "인코그니토 에르고 섬"(Incognito ergo sum), 즉 "남의 눈에 뜨지 않는다. 그러므로 존재한다."

창문 없는 세계

현대성의 영향으로 생긴 세 번째 심각한 왜곡은 '초자연적 영역'에서 '세속적 영역'으로 사람들의 의식이 전반적으로 이동한 것이다. 근대 이전의 사람들이 초자연적 구름을 머리에 이고 늘 경건하게 기도했다거나 실제로 우리와는 근본적으로 다른 일상을 살았으리라는 생각은 말도 안 된다. 그들 역시 저녁식사를 준비하고 쓰레기통을 비워야 했다. 그러나 그들의 세계와 우리 세계의 수많은 큰 차이점 중 하나를 꼽는다면, 보이지 않는 세계가 그들에게는 비실재적이지 않았다는 점이다. 그들은 우리처럼 아침 일곱 시에 일어나 밤 열한 시에 잠들며 일상을 영위했지만 사업, 농사, 섹스 같은 일상의 세속적 행위와 매일의 가시적 세계를 보이지 않는 세계에 비추어 이해했다. 보이는 것은 세계의 일부에 불과하기에 실제로 보이지 않는 세계에 더 실제적 의미를 부여했다. 이는 보이지 않는 세계란, 실재하지 않는 세상이고 우리와 무관하다는 우리의 생각과 대조적이다.

랍비 조나단 삭스는 합리주의자와 신비주의자는 양극단에 서 있다고 지적한다. "신비주의자에게는 보이지 않는 세계가 실재하고 보이는 세계는 거룩한 세계를 가린 마스크에 지나지 않는 비실재의 세계이다. 반면 합리주의자는 우주를 보고 신이 실제로 있나 의문을 품고, 신비주의자는 하나님을 보고 우주가 진짜 존재하는지 의심한다."[6] 당연히 발전된 현대 세계는 양극단 중 합리주의자에 더 가깝다. 우리 머리로는 쿼크, 블랙홀, 반물질과 같은 신비들을 이해하기 어려울지 모르지만, 우리의 실제 세상은 보고 듣고 만지고 냄새 맡고 무게를 재고 계산하고 측정할 수 있는 모든 것이 포함된다. 현대의 현실주의자에게 실재 세계는 월요일부터 금요일까지 참여하는 세상이자 특별히 노동과 일의 세상이다. 토요일과 일요일은 이 세계에서 제외된다. 우리는 피터 버거의 표현대로 '창문 없는 세상'[7]에서 살고 있는 것이다.

이 동굴에 갇혀 사실상 포로로 사는 생활은 상당히 아이러니한 면이 있다. 가령 과거와 미래처럼 믿는데 아무 어려움이 없는 비가시적 사실들이 적지 않기 때문이다. 아원자 입자와 펜타쿼크의 세계를 탐색하는 과학 자체는 우리 오감을 훨씬 뛰어넘는 영역을 파고든다. 심지어 세속적 인류학도 오감의 우리 일상 영역을 넘어서는 세계를 경험하고 이야기하는 능력이 호모 사피엔스와 인지 혁명이 부상하게 된 핵심 열쇠라고 이야기한다. 그들은 이 능력이 다른 동물 종들과 인간을 구별해 주고 종교와 예술을 낳는다고 말한다. 유발 하라리가 지적한 대로 "우리가 아는 한 오직 사피엔스만이 한 번도 만지지도, 보지도, 냄새 맡지도 않은 온갖 모든 실재에 대해 이야기할 수 있다."[8]

그러나 이런 지적에도 불구하고 이 시대의 사상경찰은 플라톤의 유명한 동굴 비유에 등장하는 동굴 거주자들과 같은 실재관만 허용한다. 햇살이 넘실거리는 동굴 바깥세상은 접근 불가의 허구의 세계로 철저히 일축된다. G.K. 체스터튼의 덜 경멸조의 그림에 비추어 보면 우리의 현대적 실재관은 맛있는 점심을 먹은 중년 남성이 식곤증으로 세상을 희미하게 보는 것과 비슷하다.

이스라엘을 건국한 중요한 인물이자 이스라엘 초대 수상인 데이비드 벤 구리온은 "이스라엘에서 현실주의자가 되려면 기적을 믿어야 한다"고 농담조로 말한 적이 있다. 우리는 그 말을 정확히 정반대로 뒤집었다. 발전된 현대성은 리얼리즘이라는 이름으로 사람들이 실재의 총체적 차원을 외면하도록 만든다. 과학주의의 자연주의적 세계관과 세속주의를 강화시키고 기독교의 초자연적 세계관을 무의미한 것으로 만든다. 그러나 이 경우 현대 세계의 발흥에 앞서 우리의 '영적 근시'라는 문제가 있다. 발전된 현대 세계는 그 문제에 숟가락을 하나 더 올려놓을 뿐이다. 구약과 신약 모두 하나님의 창조 질서의 중요한 부분으로 초자연적 세계에 대한 생생한 자각이 살아 숨쉰다. 니케아 신조의 서언은 성경적 세계관을 잘 표현한다. "우리는 한 분 하나님, 아버지이시자 전능자, 보이는 것과 보이지 않는 만물과 천지의 창조주를 믿는다." 무엇보다 사도 바울은 라이쿠스 계곡의 골로새인들에게 예수님이 바로 '보이지 않는 하나님'의 형상이시며 그분이 '보이는 것과 보이지 않는' 모든 만물을 창조하셨음을 일깨워 주었다(골 1:15-16).

이 성경적 세계관과 실재관에서는 보이는 것과 보이지 않는 것이 모두 실재하며 신자는 하나님의 창조 질서의 충만한 실재 안에서 믿음의 삶을 살아가며 두 세계를 모두 믿는다. 이 실재관이 제거되면 구약의 많은 부분이 무의미하고 이해할 수 없게 된다. 엘리사는 성읍을 에워싼 적군을 보고 두려움에 떠는 종을 보며, 하나님께 "여호와여 원하건대 그의 눈을 열어서 보게 하옵소서"라고 기도했다.

"여호와께서 그 청년의 눈을 여시매 그가 보니 불말과 불병거가 산에 가득하여 엘리사를 둘렀더라"(왕하 6:17).

신약에서는 이 점이 더욱 두드러진다. 나사렛 예수는 성령의 충만한 능력으로 무장하시고 갈릴리에 홀연히 혜성처럼 등장하셨다. 사람들은 그의 부친과 가족이 누구인지 알았다. 그러나 성령과 성령의 능력으로 행한 모든 일이 그의 신임장이 되어 예수는 '요셉의 아들' 이상의 존재가 되었다. 그는 하나님 나라의 해방을 알리는 희년 선언문에서 "주의 성령이 내게 임하셨으니"라고 선언하시고, 인류를 구원하고 회복하며 새롭게 하는 위대한 사역을 선포하셨다(눅 4:18-21). 그리고 그렇게 말씀만 하신 것이 아니라 실제로 행동하셨다. 성령의 능력으로 선포하고 가르치심으로, 사람들을 온갖 질병에서 고쳐 주심으로, 귀신과 악한 영에 사로잡힌 사람들을 건져 주심으로, 만나는 모든 사람의 마음과 동기를 직접 분별하심으로, 자신이 오랫동안 대망하던 메시야이자 기름부음 받은 그리스도이심을 증명하셨다. 예수님은 계속해서 이 일들을 먼저 행하셨고 그 일의 의미를 설명하셨다. 혹은 그렇게 하심으로 자신이 누구인지 사람들이 추측하도록 도전하셨다. 하나님 나라는 선포와 증명이 병행했다. 그 나라의 실재는 가시적 증명을 통해 선포되었다.

그때가 예수님을 따르는 무리들이 역사의 무대에 등장한 순간이었다. 그들이 안디옥 사람들에게 '그리스도인'으로 불리게 되었기 때문이다. 예수 그리스도는 하나님의 기름부으심을 받은 분이었지만 기름부음과 능력을 독점하시지 않았다. 그분을 따르는 사람들은 '작은 그리스도', 기름부음받고 권능을 입은 자들이 되어야 했다. 사복음서는 하나같이 성령으로 사람들에게 세례를 베푸는 것이 메시야의 핵심 사역이 될 것이라는 세례 요한의 예언을 소개한다. 누가는 여기에 "불로"라는 구절을 덧붙인다(눅 3:16). 사역이 확장되자 예수님은 따로 택한 열두 제자와 70명의 제자들에게 동일한 성령과 기름부음, 능력을 주시며 "천국이 가까이 왔다"고 선포하도록 명령하셨다. 그리고 세상으로 가서 "병든 자를 고치며 죽은 자를 살리며 나병환자를 깨끗하게 하며 귀신을 쫓아내라"고 명령하셨다(마 10:7-8).

그러다가 오순절에 예수님은 온 교회에 놀라운 선물을 주시며 복음의 사명을 맡기셨고, 제자들에게 선물, 즉 성령으로 그들이 주님보다 더 큰일을 할 것이라고 약속하셨다. 이 위임을 통하여 본격적으로 시작된 이야기가 '사도들의 메시지'가 아니라 '사도들의 행적'이라 불리는 것이 전혀 이상하지 않다. 초대 그리스도인들은 놀라운 능력으로 말씀을 전하고 똑같이 놀라운 능력으로 말씀을 행했다. 바울은 고린도 교회에 복음이 단지 말로만 아니라 "성령의 나타나심과 능력으로"(고전 2:4) 전파되었음을 강조했다. 그러나 능력으로 증거 되어야 할 것은 그들의 메시지뿐만이 아니라 그들의 삶이었다. 성령을 떠나서 우리가 어떻게 예수님의 혁명적인 새로운 도를 삶으로 살아낼 수 있겠는가?

모든 자조 철학과 기법, 세미나를 총동원해 보라. 고도의 훈련을 받은 상담사, 심리학자, 정신과 의사를 데려와 보라. 백만 년이 흐른다 해도 과거와 현재의 인간성으로는 절대 새로운 인간성을 성취하기 불가능할 것이다. 니체는 이것이 수백 년 후에나 성취될 것이라 여겼고 자신의 책의 제목으로 이 점을 고스란히 드러냈다. 우리 인간은 인간적이다. 너무나 인간적이다. 「차라투스트라는 이렇게 말했다」에서 그는 인간을 '짐승과 초인 사이를 이어주는 밧줄'[9]이라고 묘사했다. 그는 우리가 원숭이의 우스꽝스러운 행동을 경멸하고 그들의 열등함을 비웃듯이, 어느 날 초인이 우리 인간들의 우스꽝스러운 행동을 비웃고 조소할 것이라고 주장했다. 우리가 지금처럼 모두 너무나 인간적이라면 인간은 인간됨을 극복해야 한다고 주장했고, 반복음(counter-gospel)의 핵심이라고 주장한 인간됨을 극복한 위대한 존재는 자력으로 '슈퍼맨'이 되어야 했다.

그리스도인들에게 이런 초인은 허황된 존재이다. 초인은 지금껏 한 명도 없었고, 초인이 되고자 하는 시도 자체가 오히려 위험한 극단적 자기 중심주의자와 독재자만을 낳았기 때문이다. 인간은 스스로의 힘으로는 절대 자신을 극복할 수 없다. 자신을 극복할 수 있는 유일한 인간은, 타락하고 오류투성이나 구원을 받아 그 인생을 예수님께 맡기고 그분의 성령의 능력으로 온전히 충만한 사람이다. 그렇게 성령의 능력으로 충만하면 성령을 힘입어 스스로의 힘으로는 결코 할 수 없었던 일을 할 수 있다. 그러므로 '성도'는 스스로를 이기고 영광을 얻은 후 이제 신의 반열에 오를 자격을 획득한 존재가 아니라, 우리와 동일한 죄인을 말한다. 회개함으로 죄 사함을 받아 하나님의 성령으로 충만하지만 우리와 같은 인간을 말한다.

핵심은 분명하다. 초대 그리스도인들에게 신의 능력이 직접적으로 드러나는 초자연적 실재는 전적으로 자연스러웠고, 보이지 않는 세계는 회복된 인간성의 수호자로서 살아가는 그리스도인들의 중요한 차원이자 영광스러운 실재였다. 수많은 기사와 표적들은 과학 시대 이전의 우매한 군중을 위해 던져준 하찮은 보너스가 아니라, 예수께서 능력으로 망가진 세상에 불어넣으신 하나님 나라의 거룩한 에너지에 대한 맛보기였다. 성령을 통해 이제 하나님 나라가 이 땅에 이루어졌고 인간을 구원하고 회복하는 일이 시작되었다. 예수님은 하늘에서처럼 땅에서도 기도하라고 가르치셨고, 하늘과 땅의 이 하나 됨은 성령의 능력으로 가능했다.

성령의 능력으로 죄의 권세와 악한 자는 제대로 맞수를 만났다. 성령이 아니었다면 교회는 무지개처럼 다양성을 꽃피웠던 로마의 난무한 수많은 종파들처럼 보잘것없는 짧은 이야기로 소개되고 끝났을 것이다. 그러나 성령의 능력으로 교회는 하나님 나라의 삶을 구현했다. 그리고 다니엘의 환상에서 큰 산이 된 돌처럼 온 세상을 가득 채우고 세계의 유수한 제국들과 열강이 차례로 명멸의 행진을 벌이며 사라진 후에도 살아남을 수 있었다. 그러나 언제나 오직 하나님의 성령의 능력으로만 이것이 가능했다. 하나님의 아들 예수는 인류에게 주신 하나님의 가장 놀라운 선물이다. 그리고 성령은 예수께서 자기를 따르는 자들에게 주시는 가장 위대한 선물이다. 성령이야말로 예수를 따라 살며 그분의 대위임 명령을 성취할 필수

요건이다.

수백 년이 흘렀지만 성령의 역사는 확장된 기독교 세계의 수많은 곳에서 조금도 위축되지 않고 계속되어 왔다. 물 세례와 성령 세례가 밀접한 관련성이 있으며 평범한 성도들이 초자연적 병 고침과 구원에 끊임없이 관여했다는 확실한 언급이 남아 있다. 예를 들어, 알렉산드리아의 오리겐(주후 184-254)은 그리스도인들이 '오직 기도와 가장 평범한 사람이 사용할 수 있는 가장 단순한 명령으로' 귀신들을 쫓아냈고 '대부분의 경우 이 일을 행한 이들은 일자무식의 사람들이었다'고 설명한다.[10] 이 일은 위대한 사람들의 전유물이 아니다. 오리겐은 성령으로 무장하면 누구라도 그 일이 가능하다고 말한다.

이 초자연적 사역은 적어도 5세기 성 어거스틴 시대까지 계속되었다. 초창기에 어거스틴은 거의 은사 중지론자에 가까웠고, 그리스도인들은 더 이상 기적을 기대해서는 안 된다고 가르쳤으나 부정할 수 없는 엄중한 사실들 앞에 마음을 바꾸어 나중에 이렇게 적었다. "이 시대에도 많은 기적들이 일어나고 있다. 나는 그것들이 옛날에 일어난 기적과 흡사하다는 것을 인정할 수밖에 없다. 나는 이런 신적 능력의 기적들에 대한 기억이 이 시대 사람들에게서 사라지도록 방치하는 것은 참으로 큰 실수임을 깨달았다."[11] 고향인 히포만 봐도 70건이 넘는 입증된 기적의 증언들이 있었다. 초대교회는 빌리 그래함도, C.S. 루이스도 없었다. 로마 제국에서 복음이 전파된 주된 한

가지 방법은 바로 그런 표적과 기사였다.

그러나 후로 교회는 스스로의 권력과 영광을 추구했고, 신앙이 유행처럼 되면서 세속적 힘의 증가는 곧 영적 능력의 위축으로 이어졌다. 그리고 성령의 능력을 의존하는 모습이 꾸준히 퇴보하는 흐름이 서서히 감지되었다. 그래서 오늘날 무신론자들처럼 대다수 교회 그리스도인들 역시 비가시적 세계의 실재성을 믿지 않는 모습이 더욱 두드러지게 나타나고 있다. 정통 그리스도인들이라고 하는 많은 사람들이 사실상 실제적 무신론자이거나 무의식적 무신론자이다. 변함없이 그리스도인들은 성령과 기도와 초자연적 역사를 믿는다고 말한다. 그러나 그것은 말뿐인 고백이다. 이제 많은 그리스도인들에게 기도는 공중 예배 때 드리는 기도가 전부이다. 병 고침과 구원은 상대적으로 드물게 일어나고 직접적인 영 분별도 거의 일어나지 않는다. 최소한 복음서와 사도행전과 비교할 때 그렇다는 말이다. 성령은 삼위일체 중 잊혀진 한 분이 되어버리고 말았다.

세 가지 경향

조금 과장해서 설명하자면 앞으로 소개할 세 가지 경향은 수백 년에 걸쳐 때로는 독자적으로, 때로는 합세해서 성령의 생생한 능력을 체험하고 보이지 않는 세계의 실재들을 인정하는 교회의 믿음에 큰 타격을 입혔다.

첫 번째는 종종 드러난 거짓된 비성경적 전문화의 경향이다. 이로 인해 영적 능력이 모든 그리스도인이 아닌 일부 사람들의 전유물로, 그리고 하나님의 백성들이 존재하는 모든 곳이 아닌 특정 장소에만 나타나는 현상으로 인식되었다. 특별한 사람들인 성자, 즉 '그들은' 확실한 은사와 기름부음을 받은 자들이다. 그래서 은사와 기름부음을 받지 못한 나머지 사람들인 '우리는' 마음 편히 우리 책임을 그들에게 미룰 수 있다. 가령, 오랜 역사를 지닌 가톨릭의 경우, 모든 신자에게 허락된 초자연적 능력은 모든 신자의 제사장직이나 소명과 마찬가지로 일부 사람들만 누리는 체험으로 축소되었다. 특정한 성자들과 성녀들, 무엇보다 일부 성자들에게만 허락되는 체험으로 축소되었다. 그들에게 기적은 성자로 시성을 받기 위한 증거의 일부가 되었다. 또한 프랑스 루르드와 아일랜드의 녹크 같은 일부 특별한 곳에 나타나는 현상이 되었다. 그래서 이런 곳들은 공식적인 신유 센터로 인정을 받았다.

교회에서 일어나는 병 고침의 기적에 놀라 가짜로 병 고치는 행세를 한 이들은 초대교회 초창기부터 있었다. 가령, 바울에게 책망을 받은 박수 엘루마가 대표적이다. 교황제가 타락하자 공개적으로 추인된 성자와 신유 센터들이 차례로 부패하고, 이어서 온갖 과시성 종교적 미신과 병 고침을 빙자한 사기가 판을 치게 된 것은 놀랍지가 않다.

두 번째로 전문화와 그로 인한 타락의 경향은 종종 과잉 반응이라는 경향을 다시 초래했다. 성자, 신유 센터와 관련된 수많은 부패를 개혁하려는 종교 개혁의 시도는 옳았다. 하지만 때로 종교 개혁가들은 목욕물을 버린다면서 아기도 함께 버리는 중대한 실수를 범했다. 그리고 하나님의 말씀만 강조하고 하나님의 성령을 무시함으로써 보이지 않는 세계를 분열시키는 실수를 저질렀다. 존 칼빈이 '성령의 신학자'라 불리는 것은 마땅하지만, 그의 후손들 중에는 은사 중단론을 교리 수준으로 격상시킨 이들이 적지 않았다. 그래서 그들은 영적 생명력과 능력의 두드러진 결핍으로 '얼어붙은 선민'이라는 어쩌면 당연한 호칭을 얻었다.

마찬가지로 오늘날도 그리스도인들이 그들의 메마른 영적 상태를 이런저런 방식으로 합리화하는 것을 흔히 볼 수 있다. 어떤 신자들은 여전히 은사 중단론을 들먹이며 모든 형태의 영적 활동이 사도 시대 이후 중단되었다고 주장한다. 하지만 역사를 보면 그 주장은 사실이 아니며 예수님도 그런 말씀을 한 번도 하시지 않았음을 분명히 알 수 있다. 어떤 신자들은 모든 형태의 영적 과잉과 특별히 교회 주변부에서 번성하는 '괴상하고 신기한 사람들의' 이야기를 경멸하는 오만함을 드러낸다. 이성과 적절성이라는 고상한 시각에 불쾌감을 주는 상스러운 모든 것을 경멸하는 그들은 정돈되지 않은 영적 실재와 관련 있는 것을 모두 외면한다. 그리고 그렇게 함으로써 영적 사막에서 고상한 불임 상태로 살도록 스스로를 단죄한다. 그러나 그 사이에 오순절 교회들과 은사주의 부흥 운동은 성장을 거듭하며 현대 시대에 가장 빠른 성장세를 보이는 글로벌 교회의 하나로 자리 잡았다.

세 번째로 전문화, 부패, 과잉 반응으로 충분하지 않을 경우, 종종 초자연 세계를 공개적으로 억압하는 운동들이 일어났다. 교회는 비가시적 세계를 터무니없는 비실재의 세계로 일축하는 여러 사상을 적극 옹호했다. 예를 들어, 은사 중단 교리에 이어 세대주의와 비신화화가 등장했다. 모두 계몽주의와 중첩되는 사상들이었다. 데이비드 흄, A. J. 에이어, 리차드 도킨스 같은 다양한 사상가들이 분명히 밝힌 것처럼 이들의 자연주의적 세계관은 공개적으로 기적을 묵살했다. 그리스도인들이 은사 중단론, 세대주의, 비신화화 작업, 혹은 계몽주의의 주장들에 동조할 필요는 전혀 없다. 동조한다는 것은 믿음의 공개적 배신이고 철학적으로 불필요한 일이다. 그러나 루돌프 불트만과 같은 많은 그리스도인들은 의도적으로 그 주장에 동조했고 더 많은 이들이 무의식중에 동일한 태도를 보였다. 그러므로 현대 사상가들에게는 기적과 비가시적 세계에 대한 초자연적 주장이 동화에나 나오는 허구이자 전혀 신빙성이 없는 이야기로 간주되고 있다.

현대성은 그 자체의 결정적인 방식으로 이런 모든 경향에 강력한 영향을 미친다. 합리주의를 공개적으로 주창하는 철학으로서의 모더니즘은 정면으로 하나님과 초자연 세계에 대한 믿음을 반대해왔고 또 반대할 것이다. 그러나 현대성은 더 교묘하고 세련된 방식을 취한다. 하나님을 전혀 필요로 하지 않는다. 오늘날 누가 하나님을 필요로 하는가? 현대인들은 사람을 달에 보내는 방법을 알고 있다. 자동차나 향수를 판매하는 방법과 정치인을 홍보하는 방법을 꿰뚫고 있다. 교회를 어떻게 성장시켜야 하는지도 알고, 목회를 희망하거나 교회 개척을 원하면 언제든지 다운받아 볼 처방책도 있다. 최신 과학과 기술, 경영과 마케팅으로 우리는 예수와 토라를 조작하고 변질시켜 왔다. 이제 우리는 빵만으로도 살 수 있는 법을 안다. 어떤 생활 영역에서도 하나님이 필요하지 않다. 신앙의 모든 전제가 완전히 불필요하다. 모더니즘은 '신이 공포심의 산물'이라고 말하며 주먹을 휘두른다면, 모더니티(현대성)는 '더 이상 하나님이 필요없다'고 말하며 어깨를 으쓱거린다. 모더니즘은 하나님을 전혀 갈망하지 않거나 하나님을 섬기고 싶지 않다는 갈망이 강하다면, 모더니티(현대성)는 이 문제에 신경조차 쓰지 않는다.

요약하자면 세속화는 현대 세계에서 종교가 사라지기를 의도하지 않았다. 오히려 정반대였다. 그러나 초자연적 세계가 많은 신자들의 일상적 의식에서 모든 실제적 목적으로 사라지기를 의도했다. 보이지 않는 세계는 실재하지 않게 되었다. 많은 교회들이 뇌엽절리술을 당했지만 아무 일도 없었던 것처럼 일상을 이어가고 있다.

물론 발전된 현대성이 미친 영향의 전모가 중대한 이 세 가지 변화로 다 설명되지는 않는다. 그저 파괴적인 추세의 포괄적 예시에 지나지 않을 뿐이다. 그러나 살아 있는 온전한 기독교 신앙으로 응답하는 것은 우리의 몫이다. 먼저 우리는 복음에 대한 두려움 없는 확신을 증명하는 것으로 시작해야 한다. 현대성의 영향은 결코 피할 수 없는 것이 아니다. 그 영향은 거부할 수 있고, 또한 거부해야 한다. 그래야 예수에 대한 교회의 믿음이 현대성을 이기는 효과가 있음을 증명할 수 있다. 그러나 현대성에 대한 저항이 성공하기 위해서는 그것을 정확히 인식해야 하며 오늘날 우리는 결연한 의지로 그 일을 감당해야 한다.

또한 포괄적인 추세를 추적하는 데서 끝나지 않고 신앙생활의 여러 영역에 미치는 구체적인 결과들을 살펴보아야 한다. 예를 들어, 이와 같은 압박으로 현대성은, 복음 전도는 더 쉽게 용인하나 제자로서의 삶은 더 어렵게 한다. 이 사실은 조금만 생각해도 알 수 있다. 복음 전도가 더 수월한 이유는 그 어느 시대보다 현대인들이 믿음을 바꾸는 데 거부감이 없기 때문이다(피터 버거의 말을 빌리면 현대 세상의 모든 선택과 변화는 현대인들이 '회심하기 쉬운' 사람들임을 의미한다).[12] '같은 방향을 향해 일생 순종해야 하는' 제자도는 현대 생활의 결을 거스르는 참으로 어려운 길이다. 그럼에도 불구하고 발전된 현대 세계에서 제자도는 우리 시대의 피할 수 없는 중요한 우선순위이다.

마지막으로, 우리는 이 시대에 대해 사상적 도전보다 더 깊이 있고 포괄적인 기독교적 설명이 필요하다는 결론을 각인시키고자 노력해야 한다. 모더니즘과 포스트모더니즘 모두 사상의 영역에서 기독교적 신앙에 도전했다. 그러나 그 도전은 대체로 잘 방어해왔고 상대적으로 대응하기 쉬웠다. 그러나 더 광범위하고 철저한 의미에서 현대성의 도전은 이 세기를 형성하고 규정하는 이슈 중 하나로 결코 피할 수 없고 피해서도 안 되는 우리 시대의 소명이다.

> **기도** 하나님의 아들이시며 만유의 주이신 예수님, 세상 것들에 사로잡힌 우리를 불쌍히 여기사 용서해주옵소서. 주의 말씀이 아닌 세상에 영향을 받고 있는 부분을 철저히 깨닫도록 도와주시고, 그 속박으로부터 자유할 수 있는 능력을 주옵소서. 우리가 소명을 회복하여 다시 한 번 일어나 포로된 자들을 자유롭게 하고, 인생의 주와 인류의 창조주 되신 주님께 합당한 삶이 무엇인지 전하게 하옵소서. 예수 그리스도의 이름으로 기도드립니다. 아멘.

묵상하고 나누기

1 기독교적 신념과 헌신이 선호의 수준으로 타락하게 된 과정에 대한 자신의 사례를 이야기해 보라. 믿음에 미친 영향이 무엇인지 알 수 있는가?

2 오늘날처럼 파편화된 세대에 '예수는 주'라는 신앙으로 삶의 전 영역을 아우르도록 하기 위해 무엇이 필요한가? 더 일관되게 사고하고 행동해야 할 부분은 무엇인가?

3 현대 세계의 많은 그리스도인들이 자신도 모르게 사실상 무신론자라는 말이 적절한가? '비가시적 세계'와 직접적인 '초자연적 영역'이 개인 생활이나 교회 생활 중 일정한 역할을 하는 부분은 어디인가?

제3장

영들의 전쟁

가시적 세계 너머에 비가시적 세계가 있다. 누누이 말한 대로 비가시적 세계에서 벌어지는 천상의 전쟁이 진짜 싸움이다. 천상의 전쟁에서 이긴 세력이 역사의 진행 방향에 결정적 요인으로 작용될 것이다.

1795년 임마누엘 칸트는 마지막이자 가장 영향력 있는 저서 중 하나인 「영원한 평화」를 발표했다. 그러나 칸트가 이 책의 주제를 제일 처음 제시한 것은 아니다. 이미 다른 이들이 '달콤한 꿈'에 대한 동일한 글들을 발표했다. 칸트는 '영원한 평화'(Pax Perpetua)라는 글귀가 쓰인 묘지에 대한 풍자적 그림을 본 후, 이 제목을 자기 논문의 제목으로 채택했다. 칸트는 그런 냉소주의에 도전했고, 이 논문은 계몽주의 철학자들 중 가장 위대한 위인이라는 평가에 맞게 독보적인 명성을 얻었다. 그리고 현대 평화 이론의 개시 선언문(opening manifesto)이자 국제 평화 연구를 위한 운동의 기폭제가 되었다.

신중하지만 대담하고 낙관적인 이 논문은 세계의 미래를 설계하는 인간 이성의 힘에 대한 계몽주의적 확신의 대명사나 마찬가지였다. 쟝 달랑베르는 "세계의 진정한 체제가 인정을 받았다"는 유사한 글을 썼고, 디드로는 인간이 이제 '사람들을 올바른 길로 이끌' 능력을 갖게 되었다고 주장했다.[1] 인간의 자연 상태에서는 전쟁이 일어날 수 있지만, 이성을 제대로 감독하면 평화와 자유, 조화를 이루도록 세상을 인도할 수 있었다. 영구적 평화가 당장은 요원할지 몰라도 확실히 성취 가능하며 세계사의 추세도 그 방향으로 나아가는 것 같았다. H.G. 웰스와 우드로우 윌슨 대통령처럼 다양한 사상가들은 칸트가 이 논문에서 강조하는 이상에 많은 영향을 받았다. 우후죽순처럼 생긴 세계 평화를 연구하는 연구원들과 심지어 불운한 국제연맹 같은 후대 기관들도 그의 논문에 영향을 받아 태동했다.

그런데 거의 1세기 후 독일에서 매우 다른 목소리가 터져 나왔다. 이성적이고 아폴론적인 목소리가 아닌 광기어린 열정의 디오니소스적 목소리였다. 1888년 프리드리히 니체는 "에체 호모"(Ecce Homo)라는 소논문 분량의 마지막 저작에서 앞으로 다가올 미래에 대한 극적인 대비를 이루는 그림을 선보였다. 과도하게 과장된 자기 합리화나 풍자 혹은 계속된 정신병에 대한 징후로 다양하게 해석되지만, 그는 후대 역사의 평가에 맞서 자신을 정당화하고 입증하려 시도했다. 그는 "나는 왜 이렇게 지혜로운가"라고 썼다. "나는 왜 이렇게 영리한가", "나는 왜 이렇게 좋은 책들을 쓰는가", "나는 왜 운명인가." 진리로 오인된 모든 가짜 신앙심, 특별히 종교적 신앙심을 날려버리는 것이 목표였던 그는 "나는 사람이 아니다. 나는 다이너마이트이다"라고 주장했다.

진리가 수천 년 동안 이어져 온 거짓과 맞설 때, 산이 융기하고 지진들이 발작하듯 땅을 흔들며 산과 골짜기가 사라지는, 이전에는 꿈도 꾸지 못한 장면을 목도하게 될 것이다. 그러면 정치학의 개념이 철저히 영적 전쟁이 되어버리고, 기존 사회의 모든 권력 체제가 폭발해 버릴 것이다. 그 체제는 모두 거짓에 기초했으므로 지금껏 지상에서 한 번도 보지 못한 전쟁이 일어날 것이다.[2]

확실히 니체는 복음서에 나타난 예수님의 묵시론적 언어를 흉내 내고 있다. 또한 자신이 디오니소스의 전통에 선 철학자인 것과 차가운 이성을 숭상하는 아폴론적 전통의 철학자들이나 칸트에 맞서는 자신의 이상을 자랑하고 있는 것이 분명하다. 그러나 니체의 사상적 기원과 스타일의 문제는 논외로 하고, 과연 그의 주장은 옳았는가? '영들의 전쟁'이라고도 해석하는 '영적 전쟁'에 대한 그의 생각은 정확했는가? 발전된 현대 세계의 본질에 대해 니체와 칸트 중 누구의 통찰이 더 정확한 것 같은가?

당연히 오늘날은 칸트보다 니체의 예언과 더 흡사하다. 21세기의 도전들과 마주한 어떤 그리스도인도 당면한 엄청난 실재들의 초자연적 차원을 무시할 수 없다. 칸트의 사후 세계는 '영원한 평화'를 강렬히 열망했을지 모르지만, 니체의 '영들의 전쟁'은 잔인한 현실일 때가 너무나 많았다. 다시 말해서 '이제 모든 사람이 모든 곳에 있는' 우리 세계에서 종교와 이데올로기보다 더 심각한 충돌은 없다. 그리고 더 심층적 차원에서 그런 충돌은 자연적이고 세속적인 영역을 넘어서는, 심지어 인간적 차원을 넘어서는 싸움이 원인으로 작용한다. 정확히 말해 그 싸움은 초자연적이고 심지어 사탄적이다. 이 영적 전쟁은 무엇보다 세 가지 영역에서 목격할 수 있다.

열국의 천사 군주들

서방 엘리트들에게서 보이는 소위 '음치 문제'는 현대 생활의 수많은 논의의 장에서 큰 결점으로 작용하고 있다. 더욱이 그들이 많은 부분을 지배하고 있어서 더욱 문제가 심각하다. 예를 들어, 미 국무부는 강력한 세속주의적 세계관으로 오랫동안 유명세를 떨쳤다.[3] 그러나 오바마 대통령은 급진적 이슬람이 중동의 폭력 사태에 명백한 책임이 있음에도 지극히 개인적인 이유로 단순히 '폭력적 극단주의'로만 명명함으로 전 행정부가 맹목적이고 완강한 어리석음에서 벗어나지 못하도록 이끌었다.

오바마의 둔감함은 그의 개인적 배경을 비롯해 여러 원인이 있지만, 반복해서 지적했듯이 지도자들 중 많은 이들이 한 가지 공통된 특징을 보인다. 바로 그들이 삶의 '음악에 문외한'(unmusical)이라는 것이다(막스 베버). 그들은 세계의 대부분 사람들이 삶으로 연주하는 '천체의 음악'을 듣지 못한다(알버트 아인슈타인). 지난 장에서 살폈던 대로 그들은 '창문 없는 세상'(피터 버거)에서 살고 있다. 플라톤의 유명한 비유에 나오는 동굴 거주자들처럼 그들의 실재관은 동굴 벽에 어른거리는 그림자 수준을 결코 벗어나지 못한다. 그들은 한 번도 해를 본 적이 없다. 실제로 자신들의 근시안적 관심의 범위를 궁극적 실재의 한계라고 착각하고, 자신들이 보지 못하거나 듣지 못하는 것은 존재하지 않아서 보이거나 들리지 않는다는 결론에 도달한다. 심지어 니체도 이런 것을 개나 박쥐, 곰도 금방 위조할 수 있는 '청각적 환영'이라 불렀다.

그런 사람들에게 니체의 '영들의 전쟁' 개념은 망상이자 헛소리에 불과했을 것이고, 그 용어는 단순히 '극단적 열망'과 동의어로 보였을 것이다. 분명히 니체는 무신론자였지만 아폴론적이기보다 디오니소스적이었다. 또한 오늘날에도 그와 흡사한 부류의 주류 지식인들이 일부 존재한다. 그들은 하나님을 믿지 않지만 단순한 은유 이상의 '악마적 존재'에 대해 이야기한다. 그들에게 악마적인 것이란, 고차원적 형태의 절묘한 직관이거나 심지어 어떤 외부 세력에 붙들리는 것을 말한다. 그들이 생각하는 악마적인 것은 대부분 사람들의 일상적 인식의 범위를 넘어서므로 이성 이상의 어떤 것으로 파악할 수 있다. 하지만 여전히 자연계 영역을 벗어나지 않는다.

당연하겠지만 이런 시각도 유대적이고 기독교적인 영적 전쟁 개념에는 미치지 못한다. 유대인들의 해방을 다룬 출애굽기를 보면 "내 백성으로 가게 하라"고 모세가 외친다. 이 유명한 싸움은 모세와 바로 간의 대립이라기보다 여호와와 애굽 신들 사이의 대립이었다. 애굽 신들 중에는 황금으로 부어 만든 수송아지 상의 아피스 신도 있었다. 수세기가 흘러 역사상 위대한 바벨론 왕 느부갓네살은 극적인 경험을 통해 "하나님이 다스리시는 줄"(단 4:26)을 깨닫게 되었다. 그러나 다스리는 하나님의 능력은 지상뿐 아니라 천상에서 진행되는 전쟁에서 더 두드러진다. 하나님의 백성 유대인들을 대신한 천사장 미가엘의 승리는 바사와 헬라에 실제로 존재하는 천사 군주들에 맞서 진행된 전쟁의 승리였다. 그리고 더 나아가 로마, 마드리드, 파리, 암스테르담, 런던의 실존하는 천사 군주들, 그리고 역사상 다른 모든 열강의 군주들과 바로 오늘의 워싱턴과 모스크바와 베이징에 이르는 모든 실존하는 천사 군주들과의 싸움에서 이긴 것이다.

한 문화는 그 문화가 강조해서 말하는 것과 말하기를 거부하는 것이 무엇인지를 근거로 판단할 수 있다. 따라서 '영적 전쟁'과 관련된 말은 오늘날 유용한 리트머스 시험지일 것이다. 신학자 월터 윙크가 지적한 대로 "천사들과 영들, 정사들, 신들과 사탄, 이들은 다른 영적 실재들과 더불어 우리 문화에서는 언급해서는 안 되는 존재들이다. 지배적 유물론적 세계관은 이들의 여지를 조금도 허락하지 않는다." 그들은 원시적 과거의 낡은 유물이다. "현대 세속주의는 이런 단어들을 발설했던 사람들의 경험에서 이것이 무엇을 의미하는지 식별할 수 있는 범주나 어휘, 전제를 전혀 갖고 있지 않다."[4] 심지어 니체의 지지자들조차 '영들의 전쟁'이라는 그의 용어를 생동감 넘치는 은유로 격하시킨다.

평판에 걸맞게 윙크는 신학적으로 그 주제를 다시 공론화했지만 그의 입장은 성경적인 이해와는 다소 거리가 멀었다. 실제로 그는 성경적 세계관이 "그 시대의 과학과 철학, 종교로 제약을 받기는 했지만 회복될 수는 없다"[5]고 주장했다. 그가 "권세와 정사"이라는 구절을 해석할 때, 모든 제도는 외부적 구조와 내면적 정신이라는 두 면이 있으므로 이 단어는 단순히 한 제도의 내면적 정신을 서술하는 한 방식일 뿐이다. 그러므로 정사와 권세는 "고유한 영성이자 내적 정수, 집단적 문화나 정신이며, 그 외부적 현상만으로는 직접적인 해독이 불가능하다."[6] 그들은 초월적 실재가 아니라 단순히 '상징적 투사'에 불과한데 이것이 더 원시적인 시대 사람들이 이용할 수 있는 유일한 언어였기 때문이다. 그러므로 모든 권세는 이런 이중적 측면이 있다. 외형적이고 가시적 형태의 권세는 지도자, 주지사, 경찰관이 해당되고 내면적인 비가시적 형태는 타당성과 강제력, 영향력을 그들에게 제공한다.

이렇게 축소된 수준의 윙크의 설명이 고무적인 것은 사실이지만 유대교와 기독교의 성경은 이 수준을 훨씬 뛰어넘는다. 죄가 개인적 차원에서 악한 것이라면, 권세와 정사는 우주적 차원에서 악한 것이다. 권세와 정사는 단순히 인간적 투사나 한 제도의 내적 정신을 가리키는 표현이 아니다. 우리 인간 경험의 자연적 지평을 초월해 존재하는 별개의 초자연적 실재들을 가리킨다. 그러므로 세상에는 성 어거스틴의 가르침처럼 '하나님의 도성'과 '인간의 도성'이라는 두 도성만 존재하지 않는다. 예수님이 가르치시고 병을 고침으로써 증명하신 것처럼 우주에는 '하나님의 빛의 왕국'과 '사탄의 어둠의 나라', 두 나라가 있다. 우리가 어느 한 나라 소속이라면 자동적으로 상대 나라와 대적하게 되고, 이 두 나라 간에는 늘 전쟁이 벌어지고 있다.

캠브리지에서 수학한 철학자이자 성경 교사인 더렉 프린스는 성경의 교훈뿐 아니라 엘 알라메인 전투의 개인적 경험을 토대로 "인간 역사는 이 세력 간의 상호작용으로 온전히 설명할 수 있다"[7]는 확고한 확신에 이르게 되었다. 빌라도는 예수님에게 "내가 너를 놓을 권한도 있고 십자가에 못 박을 권한도 있는 줄 알지 못하느냐"(요 19:10)라고 말했다. 그는 일개 갈릴리 목수가 자신에게 어떻게 대답하느냐에 따라 운명이 갈릴 수도 있다는 사실을 인정하지 않는 듯한 모습을 보이는 것이 도무지 믿어지지 않았다. 그러나 예수님의 다음 말씀은 그를 놀라게 했을 뿐 아니라 격노하게 만들었음이 분명하다. 강대국 로마에 대한 모욕이었고, 망상이라고 치부하기에는 엄청난 발언이었기 때문이다. 그 당시나 지금까지 지상에서 가장 강력한 패권 국가에 속하는 제국의 대표를 상대로 예수님은 침착한 어조로 "위에서 주지 아니하셨더라면 나를 해할 권한이 없었으리니"(요 19:11)라고 대답하셨다.

이 한 문장만으로도 우리는 한 시간 동안 예배하고 묵상할 가치가 있다. 이것은 적어도 '권세와 정사'가 독립된 초자연적 실재이며 하나님이 모두를 통치하신다고 주장하지 않으면 열국과 그 권세에 대한 성경적 입장을 설명할 수 없다는 것을 의미한다. 성경에서 열국은 강력한 독립적 실재로서 그 안에 소속된 사람들의 삶을 결정한다. 옛 속담처럼 "선택할 사람을 선택하는 문제가 선택 자체를 결정한다." 그러나 개인들뿐 아니라 열국들도 타락했다. 아담과 하와는 불순종함으로 내쫓김을 당했다. 열국들의 경우는 바벨탑 사건 이야기에서 보듯이 불순종으로 혼란을 자초했다. 이처럼 성경 이야기가 전개될수록 열국은 우상이 될 수 있음을 말한다. 또한 열국은 심판을 받을 것이다. 마지막 날에는 심지어 거대한 성읍, 다시 말해 성 어거스틴의 인간의 도성도 심판을 받을 것이다.

"한 시간에 망하였도다"(계 18:19).

그러나 이야기는 이것이 다가 아니다. 열국들을 위한 좋은 소식이 있다. 열국들 역시 구원을 받을 수 있으며 종말의 날에 "만국이 와서 주께 경배"할 것이다(계 15:4).

마틴 부버는 인간사와 국제 관계에 대한 이런 거시적 시각을 발전시켜 1941년 2차 세계대전 초기의 깊은 어둠에 대해 탐색했다. 그의 주장에 따르면, 모든 국가는 각기 고유한 지배적 정신과 '지배자' 혹은 '신'이 있는데 가장 내밀한 정수를 그 우상으로 숭배한다고 한다. 그러므로 세속주의 국가는 신성을 모독하는 국가이지만 영원히 지속될 수는 없다. 민족적 우상은 그 당대에는 거대하게 보이더라도 발전과 확장을 거친 다음 반드시 넘어서는 안 되는 선을 넘어 사멸하기 때문이다. 이 신은 절대 하나님이 아니며 하나님이 될 수도 없다. 이들과 달리 이스라엘 민족은 하나님의 직접적인 택함을 받았고, 한 민족으로서 하나님을 진심으로 예배했고, 그렇게 열국에 참 하나님의 진리를 증거하는 소명을 받았다.

  부버는 모르고 있었지만, 히틀러는 이 위대한 유대인 철학자가 이 글을 집필하는 바로 그 순간에 '최종적 해결'의 음모를 획책하고 있었다. 이스라엘의 존재 자체가 열국들에게 위협이었고 히틀러의 입을 빌린 유대인 조지 스타이너의 휘발성 강한 말대로 "해결책이, 최종적 해결책이 있어야 했다."[8] 유대인들은 '불가능한 사람들'이므로 그들의 존재 자체는 당시 궁극적 이교도이자 우상을 숭배하는 권세에 대한 모독이었다. 하나님의 선민인 유대인들은 제거의 대상이었고, 그들의 증언은 강제로라도 침묵시켜야 했다. 니체가 바로 신을 살해해야 하는 동일한 절대적 필요성을 예견하지 않았던가. 그는 '신의 죽음'이 우연한 사건이 아니라 의도적 '살해'임을 분명히 이해했다. "그러나 그는 죽어야 했다 … 그는 늘 나를 지켜보았다. 나는 그런 목격자에게 보복하고 싶었다. 아니면 더 이상 살고 싶지 않았다. 모든 것을 보는(모든 사람이 포함된다) 신, 이런 신은 반드시 죽어야 했다! 그런 목격자가 살아 있다면 누구도 견디지 못할

것이다."⁹

윙크는 부버의 논문을 논평하면서 이렇게 말한다. "민족정신이 부패하고 붕괴할 때, 그리고 전체 대의에 참여하는 대신 허무로 관심을 돌릴 때, 그 민족은 죽음의 문턱에 서 있다."¹⁰ 현대 세계를 살펴보면 우리 시대의 참혹한 싸움과 서구의 부패가 바로 이 동일한 고집으로 설명될 수 있음이 점점 더 분명해지지 않는가? 그러나 우리는 '민족의 신들'이나 나라들의 '천사 군주' 혹은 '열국에 대한 심판'이 있으리라는 개념을 완전히 상실했다. 이 거대한 개념들 중 빈약하고 볼품없는 우리 사고에 남아 있는 것이라고는 겨우 아이들의 침대 맡을 지키는 수호천사처럼 부드럽고 달콤한 감상적인 것뿐이다. 엄밀히 말해 이 차원에 대한 우리의 이해는 심각하게 제한되어 있다. 그리고 이에 대해 진지하게 생각하는 이들이라도 많은 이들이 이처럼 이상한 방향으로 발전시켰다는 사실을 인정하는 일부터 시작해야 한다. 간단히 말해 권세를 잘못 이해하거나 그릇된 방향으로 대응할 경우, 그 위험성이 만만치 않다는 것이다. 또한 이런 권세들이 우리 눈에 보이는 실재의 위에 있는지 혹은 이면이나 배후에 있는지를 두고 논쟁을 벌이는 것 역시 논점을 이탈하는 것이다. 우리는 우리의 이해의 범위를 벗어나는 실재들에 대해 제대로 표현할 수 없기 때문이다. 그러나 정사와 권세가 무엇이든 어느 영역에 속해 있든 핵심은 그것들이 실재한다는 것이다. 다니엘은 바사와 헬라의 천사 군주들의 이야기와 21일 동안 천상에서 벌어진 전쟁에 관한 말을 들었다. 이방인의 영적 권세를 상징하는 '산당'을 세우거나 허무는 행동의 유무가 유다와 이스라엘 왕들을 평가하는 잣대가 되었다. 예수님은 집을 공격하기 전에 강한 자를 결박해야 할 필요성과 악한 자에 대해 말씀하셨고, 바울은 어둠의 권세를 무장 해제시키는 십자가의 능력과 하나님에 대한 지식에 오만하게 도전하는 진을 파하는 전략에 대해 썼다. 시대정신은 단순한 은유가 아니며 행동과 주장만으로는 그것을 이길 수 없다.

창문 없는 우리 세계에서 이런 모든 이야기는 헛된 상상으로 치부될 것이다. 그래서 다시 한 번 말하는데 문제는 진리와 적절성이다. 그런 설명들이 사실인가? 역사는 순수하게 자연적 차원에서 이해하고 설명하고 삶으로 살아야 최선인가? 아니면 자연계와 세속적 차원을 완전히 초월하는 설명과 전략이 필요한가? (조지 워싱턴이 이해한 미국 혁명의 '보이지 않는 손'은 아담 스미스가 말한 시장의 '보이지 않는 손'이 아니라, 하나님의 부정할 수 없는 섭리의 역사를 말한다.) 이 질문에 대한 성경적 대답은 확실하다. 인간 제국과 이데올로기 같은 거대한 권세들의 내부와 배후와 그 위에는 우리 주님의 나라를 대적하는 초자연적 어둠의 권세들이 있다. 만약 우리가 실재의 자연적 영역에만 관심을 가진다면 우리는 실재를 제대로 설명하지도, 그들과 맞서 싸워 이기지도 못할 것이다. 가시적 세계 너머에 비가시적 세계가 있다. 그뿐 아니라 누누이 말한 대로 비가시적 세계에서 벌어지는 천상의 전쟁이 진짜 싸움이다. 천상의 전쟁에서 이긴 세력이 역사의 진행 방향에 결정적 요인으로 작용될 것이다.

세상 질서와 열국의 우상 숭배

그리스도인들은 초자연적 권세 간의 이 거대한 충돌을 다각도로 철두철미하게 살펴볼 필요가 있다. 특별히 세 가지 각도에서 생각해 볼 필요가 있다. 첫째는 세계열강들과 국제 관계의 측면이다. '열국'은 당연히 성경에 나타난 초자연적 실재들 중 하나로 다니엘이 들었던 당시 초강대국의 천사 군주들도 여기에 속한다. 그러나 그런 개념이 무엇을 의미하는가? 흔히 자신의 나라에 대한 자연스럽고 타당한 사랑인 '애국심'과 위험한 우상 숭배로써 '민족주의'를 구분한다. 그러나 현실에서 그 구분을 고수하기란 쉽지 않다. 무엇보다 민족은 나라이다. 그리고 종교적, 민족적, 언어적으로 다양한 집단을 통합하는 그들의 역할은 매우 유익할 수 있다. 큰 성공을 거둔 '에 플루리부스 우눔'(E pluribus unum, 여럿이 모여 하나로)이라는 미국의 첫 표어나 EU의 '다양성에서 일치를'이라는 슬로건을 생각해 보라. 옛 격언에 진실이 담겨 있다. "민족주의는 환영받지 못하는 애국심이고, 애국심은 환영받는 민족주의이다."

애국심과 민족주의가 우상 숭배의 위험성이 있다는 점은 두말할 필요가 없다. 나라와 민족 모두 과도하게 부풀려져 하나님의 자리를 대신할 때, 신의 자리에 올라설 수 있기 때문이다. 특별히 보편주의적 이데올로기가 특수주의로 균형을 잡아주지 못하는 지도자와 정부에 의해 마르크시즘이든 국가 사회주의든 민주주의나 자본주의이든 혹은 이슬람이든 '모든 시대 만민의 진리'로 부풀려지면 이런 일이 생기기 쉽다. 그런 진리는 무슨 대가를 치르더라도 모든 이에게 강요되고 옹호를 받아야 한다. 지난 세기처럼 신들을 높이거나 지킨다는 명목으로 수백만 명이 살육을 당할 수도 있다. 세계가 지금처럼 계속 인류를 파괴할 위험을 자초한다면 분명히 이런저런 보편주의적 이데올로기의 이해를 지키고자 할 것이다. 하지만 이것이 아무리 중요해도 타인을 죽음에 이르게 할 정도로 가치 있는 이데올로기는 없다. (참으로 수치스럽고 애석하지만 우리 그리스도인들이 긴 가톨릭 역사에서 바로 그런 식으로 기독교 신앙을 진작시켰고, 그렇게 해서 양심의 자유와 하나님이 원하시고 요청하시는 자유롭고 자발적인 예배를 짓밟았음을 고백해야 한다.)

    정사와 권세를 한낱 망상으로 치부하는 사람들은 한 가지 난제에 봉착하게 된다. 그리스도인들처럼 우상이라는 존재가 실재한다고 믿으며 정사와 권세들이 자연적 실재임에도 신처럼 숭배를 받는다고 조롱하고 폄하한다는 면에서는 옳다. 그러나 그리스도인들과 달리 그들은 신을 믿지 않는다. 그리스도인들은 '신들'이 영적 세력이자 초자연적 실재라고 믿기는 하나 그 신들이 하나님은 아니다. 하나님 외에 다른 하나님은 존재하지 않는다. 그러면 윙크가 지적한 대로 "한 민족이 신처럼 받들어질 때 그 국가가 신이 되는"[11] 일이 발생한다. 민족이 민족 자체의 숭배 대상이 된다. 그리고 이것이 절대화되면 거짓되고 우상 숭배적이며 악마적인 집단 공양으로 이어진다. 어떤 종류의 신이든 일체 인정하지 않는 세속적인 서구 국가들이 피에 굶주릴 대로 굶주린 이방인들을 충족시키기 위해 인간의 생명을 제단에 바치지 않고서 달리 어떤 방법으로 마무리할 수 있겠는가? 존불과 엉클 샘은 아테네의 아름다운 여신 아테나보다 더 위협적으로 보이지 않는다. 그러나 밀로스, 쾰른, 드레스덴, 히로시마, 나가사키의 시민들에게 그 이야기를 해 보라. 반박을 허용하지 않는 이데올로기의 이름으로 타인을 말살함으로써 스스로를 방어했던 국가들은 무고한 자들을 죽이는 것으로 그 값을 치렀다.

글로벌 세상의 하늘에는 몇 개의 태양이 있는가?

글로벌 시대에 걸맞는 세계 질서 구축의 절박성을 예로 들어 보자. 그런 세계 질서는 현재 다양한 가능성을 안고 있음이 분명하다. 하지만 그런 가능성들을 탐색한다는 자체가 현대적 상황에서 평화와 일치, 안정을 확보하는 일이 얼마나 어려운지, 그리고 그런 통찰력과 숭고한 목적 의식으로 무장한 지도자들을 찾기가 얼마나 어려운지 보여 준다. 쉽게 말해, 글로벌 시대는 세계 질서의 추구가 그 어느 때보다 절박하지만, 동시에 그 어느 때보다 만만치 않다는 것이다. 각자의 의지와 초자연적 힘을 지닌 보이지 않는 권세들의 충돌 가능성을 생각하는 것이 단지 공상이나 망상일 뿐인가?

이에 대한 첫 번째 가능성은 1648년에 체결된 웨스터팔리아 조약을 기반으로 유럽을 오랫동안 지배했던 체제와 유사한 지배 체제로 온 세계가 움직이는 것이다. 이 체제는 평등의 개념과 치밀하게 계산된 개별 주권 국가의 세력 간 균형을 기반으로 하고 있다. 이 주권 국가들은 법의 통치와 서로의 주권에 대한 불간섭 존중을 광범위하게 인정한다. 그러나 그런 체제가 쉬이 실현되기는 어렵다. 메테르니히, 캐닝, 비스마르크, 키신저처럼 일을 주도할 수 있는 균형감을 지닌 훌륭한 정치가를 어디서 찾을 수 있겠는가? 20세기의 두 세계대전으로 이 체제의 취약성은 이미 다 드러났고, 글로벌 시대에 요구되는 균형자적 역할은 우리 시대의 근시안적 정치인들이 감당하기에 벅찬 일일지도 모른다. 특별히 발전된 현대성의 혼란스러운 상황에서는 더욱 그렇다. 물론 웨스터팔리아 모델을 선도 개척한 유럽은 이미 그 모델을 실질적으로 폐기하고 다양한 개별 국가들을 아우르는 새로운 초국가적이고 범대륙적인 통합을 모색하고 있다. 다시 말해서 새로운 유토피아의 평화 제국을 모색하고 있다.

두 번째 가능성은 흔들리는 서구의 패권과 자유 민주주의의 약화 속에서 역사상 가장 오래되고 자연스러운 추세의 재등장이다. 그러나 이번에는 기존의 모든 형식이 왜소해 보일 정도로 글로벌한 요구가 있다는 점이 다르다. 바로 발전된 현대 세계 제국 혹은 하나 이상의 서로 경쟁 관계에 있는 제국의 등장이다. 제국은 민주주의 이론가를 제외하고 누구나 향수를 가지고 있는 정부의 한 형태였다. 글로벌 시대로 인해 '단일 이데올로기와 단일 시장, 단일 제국의 지배를 받는 전 세계'라는 광기에 찬 꿈의 문이 다시 열릴 것인가? 만약 그런 일이 일어난다면 그 주인공은 독재 체제와 급성장 중인 경제의 질식할 듯한 품으로 '하늘 아래 모든 이'를 흡수하고자 시도 중인 중국이 될 것인가? 아니면 핵무기로 무장하고 전 세계에 '이슬람의 집'을 확장해나가는, 그리고 오스만 제국의 영광을 재현하고자 기회를 노리는 급진적 이슬람 제국이 될 것인가?

기독교 세계와 이슬람이 충돌하던 16세기 중반에는 그런 천년 왕국 담론이 홍수를 이루었다. 에라스무스는 "세상은 하늘에 더 이상 두 개의 태양이 있는 것을 용납할 수 없기에 세계의 군주"[12]로 군림하겠다는 꿈을 꾼 오스만 제국 황제에 대한 글을 썼다. 술탄 술레이만 대제 역시 솔직했다. "하늘에 오직 한 분 하나님만 계시듯 지상에는 오직 한 제국만 있을 수 있다."[13] 혹 내일의 중동 통치자들이 글로벌 하늘에 두 개의 태양이 있는 것을 더 이상 묵과하지 않겠다고 하지는 않을까? 이란의 현 종교 지도자들은 칼리프 체제를 다시 부활시켜 세계로 그 지배력을 넓히겠다는 야심을 공공연히 드러내 왔다. 야만적인 이슬람 제국의 과대망상증 환자 같은 지도자들을 비롯해 수많은 이슬람 급진주의자들 역시 이런 생각을 피력해 왔다. 왜 우리는 너무도 분명한 오랜 역사의 교훈을 무시하고 "미국에 죽음을!" "이스라엘에 죽음을!" "영국에 죽음을!"이라고 외치는 그들의 소름 끼치는 구호를 액면 그대로, 혹은 심각하게 받아들이지 않는가?

세 번째 가능성은 시리아와 리비아처럼 붕괴하는 국가들이 늘어나고, 현재 중동을 뒤흔들고 있는 테러리즘과 야만적 참사 속에 핵무장 국가들의 꾸준한 확산이다. 이것은 또 다른 세계 미래의 조짐이다. 두말할 필요도 없겠지만 그런 가능성은 세계 질서의 개념을 모조리 웃음거리로 만들어 세계를 '만인에 대한 만인의 투쟁' 상태로 더욱 몰아갈 것이다. 최근 중동에서 일어나는 격변이 다른 곳에서도 일어난다면, 가령, 러시아의 권력 투쟁으로 발틱 지역이 발칸 반도처럼 된다면 어떻게 될까? 경고는 분명하다. 악랄하고 고의적인 파괴로 인해 터전을 잃은 수천 명의 비참한 유랑 생활이 시작될 것이다. 그리고 발 디딜 틈 없는 피난민 캠프라는 일종의 유령 마을이 대거 등장할 것이다. 고대 예술과 문명의 자취들의 파괴로 세상은 인간성의 심각한 위기에 직면할지 모른다. 또한 도덕적 상상력은 충격으로 휘청거릴 것이고, 유능한 지도자의 그 어떤 훌륭한 의도도 초라하고 볼품없어질 것이다.

우리의 용감한 새로운 무신론자들의 냉철하고 과학적인 이성은 칸트가 남긴 숙제를 이어받아 세상이 영원한 평화를 향해 나아가도록 안전하게 인도할 수 있겠는가? 아니면 모든 과학과 이성을 거부하고 하늘을 향해 해명과 보복을 부르짖을 정도로 극렬한 불법과 악의를 촉발하는 악한 세력이 등장할 가능성이 더 크겠는가? 역사는 열국의 정신이 대적의 가장 강력한 무기를 능가할 수 있음을 이미 보여 주고 있다. 주전 5세기에 작은 그리스가 어떻게 강대국 페르시아를 싸워 이겼으며 20세기 북 베트남이 미국의 군사력에 맞서 어떻게 승리할 수 있었겠는가? 우리는 미국 대통령들과 영국 수상들, 다른 세계 지도자들의 어리석음과 천박함을 감당할 여력이 없다. 이들은 문제가 되는 종교들, 그리고 이데올로기들과 정면으로 거스를 용기가 없다. 20세기 들어, 전쟁은 계산이 안 될 정도로 막대한 비용이 소요되며 핵 전쟁은 상상조차 할 수 없음을 보여 주었다. 그러나 니체의 말과 더 중요하게는 성경에 나오는 '영들의 전쟁'이 더 이상 은유가 아닌 무서운 실체로 등장할 날이 머지않았을지 모른다.

광장 높은 곳에서

영들의 전쟁에 대한 분석이 필요한 두 번째 영역은 우리 세계의 '공공 광장'이다. 아테네 아크로폴리스 아래 자리한 유명한 그리스 아고라부터 로마 포럼, 런던의 국회 의사당, 워싱턴 DC의 미국 의회와 그 외 여러 국가의 수많은 유사 기관에 이르기까지 서구 세계에서 공공 광장은 중요한 개념으로 인식되어 왔다. 시민들과 지도자들이 한자리에 모여 공통의 공공 생활에 관한 문제들에 대해 토론하고 결정을 내릴 수 있는 곳이 바로 이런 광장이다. 한때 물리적 공간을 지칭하던 공공 광장이라는 용어는 공통의 공공 생활에 관한 이슈들에 대해 토론하는 장소를 모두 아우르는 것으로 그 의미가 확장되었다. 예를 들어, 신문의 독자란이나 라디오, 텔레비전 토크 쇼가 대표적이다. 인터넷 시대인 지금 이 용어는 또다시 확장을 거듭해 가상 세계를 포괄하게 되었고, 그래서 매우 기본적이지만 실제적인 글로벌 공공 광장의 개념이 등장하게 되었다.

당연하겠지만 이 모든 형태의 공공 광장이라는 개념의 핵심에는 공동 선과 만인의 이익에 대한 공동 비전이라는 이상이 자리하고 있었다. 그러나 공동의 선을 진작시키고 공공 광장에 접근할 수 있는 다양한 개인과 집단의 이익을 절충하는데 필요한 시민 의식은 함께 성숙하지 못했다. 그 결과 수많은 나라에서 문화전쟁이 발발했고, 이런 문화전쟁은 시민 의식과 공동의 선을 모두 조롱했다. 이런 문화전쟁에는 드러나지 않고 감춰져 있는 차원이 존재하며 더 광범위한 영들의 전쟁이라는 또 다른 전선을 형성한다. 어떤 나라의 문화전쟁이든 핵심 문제는 그 뿌리에 자리한 권위이다. 그 국가 생활의 기초를 형성할 권위는 누구의 신앙과 이상과 사상인가?

문화전쟁에 관한 우리의 현대적 개념은 19세기 독일에서 오토 폰 비스마르크 수상과 로마 가톨릭교회 사이에 벌어진 문화투쟁(Kulturkampf)으로 거슬러 올라간다. 십 년 동안 '문화의 지배력을 두고 벌어진 이 싸움'은 교회를 국가의 통제 아래 굴복시키고자 한 비스마르크의 시도에 집중되었다. 그는 열정적인 개신교 신자였다. 당시는 교황의 정치적 세력이 약화되는 추세였지만 1870년 공표된 교황 무오설이 로마 교회의 지배력을 되살릴 새로운 동력으로 작용했다. 그래서 그는 독일 제국에 대한 자신의 꿈이 후퇴될까 두려웠다. 그러나 교육과 결혼 생활 같은 영역에서 벌어진 10여 년 간의 이 싸움은 별다른 결실이 없었음이 드러났고, 비스마르크는 자신의 조치로 인해 반대 주장만 강화시켰을 뿐임을 인정하고 후퇴했다.

현재 미국에서 벌어지는 문화전쟁의 경우, 그 문제들은 훨씬 더 심층적이고, 분열은 훨씬 더 광범위하며, 싸움은 훨씬 더 오랫동안 진행되고 있다. 반세기 넘게 진행되어왔고 지금도 여전히 진행 중이다. 그 결과 미국은 정치적이고 경제적으로, 인종적이고 문화적으로, 또한 종교적으로 남북 전쟁을 제외한 그 어느 시기보다 심각한 분열 상태에 있다. 1947년 에버슨 사건에 대한 대법원의 결정이나 1960년대 초 학교 기도회를 금지해 달라는 매들린 머레이 오헤어의 소송이 이 싸움의 첫 시작이었다. 또한 십계명, 공개 기도, 크리스마스 캐럴에 대한 충돌을 비롯해 그 이후로 갈등과 법정 소송이 줄을 이었다. 물론 이 끝없는 싸움에서 화약고처럼 폭발력이 가장 강한 문제는 낙태와 결혼에 관한 것이다.

인터넷의 영향으로 생긴 두드러진 특징을 꼽는다면 성숙한 시민의식의 점진적 포기와 플래쉬 몹(flash mob)의 등장, 최신판 자유 없는 자유주의 측의 빈번한 비방, 폭력, 위협이다. 이 영향으로 자유와 민주주의는 조지 부시 시대에 많은 사람들이 무분별하게 주장한 대로 피를 나눈 형제들이기는커녕 오히려 서로 정반대 방향을 향해 질주하기 시작했다는 인식이 더욱 확고해졌다. 그 모든 싸움 속에서 종교의 위치와 종교, 공공 생활의 상호 관계라는 두 가지 이슈가 줄기차게 등장했다. 앞에서 언급한 세 개의 중첩되는 세력, 즉 세속주의 철학, 세속화 과정, 엄격한 분리주의적 공공 정책은 실제로 미국 엘리트의 기본 입장으로 수렴되었다.

이 과정에서 이들 세력은 서서히 지배적 위치를 점하게 되었고 더욱 더 비타협적이 되어갔다. 이들을 가로막는 심각한 장애물은 오직 기독교 교회밖에 없음이 분명하다. 그 결과는 서론에 소개했던 '꺾인 꽃'과 같은 문명을 돕는 또 다른 요인의 등장이다. 미국은 한 번도 공식적인 의미에서 기독교 국가였던 적이 없다. 하지만 기독교 신앙은 초창기부터 그들의 신앙이었다. 그리고 고유한 가치의 대부분 역시 유대교적이고 기독교적 이상을 근저로 하고 있음을 그 누구도 부정할 수 없다.

문화전쟁이 지금 이 상태로 마무리될 경우, 한때 세상이 알았던 미국은 더 이상 존재하지 않을 것이 자명하다. 물론 새로 승리한 세력들의 전모가 아직 분명히 드러난 것은 아니다. 미국이 아직 완전히 비기독교 국가가 아니라는 것이 바로 이런 의미이다.

문화전쟁으로 생긴 광범위한 변화가 종교와 종교인들에게만 영향을 미쳤다고 생각하면 오산이다. 자유 그 자체와 다양성을 다루는 미국적 방식을 포함해 수많은 부분들에 영향을 미쳤다. 제임스 매디슨은 「기념과 진정서」(Memorial and Remonstrance)에서 종교적이고 이데올로기적 차이를 다루는 미국적 방식을, 인간 피로 강을 이루었던 문제에 대한 '진정한 해결책'이라고 묘사했다. 물론 그 해결책은 절대 완벽하지 않았다. 하지만 미국은 기독교적 이상을 무시하고 그 정신을 이해하지 않고 거부함으로써 그 풍부한 유산을 낭비하고 미국만의 모델이 아닌 프랑스 혁명의 모델을 선택했다.

다시 한 번 말하지만 문화전쟁을 부분적인 영적 전쟁으로 보고 순수하게 자연적 영역에서 세속적 무기만으로 싸울 수 있다는 생각을 거부하는 것이 허황되거나 자기 기만적인가? 오래된 복음주의 격언대로 "주의 역사는 언제나 주의 축복을 받기 위한 주님의 방법으로 이루어져야 한다." 그러나 '주의 길'은 공공 생활의 우리 '원수들'과 싸울 때 악을 선으로 갚아야 할 뿐 아니라 미움을 사랑으로 갚아야 함을 의미한다. 또한 어둠의 세력에 맞서 강력하되 적절한 방법으로 싸워야 한다.

믿는 자 안에서의 전쟁

영적 전쟁과 관련해 생각해 볼 세 번째 영역은 교회 자체이다. 믿기 어렵겠지만 하나님의 백성들의 진영 내에서도 예수님과 성경의 권위를 의문시해왔다. 그리고 권위나 전통의 문제가 여러 유럽 국가처럼 미국인들의 마음에 중요한 자리를 차지하지 않았다. 특히, 미 공화국은 전통과 낡은 업무 처리 방식뿐 아니라 왕정에 대한 강력한 거부 정신을 바탕으로 설립되었다. 미국적 프로젝트는 신세대 질서(novus ordo seclorum)로 각광을 받았고 적극적 의도와 사상의 뒷받침이 있었다. 한때 있었던 일반적인 권위의 존중조차 시간이 흐르면서 퇴색되었고 워터게이트 같은 환멸스러운 대형 스캔들로 그 명을 재촉했다. 그리고 포스트모더니즘의 쓰라린 부산물인 불신, 냉소, 의심의 끊임없는 세뇌 학습으로 그 풍토가 강화되었다.

처음에 지상의 공화국과 더불어 천상의 왕국을 믿었던 기독교 공화주의자들은 "우리는 예수 외에 다른 왕을 모시지 않는다"는 구호를 내걸었다. 그러나 이후 공화주의 의식이 강화되고 하나님 나라 의식이 축소되면서 이제는 "우리 자신 외에 왕은 없다"는 구호만이 난무하고 있다. 이는 건국의 시조들이 주문한 자유가 자유지상주의에 굴복한 것과 흡사하다. 이스라엘의 사사 시대처럼 왕이 없고 "각기 자기의 소견에 옳은 대로 행한다"는 뜻이다(삿 21:25). '무엇이든 허용되는' 미국 문화에서 중요한 이슈를 결정하는 기준은 개인적 이유와 관심사, 주관적 선택, 사적인 이익, 최신 유행이다. 때로 권위의 붕괴는 노골적인 도발조의 "권위를 의심하라"는 자동차 범퍼 스티커 글귀에서도 나타난다. 이 역시 마찬가지로 조용하고 쾌활하며 부드러운 순응주의로 귀결되어 외부의 넓은 문화에서 유행하는 생각이라면 그리스도인들은 무엇이든 순순히 수용할지 모른다.

외부 압력에 대한 순응과 수용은 체념, 위축, 수동성, 정적주의를 위시해 다양한 여러 형태로 나타날 수 있다. 그리고 이런 순응과 수용 정도는 압력이 얼마나 가혹하고 얼마나 오랫동안 지속되느냐에 따라 달라질 것이다. 그러나 교회가 어떤 상황에 처해 있든 순응은 회의론과 불신에 부딪힌다는 것을 의미한다. 바로의 손에서 건져 주시겠다는 하나님의 말씀을 전하러 이스라엘 장로들을 찾았을 때, 모세와 아론에게 보인 그들의 반응이 바로 이러했다. 이런 경우에 권위에 대한 성경적 단언은 그 도전을 받는 사람들에게 도발적이고 터무니없이 느껴질 것이다.

"여호와가 누구이기에 내가 그의 목소리를 듣고 이스라엘을 보내겠느냐"(출 5:2).

권위에 대한 동일한 선언은 교회 내부 사람들에게 매우 불편하고 불안하게 다가올 것이다. 지금의 체제는 더 이상 수용 불가하다고 공공연히 지적되어왔기 때문이다.

그러나 이 문제는 대략 얼버무리고 넘어갈 문제가 아니다. 권위는 그리스도인들이 타협하고 회피할 수 없는 중요한 문제이다. 예수님을 따르는 사람들에게 기독교 신앙은 하나의 철학이나 세계관, 윤리나 생활방식이 아니다. 예수님의 권위 때문에 그 모든 것인 동시에 그 이상이다. 예수님을 믿는 것은 쉐퍼의 표현대로 '두 번 절한 다음 영원히 순종하는 것'이다. 우리 스스로 하나님을 발견할 수 없을 때 주님은 그분 스스로를 계시해주셨다. 따라서 우리는 그분의 계시에 한 번 절한다. 우리 힘으로 스스로를 구원할 수 없을 때 그분은 우리를 구원해 주셨다. 따라서 우리는 다시 그분의 구속하심에 또 한 번 절한다. 다시 말해서 우리는 하나님을 추구하는데 우리가 해야 할 몫과 그것이 의미하는 바와 요구하는 대가를 다 잘 알고 있다. 또한 믿음의 걸음은 전심을 다해 감당할 우리의 책임임을 분명히 알고 있다. 하나님을 신뢰하겠다는 결단을 할 때, 우리는 가장 온전한 본연의 모습을 회복할 수 있다.

그러나 그 걸음은 언제나 자기 노력보다는 은혜의 문제이다. 복음은 우리가 하나님께 올라가는 것이 아니라 하나님이 우리에게 내려오시는 이야기이다. C.S. 루이스의 유명한 표현처럼 그것은 고양이가 쥐를 잡는 이야기이지 그 반대 이야기가 아니다. 그러나 예수님의 주 되심을 온전히 확신한다면, 그분을 따르며 진리의 빛 안에서 살아가는 것은 우리의 몫이다. 그러므로 예수의 길은 그분의 권위로 이루어지고 그 권위 아래의 삶으로 구현된다. 예수님은 우리 인생의 모든 영역에 주가 되시고, 우리가 마지막 숨을 몰아쉴 때까지 주가 되신다. 우리는 좋은 제안을 따르거나 행복권을 추구하는 것이 아니며 더 많은 배당금을 주는 생활 방식을 채택한 것이 아니다. 우리는 하나님의 부르심을 받았고 그분의 권위 아래 살아간다. 그러므로 바울이 말한 대로 예수의 교훈이 아닌 다른 가르침을 좇는 것은 저주나 다름없다. 그분의 주 되심을 거부하고 그분의 길을 버리면 난파선에 탄 것이나 마찬가지다. 인생의 많은 영역에서 순종은 따분한 일이지만 예수의 뜻과 길에 순종하는 것은 그분의 권위 아래서 생명과 자유를 보장받는 것이다.

아마 가장 놀라운 일은 우리 주님이 권위적이셨을 뿐 아니라 권위에 복종하셨다는 사실일 것이다. 실제로 예수님은 말씀을 선포하시고 행하실 때 자신의 절대적이고 무조건적 권위를 주장하셨고, 그 주장은 무리들을 놀라게 했을 뿐 아니라 당대 권력자들의 심기를 건드렸다. 분명히 그분은 하나님의 말씀으로서 최종적 권위를 지닌 성경에 대한 유대인들의 외경심을 확실하게 확증해주시고 재확인해주셨다. 그러나 놀랍게도 그 백성들에게 최고의 권위자 되시는 예수님이 하나님 아버지와 말씀의 권위에 직접 순종하셨다. 자기 목숨을 버리실 정도로 말이다.

이 값비싼 순종은 예수님이 광야에서 하나님의 말씀에 순종하시고자 마귀의 유혹을 거부하시는 모습에서도 볼 수 있다. 그때 예수님은 사탄을 대적하는 무기로 말씀을 인용하셨을 뿐 아니라("기록된 바", 눅 4:4) 삶으로 말씀을 따르며 마귀의 놀라운 제안을 거부하셨다. 겟세마네 동산에서는 예수님이 순종하시는 모습이 훨씬 더 선명하게 드러나는데, 그에 대한 대가 역시 훨씬 더 크게 요구되고 있음을 알 수 있다. 예수님은 일어나야 하리라고 말씀하신 모든 성경 말씀에 순종하셨고, 그 길을 피하고 싶은 강력한 내면의 소리에 굴복해 십자가를 회피하지 않으셨다.

"내 아버지여 만일 할 만하시거든 이 잔을 내게서 지나가게 하옵소서 그러나 나의 원대로 마시옵고 아버지의 원대로 하옵소서"(마 26:39).

예수님에게는 성경 말씀이 곧 하나님의 말씀이었고 그것이 가장 중요했다. 그분은 "내 아버지께서 내게 말씀하신 그대로니라"(요 12:50)고 말씀하셨다. 그래서 고난당하사 십자가에 달려 돌아가셨다.

요한이 계시록에서 반복해서 사용한 판토크라토르(Pantocrator, 전능자)라는 단어는 그 어떤 것보다 예수님의 주 되심과 권세를 더 확실하게 표현해준다. 그리스와 터키를 여행해 본 사람이라면 알겠지만, 이 말은 초기 기독교 예술과 역사에서 사랑과 공감을 불러일으킨 심상이었다. 판토크라토르는 두 헬라어 단어를 합성한 것으로 그리스도의 전능하심과 통치를 표현하는 말이다. 예수 그리스도는 온 세상을 통치하시며 온 세상을 심판하신다. 우리는 우리의 보잘것없는 삶으로 이 위대한 권위에 복종하며 살아가고 호흡하며 생각하고 행동할 뿐이다.

그런데 많은 그리스도인들이 이토록 놀라운 예수님의 권세에 대한 태도를 보면서 어떻게 그리 쉽게 권세를 거부할 수 있다는 말인가? 어떻게 복종을 거부하고 자신의 선호를 주장하면서 두려워 떨지 않을 수 있다는 말인가? 어떻게 예수님을 '유일한' 길과 진리와 생명(요 14:6)이 아닌 '그냥 하나의' 길과 진리와 생명으로 간주한단 말인가? '성경의 권위를 중요시하는 관점'(high view of biblical authority)을 고수한다고 공공연히 떠들면서 동성 결혼에 대해서는 성경의 일관되고 명백한 교훈을 거부하는 일부 그리스도인들은 또 어떠한가? 철저히 이기적이고 자기 스스로를 정당화하는 죄악의 종식을 목표로 한다면서 성경의 침묵을 남용한 그럴싸한 논증과 뻔뻔스러운 호소를 곁들이는 그들의 해석은 또 어떻게 이해해야 하는가?

보수주의자는 물론이고 자유주의자들까지 우리 시대의 모든 위대한 학자들은 과거의 모든 위대한 학자들과 한목소리로 성경이 동성애에 대해 분명히 반대한다고 명백하게 보여 주었다. 또한 대다수 동성애 학자들도 직접 그 결론으로 그들의 입장을 확인해주었다. 그러나 우리의 용감한 신진 그리스도인들은 그들 스스로 내린 멋진 재해석을 신봉하며 자기 이익을 도모하는데 아무 거리낌이 없다. 토마스 제퍼슨은 노예 제도를 생각할 때 두려움에 떨며 하나님의 공의로 우심을 생각했다. 이와 같이 지금도 스스로 믿음이 있다고 주장하면서 성경을 마음대로 왜곡하고 폐기하는 자들의 글과 강의를 들을 때 떨어야 할 그리스도인들이 있다. 교회에는 처리해야 할 썩은 환부가 있다. 이제 우리는 전능자이시며 세상을 다스리시며 만물을 심판하실 예수님의 권세 앞에 돌아와 모든 성도와 함께 겸손하게 순종함으로 서야 할 것이다.

오늘날의 수정주의는 전혀 새로운 길이 아니다. 개신교 자유주의자들은 2세기가 넘게 수정주의 노선을 밝혀 왔다. 그러나 결국 그 노선이 어디로 귀착되었는지 한번 보라. 이 위기를 상세히 다룬 이들이 적지 않기에 여기서는 더 이상의 자세한 설명을 하지 않겠다.[14] 극단적인 개신교 자유주의적 수정론자들은 영적, 신학적, 제도적 자살을 자초했고, 그들을 추종했던 이들은 이제 누구도 결백하다고 주장할 수 없다. 한때 복음주의자들은 말씀의 권위에 대한 분명하고 확고한 시각으로 유명했다. 가령 J.I. 패커의 고전인 「근본주의와 하나님의 말씀」(Fundamentalism and the Word of God)이 이런 시각을 잘 드러낸다. 실제로 그들은 수정주의와 직접적 대척점에 있는 비자유주의자들로 인식되었다. 그러나 지난 세대는 복음주의의 중요한 한 축이 믿음을 수정하고 재해석함으로, 결국 그 믿음을 폐기하는 자살행위나 다름없는 어리석음을 범하는 모습을 보았다. 일부는 이머전트 복음주의자, 일부는 구도자 중심의 극단주의, 일부는 문화와의 상관성을 추구하는 목회자들이 바로 그들이다.

그러나 앞으로 다가올 세대의 가장 큰 위험은 극단주의가 아니라 기의 무엇이든 수용하는 현대 복음주의의 타협주의적 관용에 있다. 선지자 엘리야의 시대처럼 포스트모던 교회는 우유부단한 자들, 방관자들, 꿩도 먹고 알도 먹고 싶은 자들, 단어의 의미를 망각해 버린

혼합주의자들의 온상이 되었다. 오늘날 과거의 실수를 반복할까 몸을 사린 나머지 확고한 입장을 고수하는데 지친 그리스도인들이 너무나 많아졌다. 그들은 양다리를 걸친 채 방관자적 입장에서 누가 이 시대의 갈멜산 대회에서 이길지 지켜 보는 '방임형 그리스도인'이 되었다.

당연히 이런 부류를 지칭할 용어가 새로 생길 것이고 '신'(neo)으로 시작하는 옛날식 용어들도 다시 흔해지겠지만, 그런 용어들은 모두 설득력 없고 만족스럽지도 않을 것이다. 성경적으로 정의하면 '예수를 따르는 사람들', '그리스도인'(경우에 따라 적절하게 '복음주의적', '가톨릭적', '정통'과 같은 형용사가 결합된다면)으로 충분하다. 오늘날의 영적, 신학적 중도적 입장들이 확고한 입장에 서도록 도전을 받지 않는다면, 그 입장은 의심하는 입장이나 마찬가지일 것이다. 결단을 내리고 훨씬 더 강력한 신앙을 회복하든지, 아니면 이탈해서 결국 완전히 불신을 향해 나아가든지 둘 중 하나가 될 것이다.

한동안 그리스도께 신실한 사람들은 같은 교단의 수정론자들보다 다른 교단의 신실한 사람들과 더 입장이 가까울 것이라는 말이 회자되었다. 사실상 교단의 차이점이 사라지면서 이것은 예수 그리스도를 주로 고백하는 모든 이가 새로운 기독교적 일치를 이루는데 강력한 계기로 작용되었다. 그러나 또한 개신교 자유주의든 로마 가톨릭이나 복음주의든 기독교 수정론의 치명적 위협을 더욱 부각시키는 역할을 했다. 앞에서 지적한 대로 사도 바울은 '다른 복음'을 선포하는 것을 '저주받은 것'이라 선언함으로써 그 심각성을 강조했고, 키에르케고르는 그런 수정론자들을 '입맞춤하는 유다'(예수를 부인하는 자들)라고 부르며 강력하게 정죄했다. 영들의 전쟁은 심지어 하나님의 백성들의 진영에도 침투했다. 금송아지 우상에게 절한 이스라엘 백성들을 심판한 모세와 비느하스의 이야기처럼 누가 주의 편에 선 자인지, 그리고 누가 주의 편에 서지 않고 반역하기로 결심한 자들인지 확인할 때가 되었다. 하나님의 주 되심과 권위, 기독교 신앙의 의미 자체와 생존과 그 온전성이 걸린 문제이다.

현대 세계의 예외적 조건을 생각하는 그리스도인이라면 부인할 수 없는 두 가지 사실이 있다. 첫째는 칸트의 '영구적 평화'보다는 니체의 '영들의 전쟁'이 현대의 실재를 묘사하는데 훨씬 더 적합하다는 사실이다. 둘째는 실재에 대한 성경적 설명을 진지하게 고려하지 않고서는 현재 목도하는 광기와 악에 대처할 수 없다는 사실이다. 지금 눈에 보이지 않는 초자연적 세력들이 활동하고 있다. 미국의 쇠퇴, 새로운 패권 세력으로 부상한 중국의 위협, 유토피아를 향한 유럽 프로젝트의 쇠퇴로 야기된 거대한 긴장, 중동 이슬람 극단주의로 초래된 거대한 격변으로 이런 이해가 분명하게 드러나고 있는 것 같다. 또한 많은 국가들의 공적 생활에서 보이는 경쟁적 논쟁과 심지어 교회 내의 분열과 다툼에서도 이 점이 선명히 드러나고 있다. 이 시대는 문화들이 서로 뒤엉키고 있으며 나라들이 소요에 휩싸이고 있으며 문명들이 들썩거리며 균열하고 무너지고 있다. 그러나 영들의 전쟁을 무시하는 사람은 우리 세계를 이해할 수도, 대처할 수도 없을 것이다.

영들의 전쟁으로 니체가 기대한 결과는 초인들의 등장, 모든 가치의 대규모 재평가, '십자가에 못 박힌 자에게 맞선 디오니소스'의 대결에서 승리하는 것이었다. 반면 칸트는 동일한 글로벌 실재들에 대해 두 방식 중 한 가지 방법으로 '영원한 평화'가 도래할 것이라고 주장했다. 하나는 인간 이성의 성취이고, 또 다른 하나는 대규모 참사로 체념하고 협력하는 것 외에 어떤 선택도 남아 있지 않은 상태에 따른 피로증이다.

예수를 따르는 우리는 두 철학자와 모두 결별해야 한다. 니체의 선택은 새로운 방식으로 다시 소생할 것이 분명하지만, 나치의 악용으로 영구적으로 오염되었다. 칸트의 선택은 앞으로도 계속 매력적인 꿈으로 다가오겠지만 너무나 이상주의적이다. 역사와 세계를 바라보는 우리의 시각은 그들과 다르다. 하나님은 우주의 창조주이시고 역사의 주인이시다. 하늘을 다스리신다. 우리 주님은 그 아름답고 강한 손으로 온 세상을 붙들고 계시며 최종 결과는 시장의 '보이지 않는 손'이나 현대 국가의 '레비아단'이 아닌 '하나님의 경영하심'이 결정할 것이다.

요약하자면 역사의 거대한 우주적 싸움이 실제로 벌어지고 있다. 영들의 전쟁은 실재한다. 우리가 할 일은 두려워하지 않고 신뢰함으로 그것을 지켜보는 것이다. 그리고 앞으로 계속 살펴보겠지만 이 광대한 영들의 전쟁에 미미하지만 중요한 우리 각자의 몫을 감당하는 것이다.

> **기도** 하나님 아버지, 하늘과 땅의 모든 권세가 주의 것입니다. 우리의 가장 강한 권세보다 강하시고 우리의 가장 뛰어난 비전보다 더 뛰어나신 주님의 위엄 앞에 경배하며 주의 신실하심 안에 안식을 누립니다. 하나님, 주님이 아닌 다른 권세를 의지하는 우리의 어리석음을 이 시간 고백합니다. 우리의 눈을 여사 주의 나라의 보이지 않는 실재들을 온전히 보게 해주옵시고, 우리의 마음을 정결하게 하사 주의 영광을 따르게 하옵소서. 또한 어둠의 권세들에 대한 성경적 관점을 갖게 하시고, 주의 성령의 능력에 대해 이보다 더 많이 알게 하여 주옵소서. 주의 뜻이라면 주의 능력으로 우리를 충만하게 하사 주의 영광을 위해, 우리가 아닌 오직 주만을 위해 사용하게 하옵소서. 예수 그리스도의 이름으로 기도드립니다. 아멘.

묵상하고 나누기

1 당신과 당신의 가족, 교회의 삶의 '음치' 증상은 어느 정도인가? 대부분의 서구 교회가 예수님이 승천하신 후 성령을 보내시며 제자들에게 하신 모든 약속의 성취를 누리지 못하는 이유가 무엇이라고 생각하는가?

2 어떻게 하면 '이상하고 거칠고 놀라운 이들'에게 열광하지 않고 예수님이 제자들에게 약속하신 모든 것을 누릴 수 있겠는가?

3 세계사의 이면에 '정사와 권세'가 있다는 생각을 진지하게 받아들일 때 어떤 변화가 생기겠는가?

제4장

암흑의 핵심

우리는 말씀과 심판에 끼여 살아가는 '중간기'에 있다. 그러므로 우리가 할 일은 암흑의 핵심과 끊임없이 싸우되, 절대 그 어둔 마력에 빠져들지 않고 기다리며 주시하는 것이다.

몇 년 전 미 의회에서 일단의 의원들을 대상으로 강연을 해 달라는 초청을 받았는데 강연 말미에 한 의원이 손을 들고 발언을 요청했다.

그는 "작은 소년이 댐 구멍을 손가락으로 막으면 영웅이 될 수 있습니다"라고 운을 뗐다. 소년이 손가락으로 홍수를 막았다는 네덜란드의 이야기를 말하는 것이 분명했다. "그런데 우리 미국을 둘러보면 산사태가 일어나고 있습니다. 이런 상황에서 누가 무엇을 할 수 있겠습니까?"

물론 이 질문에 대한 대답은 뻔하다. 산사태가 일어나면 모든 게 무너지고 토사가 흘러나올 것이다. 사방이 진흙탕으로 변하고, 진흙탕에서 흘러나온 커다란 잔해들과 토사에 떠밀린 나무들이 주위를 휩쓸고 지나갈 것이다. 만약 우리가 직면한 문제들이 많지 않고 서로 무관하다면 별 문제가 아닐 것이다. 단순히 경제, 기술, 교육, 범죄, 난민의 문제라면 하나씩 개별적으로 다룰 수 있을 것이다. 전설의 특효약이 있을지도 모른다. 또한 언제나 각 문제를 해결해줄 전문가들이 준비되어 있다. 오늘날에는 전문가, 컨설턴트, 여론 전문가에게 요청해서 문제 해결을 맡기거나 상세히 설명해 달라고 하면 쉽게 해결할 수 있다. (물론 청구서와 함께.)

이런 '산사태 효과'(mudslide effect)의 한 가지 이유는 글로벌 시대에 모든 문제는 한두 가지 원인이 아닌 다양한 원인으로 설명할 수 있고 모두 서로 관련성이 있다는 이해 때문이다. 그래서 "모두가 서로 연관되어 있고 아무도 책임지지 않는다"는 말이 생겼다. 1968년 명성 높은 글로벌 싱크탱크인 로마클럽이 설립된 배경에 바로 이런 통찰력이 자리하고 있었다. 이 클럽의 설립자인 아우렐리오 페체이는 이것을 새로운 '인류의 곤경'이라고 불렀다.[1] 이제 별개의 정치적, 경제적, 사회적 문제는 더 이상 없다. 마찬가지로 개별 문제를 정조준해서 개별적 해결책을 제안하는 것 역시 더 이상 효과가 없다. "각 문제는 나머지 모든 문제와 연관되어 있다. 특정 문제를 개별적으로 해결하고자 하면 다른 문제들을 악화시키거나 방해할 수 있다."[2] 글로벌 시대는 지도자들에게 전 지구적으로, 통합적으로, 다각도로 사고하고 인간적 사상과 가치, 제도와 국가, 지구 자체라는 전 생태를 존중할 것을 요구한다.

이런 분석이 당연히 옳다. 하지만 이 장에서는 산사태 효과가 발생한 훨씬 더 심층적 원인이 있음을 논증할 것이다. 그러므로 그 의원의 지적은 옳았다. 우리의 현재 문제들은 산사태나 독성 곰팡이 또는 독성 가스 누출 사태와 흡사해 보인다. 사방에서 심각한 피해가 발생하고 있으며 모든 것이 망가지고 무너지고 있다. 특효약은 어디에도 없다. 시편 기자가 수백 년 전에 쓴 그대로이다. "터가 무너지면 의인이 무엇을 하랴"(시 11:3). 혹은 "험프티 덤프티"의 가사대로 "왕의 말과 신하들을 모두 동원해도 험프티 덤프티를 다시 원래대로 되돌릴 수 없다."

이런 내용의 논의를 할 때 몇 가지 의문이 생긴다. 문화적인 의미의 산사태는 무엇인가? 걷잡을 수 없을 듯한 이 침식과 붕괴를 야기하는 요인은 무엇인가? 신앙과 가족처럼 튼튼한 기초를 자랑하던 가치들이 더 이상 견딜 수 없을 때까지 포화 상태로 스며들어 그 지반을 붕괴시키는 사상과 사건은 무엇인가? 한때 난공불락 같았던 가치들이 갑자기 흔들리고 떠밀려 속수무책 파멸의 길로 가게 만든 정책들은 무엇인가? 어떤 사람들은 문화적 마모나 해체와 같은 다른 메타포를 선호하지만, 이 용어들 역시 그런 마모나 해체가 발생하는 이유가 무엇인가에 대한 문제를 제기한다.

강력하면서도 유용한 또 다른 용어는 '문화적 권위의 위기'(crisis of cultural authority)이다. 이 용어는 한때 한 사회에서 신선하고 강력했던 사상과 이상들이 어떻게 설득력을 상실해가는지에 대한 과정을 조망하는데 사용되었다. 동일한 논점을 설명하기 위한 또 다른 용어로 '정당성의 위기'(crisis of legitimacy)를 쓰기도 한다. 그러나 이 모든 용어의 문제에는 '왜'라는 문제가 도사리고 있다. 이 용어들이 생기게 된 이면에는 정확히 무엇이 있는가? 이런 위기들이 발생하게 된 원인과 상호 연관성의 전모는 오직 하나님만이 모두 알고 계신다. 그러나 수년 동안 다각도로 그 문제에 관해 생각하고 연구한 나는 세 개의 강력한 흐름을 발견했다. 미국의 경우에는 이 흐름들이 문화적 손상을 초래하고 있으며, 특히 산사태 효과가 발생한 중심에는 두 번째 흐름이 자리하고 있다. 이 추세는 국가마다 양상이 조금씩 다르지만 미국에서 가장 명확하게 드러난다. 미국이 여전히 주도 국가이기 때문이다.

가장 완벽한 혁명

먼저 미국 사회가 유대적이고 기독교적인 뿌리에 바탕을 두었다는 그간의 통념을 의도적이고 체계적으로 배척하는 흐름이 있다. 서구에서 기독교 신앙이 배척 당하는 이야기, 특히 신념과 사상의 관점에서 진행된 배척에 관한 이야기는 잘 알려져 있다. 니체와 버트란트 러셀과 리차드 도슨, 크리스토퍼 히친스와 샘 해리스로 이어지는 영향력 있는 반기독교 사상가들의 입장 역시 유명하다. 그런데 신앙에 대한 공격이 오직 철학의 문제이자 신앙의 위기인 양 진공 상태에서 논의될 때가 너무 많다. 하지만 이 문제는 문화라는 더 넓은 배경에서 논의할 필요가 있으며 서구에 미치는 더 장기적인 의미를 추적해 볼 필요가 있다.

다른 각도에서 이 동일한 배척을 생각해 보라. 20세기 초 미국에 파견된 영국 대사였던 제임스 브라이스 경은 「미국 공화국」(The American Commonwealth)이라는 책으로 인해 미국에 관한 가장 예리한 외국 비평가인 알렉시스 드 토크빌에 버금가는 비평가로 종종 인식된다. 자유주의자인 그는 토크빌과 입장이 유사했다. 토크빌은 미국 정치 질서에서 종교, 특별히 기독교 신앙의 국가적 중요성을 인정한 것으로 유명하다. 브라이스 역시 확고했다. "기독교는 법적으로 국교는 아니지만 실상 국교로 인식되고 있다."[3]

당연하겠지만 영원히 지속되는 것은 없다. 브라이스 역시 그 상태가 계속 지속되리라 생각하지 않았다. 그는 미국에서 기독교 신앙의 중심적 위치의 예견 가능한 변동이 미칠 결과에 대해 오랫동안 깊이 숙고했다. (이 변동이 세속주의자에 의한 외부적 공격의 결과인지, 아니면 세속화를 통한 내적 침식의 결과인지는 여기서 다루지 않겠다.) 문제는 당시 기독교 신앙이 미국의 사회적 결집을 이끌어내는 중요한 토대로서 기능했다면, 그 영향력이 축소되거나 붕괴될 경우 무슨 일이 일어날 것인가였다. 브라이스는 "이 나라가 뿌리내린 기초가 와해된다면, 법과 상업, 사회적 제도로 구성된 이 거대하고 섬세한 조직에 어떤 일이 생길지 생각하고 충격을 받았다."[4]

20세기 초만 해도 그의 예상은 가능해 보이지 않았다. 당시와 그 후 수십 년 동안 미국은 전통적인 기독교 정박지에서 벗어나 표류할 가능성이 거의 없는 서구 국가로 보였다. 실제로 당시 신세계는 종교의 관점에서 볼 때 구세계와 상당히 대조적이었다. 유럽은 19세기에 노골적으로 세속화되기 시작했고, 그 다음 세기에는 역사상 가장 세속적인 사회들이 일부 등장했다. 하지만 미국은 이례적으로 그만의 상태를 유지했다. 즉, 세계에서 가장 현대적이면서 동시에 가장 종교적이었다. 유럽 역시 기독교 신앙과 기독교적 도덕성을 폐기한 듯했지만, 사회적 결집의 상실이라는 심각한 타격을 입지는 않았다. 사상적 측면에서 유럽은 마르크시즘과 국가 사회주의 같은 기독교 이후 이데올로기에 매우 취약했다. 하지만 사회적 수준에서는 전통과 소도시와 마을의 사회적 통합이라는 힘으로 그 결속을 유지해나갔다. 반면 미국에서 이런 마을과 소도시는 과거의 유산이 되어 버린 지 오래였다.

브라이스는 "미국에서 종교가 무너지면 어떻게 될 것인가"라고 질문한 후 충격을 받았다. "미국은 비가시적인 영역의 신앙을 상실할 경우, 완벽한 혁명이 일어날 수 있는 나라이다. 가시적 세계의 그 어떤 것도 숭배해 본 적이 없는 나라이기 때문이다."[5] 그의 통찰은 급진적이었다. 미국 사회는 참으로 자유분방하며 유동적이고 빠르며 쉬지 않고 변해왔다. 그래서 미국을 하나로 결속시키는 유일한 요인은 종교였다. 그런데 만약 종교가 내적 활력과 사회적 영향력을 상실한다면 그 결과는 상상할 수 없을 것이다.

확실히 1세기 후에 '완전한 혁명'이 일어났다. 이제 미국에서는 기독교 신앙도 어떤 타종교나 이데올로기도 그 위치에 있지 않다. 날로 다양성이 확장되는 상황은 터무니없고 당황스러울 정도로 다양한 성 정체성과 더불어 진정한 일치가 치명적으로 무너지는 모습까지 보여 주고 있다. 미국이 처음 내걸었던 표어는 완전히 발언권을 상실했다. 단일성은 무시되고 있으며 다원성은 폭주하고 있다. 미국인들은 심지어 종교적 자유의 전통적 이해라는 정신마저 잃었고, 가장 현격한 차이점과 더불어 사는 법을 아는 포용의 중요성도 팽개쳐 버렸다. "모든 것은 파괴되고 중심은 지탱되지 않는다"는 W.B. 예이츠의 유명한 싯구는 1차 세계대전의 거대한 환멸을 겪은 뒤인 1919년 "재림"이라는 그의 시에 등장한다. 미국은 그들에게 환멸을 가져다 준 베트남 전쟁의 여파를 비롯해 1960년대에 중심의 붕괴를 경험했다. 그리고 이제 유럽의 전철을 밟아가고 있다. 곧 유럽과 마찬가지로 심각한 결과를 맞이할 것이다. 현재 상황은 다음 세 가지 사실로 요약될 수 있다.

첫째, 한때 미국적 삶의 중심을 차지하던 유대적이고 기독교적인 언약적 합의가 지속적인 공격을 받으며 무너져 가고 있다. 언약은 파기되었다.

둘째, 지금까지 다른 어떤 사상도 이런 토대를 이루는 신념들을 성공적으로 대체하지 못했다. 따라서 미국은 현재 탈중심, 무중심, 무결속 상태에서 문화의 최고 권위와 합의점의 자리를 두고 믿음과 가치의 전쟁을 벌이고 있다.

셋째, 문화전쟁이 격화됨에 따라 중심을 차지하던 유대교와 기독교의 자리를 대체하기 위한 경쟁이 날로 치열해졌고 그 과정에서 다른 미국적 유산들도 손상을 입었다. 그러므로 이제는 중심만 없을 뿐 아니라 중심을 구축할 합의된 원리도 없다. 미국은 종교의 자유라는 유산을 심각하리만큼 무시했고, 다양한 신앙이 공존하는 사회가 가장 심한 차이와 더불어 살 수 있게 해줄 정신을 훼손했다. 남은 것이라곤 권력 투쟁뿐이다.

이런 위기의 결과, 미국은 정치적, 경제적, 인종적, 문화적 양극화가 심화되어 치유 불가능한 상태로 나아가고 있다. 또한 미국 정치 질서를 구축한 토대적 사상들이 그 설득력을 상실해가는 틈을 타서 극히 비자유주의적이고 미국적이지 않은 사상과 관습들이 고개를 치켜들고 있고, 정치적 리더십의 공백이 두드러진 상태에서 미국 사회의 응집력도 떨어지고 있다. 이제 확인이 필요한 것은 미국적 실험의 미래가 가져다 줄 결과가 나타날 시기와 방향뿐이다.

진보주의자들은 브라이스의 지적을 불안한 어느 보수주의자의 비관적 예감에 지나지 않는다고 일축할 것이다. 물론 그의 입장이 전통적인 보수주의적 사상에 더 가까운 것은 사실이다. 예를 들어, 프랑스 철학자 조셉 드 메스트로는 한 국가가 더 커지고 다양화될수록 강압을 동원하거나 자유 기조를 유지하기를 원할 경우 종교를 동원해 통합하고 통치할 필요성이 더 커진다는 유명한 말을 했다. 존 로크는 1689년 '관용에 관한 편지'에서 동일한 주장을 펼쳤다. "생각으로라도 하나님을 제거하면 모든 것이 해체된다."[6] 역사가인 윌과 아리엘 듀란트 부부는 존 로크의 생각에 찬동했다. "우리 역사에서 종교의 도움 없이 도덕적인 삶을 성공적으로 유지한 의미 있는 사례는 하나도 없다."[7]

실제로 브라이스는 메스트로처럼 보수주의자가 아니었다. 그는 확고한 자유주의자였고 그의 발언은 미국에서 종교가 차지하는 역사적, 사회적 역할에 대한 관찰에 근거한 것이었다. 마땅히 우리도 그와 같은 자세로 임해야 할 것이다. 미국은 지금 무서울 정도로 폭력이 늘어나고 있다. 이에 대한 오마바 대통령의 진단과 달리 가장 심층적 원인은 총기 규제 미비 탓이 아니라 공동체마다 중심이 무너지고 있는 것이다. 어떤 사회나 도덕적, 사회적 생태계가 그러한 것처럼 모든 조직은 자연적인 기본 요소가 있다. 그리고 그 자연적 조건이 무시될 때, 조직은 흐트러지고, 견고함은 빙하처럼 녹아내리고, 사회는 응집력을 상실한다. 왕의 모든 말과 신하도 험프티를 다시 붙여 놓을 수 없는 시점이 있다.

견고한 모든 것이 녹아 대기 속으로 사라지다

첫 번째 흐름이 분명히 감지된다면 상대적으로 두 번째 흐름은 전혀 그렇지 않다. 그러나 우리는 산사태 효과를 야기하고 침식이나 해체 혹은 그 외 어떤 표현을 써도 무방한 그 사태를 촉발시키는 것이 무엇인지 반드시 질문해 보아야 한다. 무엇인가 작동하고 있다는 사고는 최근에 등장한 것이 아니다. 1848년 출간된 「공산주의 선언」 1장에서 칼 마르크스는 초기 산업 혁명과 시장 자본주의 등장 속에서 작동하고 있다고 생각한 것을 가리켜 '녹아 사라짐'(melting)이라는 은유를 사용했다.

> 모든 고정되고 꽁꽁 얼어붙은 관계들, 이와 더불어 고색창연한 편견과 견해들은 사라지고, 새로이 형성된 모든 것은 골격을 갖추기도 전에 낡은 것이 되어 버린다. 딱딱한 것은 모두 녹아 사라지고 거룩한 것은 모두 더럽혀지며, 마침내 인간은 냉정을 되찾고 자신의 실제 생활조건, 자신과 인류의 관계에 직면하지 않을 수 없게 된다.[8]

우리는 마르크스가 말하고자 하는 핵심을 놓치기 쉽다. 그것은 결코 우리에게 이득이 안 된다. 먼저 그와 그의 유산이 해악을 끼치게 된 이유는 그것의 끔찍한 전체주의적 결과 때문이다. 마르크스는 청년 시절 매우 직관이 뛰어났으며 때로 배려심도 깊었다. 그는 단단한 것이 녹아 사라지는 것을 관찰한, 시대를 앞선 인물임이 분명하다. 이것은 단순히 사상의 문제를 넘어서는 것이었다. 또한 우리는 우리의 발전된 현대 세계를 있게 한 산업 혁명과 시장 자본주의라는 두 세력의 은혜를 입은 상속자들이다. 그래서 우리는 전통적 생활의 야만적 해체라는 산업 혁명을 겪은 첫 두 세대가 치룬 대가를 망각하기 쉽다. 현대성의 대가는 인식하지 못하고 그 혜택에만 시선이 가는 것이다.

니체는 동일한 영향을 그만의 유명한 표현으로 묘사했다. 바로 '신의 죽음'이다. 이 용어를 사용한 사람이 그가 처음은 아니었다. 그보다 75년 전에 헤겔이 먼저 사용했다. 하지만 니체는 모든 영역에서 그 결과를 설명하는데 그 누구보다 급진적이었다. 신의 죽음은 신학과 신학자들의 위기만은 아니었다. 그것은 모든 것을 망라해 모든 문화와 하나님께 의지한 모든 가치와 규율에 영향을 미친 대참사였다. 진리, 이성, 지식, 도덕성, 선과 악, 옳고 그름, 예술, 철학, 인문학도 예외가 아니었다. 그 모든 것이 다 변하고 근본적으로 재평가를 받아야 했다. 신은 죽었고 태양도 사라졌고 우주 질서는 엉망이 되었고 중심은 붕괴되어 한때 그 위에 토대를 두었던 모든 것이 이제 텅 비어 공허한 상태로 완전히 허무에 놓이게 되었다. 다시는 옛날로 돌아갈 수 없다. 하나님을 잃은 서구 세계는 그 영혼과 중심을 잃어버렸다. '아무 무게도 나가지 않게' 되었다. 바닥도, 중심도 없이 무의미하며 하찮고, 비물질처럼 '참을 수 없는 존재의 가벼움'[9]을 지니게 되었다.

마르크스나 니체 두 사람 모두 서구 문명의 동일한 결정적 붕괴에 주목했지만 강조하는 원인은 달랐다. 니체의 분석은 철학적이었다. 그는 신의 '죽음'으로 파생된 신앙과 문화의 위기에 초점을 맞춘 반면 마르크스의 분석은 사회학적이었다. 그가 집중한 것은 현대 세계의 발흥 자체와 산업화 시대 사람들의 삶의 양식과 일상 생활에 그것이 미친 영향으로 생긴 현상이었다. 지금 보면 니체의 논점은 상대적으로 명확하지만, 마르크스의 논점은 논지가 불명확하고 모호하다. 단단한 모든 것이 녹아 사라질 수 있지만 왜 그렇다는 말인가?

폴란드 사회학자이자 영국 리즈대학교 전직 교수인 지그문트 바우만은 그 누구보다 녹아 사라짐, 즉 '용해'(melting)라는 개념을 깊이 있게 발전시킨 인물이다. 그는 세계화와 현대성에 대한 글을 집중적으로 썼고 '액체'라는 은유를 반복적 주제로 활용했다. 마르크스의 용어들을 지양하고 우리 세계를 '유동하는 액체 근대', '액체 시대' '액체 생활', '액체 사랑'의 관점에서 설명했다.[10] 그는 브리태니커백과사전의 정의를 차용해서 지적했다. 고체는 단단하게 결속되어 있어 그 원자들을 하나로 결합시킬 수 있으므로 가만있어도 형체를 유지할 수 있는 반면, 액체나 기체는 그럴 수 없다고 말이다. 액체는 점유한 공간에 맞게 언제든지 형체를 바꿀 준비가 되어 있다. 액체는 흐르고 확산되며 넘치고 누출되며 스며들고 방울지어 떨어져서 산사태처럼 멈추기 쉽지 않다.

모든 단단한 것은 대기 속으로 사라지지만 용해와 증발 사이의 단계는 액체 상태이다. 다시 말해서 우리는 전통과 정체성의 고정된 세계에서 현대성의 유동하는 액체 세계로 이동했다. 이 세계에서는 모든 것이 끊임없이 변화하며 어떤 것도 장기간 그 형태를 유지하지 않는다. 그러므로 현대 생활은 개인의 정체성과 같은 기본적인 문제에서 시작해 많은 다양한 선택을 요구한다. 그러나 각 선택은 덧없고 일시적이며 취약하다는 의식을 동반한다. 견고하고 지속적인 정체성은 결코 얻어지지 않는다. 사람이나 사물은 언제나 변화 속에 있으며 절대 한 상태에 머물러 있지 않는다. 미규정, 미완성, 미결정 상태에서 언제나 새로운 것에 열려 있다. 현대 세계는 언제나 '공사 중'이며 다음 지시가 있을 때까지 모든 것이 잠정적이고 일시적이다.

어떤 선택도 취소 불가능해서는 안 된다. 선택은 모호해야 한다. 바꾸거나 이동할 자유를 허용하지 않는 구속력 있는 선택으로 미래를 저당 잡히는 것보다 최악의 상황은 없다. 무엇보다 내일 더 나은 선택이 기다리고 있을지 모른다. 더 보수가 높은 직업, 혹은 다음 파티에서 더 매력적인 남편감과 아내감이나 혹은 더 나은 파트너를 만날지 모른다. 더 넓고 멋진 집, 혹은 더 매력적인 정체성과 멋진 성적 취향이 있을지 모른다. 눈을 크게 뜨고 기회를 살필 뿐 아니라 선택의 가능성도 항상 열어 두라. 만화경을 다시 돌리면 새롭게 정리된 가능성의 새 양식이 기다리고 있다. 내일은 새로운 가능성이 기다리는 새 날이다. 자유는 결속력 있는 관계라도 결코 속박하는 관계가 되어서는 안 된다.

간단히 말해, 발전된 현대의 유동하는 액체 시대는 액체 생활과 액체 사랑으로 끊임없이 변화 중이다. 가족과 결혼 생활 같은 견고하고 단단한 전통적 실재들이 쉽게 변형될 수 있는 수많은 형태로 액화되어온 이유는 무엇인가? 대체 무슨 일이 있었기에 기독교 신앙 같은 확고한 종교적 신념들이 심지어 그리스도인에게조차 아무 실체가 없어 보일 정도가 되었는가? 개인적으로 나는 발전된 현대성의 중심에 있는 다음 세 가지 요인(불길한 세 가지 R)에서 그 답을 찾을 수 있다고 믿는다. 이것들은 블랙홀처럼 인생의 단단하고 확실한 것을 무차별적으로 끌어당겨 분쇄하고 녹여 버린다. 그 결과는 '죽었지만 여전히 살아 있는' 이른바 '좀비 사상'과 '좀비 제도'라는 이름으로 불린다. 다시 말하지만 이 요인들은 다음 세 가지 설명으로 요약할 수 있다.

첫째, 발전된 현대성은 주장과 확실성들을 철저히 상대화시키는 (Radical relativizing) 풍토를 조성한다. 그렇게 해서 포스트모더니즘은 모든 진리를 결정 불가의 차원으로 격하시킨다.

둘째, 발전된 현대성은 선택 범위(Range of choices)의 급증을 야기해서 모든 진지한 선택을 순간의 애매모호하고 구속력 없는 선호의 차원으로 축소시킨다.

셋째, 발전된 현대성은 유례가 없는 급격한 변화(Rapidity of change)를 낳고, 현대 생활은 이런 아찔한 변화의 속도 속에서 "이 또한 지나가리라"는 구호처럼 견고한 모든 것을 액화시키는 거대한 촉매제로 작용해 모든 것을 공기처럼 가볍고 찰나적이고 하찮은 먼지로 축소시켜 버린다.

기독교 신앙이 다시 영적이고 신학적이고 문화적인 견고함을 회복해서 이런 추세에 대한 내성을 발휘할 가능성이 있을까? 어떤 블랙홀에도 빨려 들어가지 않을 수 있을까? 기독교적 결혼 생활과 가정이 회복되어 모래가 아닌 견고한 바위처럼, 휘날리는 잡초더미가 아니라 단단한 나무처럼 제 위치를 지킬 수 있을까? '무게 없음'의 성경적 반대는 '영광', 하나님의 영광이다. 영광(glory)의 기본 의미는 실재가 지닌 무거움과 견고함이다. 그리스인들과 로마인들 역시 영광을 믿었다. 실제로 그들은 각 분야에서 탁월함과 영광을 위해 살고자 노력하며 투쟁했다. 하지만 그들은 영광의 외적인 측면, 즉 전장에서 승리한 장군이나 우승한 육상 선수 혹은 축제에서 월계관을 쓴 희극 작가의 영웅적 업적으로 광채를 내뿜는 명성에만 관심이 많았다. 외적인 것에 치중했기 때문에 그런 영광은 외형적이고 늘 찰나적일 뿐이었다. 그리스 시인들이 표현한 대로 그 영광은 "시인이 노래하고 아이들이 기억할 때만" 유지되었다. 영광에 대한 서구적 시각 역시 이와 흡사하다. 우리는 승자들과 금메달리스트들, 명예의 전당 헌액자들과 탁월한 예술가들을 기리지만 그 영광은 외적인 것이라 시간이 지나면서 퇴색할 수밖에 없다.

그런데 영광을 바라보는 성경의 시각은 매우 다르다. 그 시각은 살아 계신 하나님, 오직 한 분이신 하나님의 고유한 속성으로 인해 내적인 것을 강조한다. 그리고 하나님의 하나님 되심에서 오는 무게와 진지함을 강조한다. 우리가 섬기는 주님은 유일무이한 분이시다. 그분은 절대적 기준이시다. 만물을 통치하신다. 그래서 하나님은 그 속성의 도덕적 탁월성과 말씀의 능력과 그 행위의 영광스러움으로 명성을 누리신다. 그분의 영광은 궁극적 영광이고 명성보다 훨씬 더 깊고 넓게 확산되며 그것은 그분의 실존에서 흘러나온다. 하나님은 궁극적이고 유일한 '참 실재'로서 세상 모든 실재의 근원과 근거가 되시므로 영광스러운 분이다. 우리뿐 아니라 우리를 둘러싼 광대한 우주와 모든 다른 실재는 피조물일 뿐이다. 스스로 창조되지 않았고 스스로 존립할 수도 없다. 하나님으로부터 나왔기에 그분만을 의존해야 하는 존재이다.

그러므로 니체는 스스로 인식한 것보다 진리에 더 가까웠다. 문화가 하나님을 거부하면 스스로 실재의 궁극적 근거와 단절하는 것이다. 그러면 공기처럼 가벼워져 무게가 없어지고 실체가 없이 공허해질 것이다. 선지자들의 표현을 빌려 말하면 "저울에 달아 보니 부족함이 보인다"(단 5:27). 그러면 결국 "바람을 낳은 것 같고"(사 26:18) 역사의 허리케인 앞에 휘날리는 풀포기들처럼 "바람에 날려" 없어질 것이다(사 57:13). 그들의 종말에 대한 심판은 "이가봇"의 판결이다. 즉, 영광과 무게, 실체가 모두 사라져 버리는 것이다(삼상 4:21).

한 국가의 붕괴를 초래하는 이와 반대되는 것은 부흥, 영광의 회복이다. 궁극적 실재이신 하나님의 영광의 회복이다. 그러기 위해서는 먼저 우리가 모든 실재의 근원을 떠남으로 파산했음을 깨닫고 회개해야 한다. 그래야 하나님께 돌아올 수 있다. 그때 부흥과 개혁을 위해 기도할 수 있고, 하나님은 그 기도를 들으시고 다시 한 번 은혜를 베풀어 주실 것이다.

"이는 물이 바다를 덮음 같이 여호와의 영광을 인정하는 것이 세상에 가득함이니라"(합 2:14).

모세는 금송아지 사건 이후 최대의 위기에 봉착했을 때 성경에서 가장 담대한 기도를 드렸다.

"주의 영광을 내게 보이소서"(출 33:18).

하나님을 보고 살아남을 자는 없다. 하지만 그는 이 무시무시한 리더십의 도전 앞에서 궁극적 실재이신 하나님을 아는 것만이 그를 견디게 해줄 수 있음을 알았다.

21세기 초 발전된 현대 세계의 서구 기독교 교회를 살펴볼 때, 우리의 도전과 대답 역시 이와 동일하다.

파멸의 지름길

세 번째 흐름은 이 중 가장 오래된 것으로, 하나님 없이 새 인간성과 신세계를 구축하고자 하는 '진화론적인 무신론적 인본주의'의 바벨탑 욕망이다. 요약하면 로마클럽이 표현한 대로 '새 인간 제국'이다. 이것은 인간 타락으로 거슬러 올라가며 발전된 현대 세계 덕분에 이제 강력한 새로운 기회를 갖게 되었다. 로마클럽 설립자의 말을 빌리자면 "인간은 지구 행성의 수많은 피조물 중 하나였지만 이제 그 위로 유례없는 제국을 건설하게 되었다 … 새 인간 제국이 우리 앞에 그 모습을 드러내고 있다." "이 글로벌 제국은 과거의 모든 문명을 무색하게 만들 수단을 갖추고 있다." 인간은 이제 '인생의 리더'이자 '그 자신의 생명을 비롯한 지구상에 존재하는 생명체의 조정자'이다.[11] 이 철학의 구호는 "우리는 이 우주에서 자력으로 존재한다. 모든 것은 우리가 하기 나름이다"이다.

'진화론적인 무신론적 인본주의'라는 세 단어 중에는 어느 것도 새로운 것은 없다. 진화론은 찰스 다윈이 시초였고, 무신론은 루크레티우스 같은 고대 로마 시인들을 거쳐 데모크리토스 같은 그리스 철학자들에게로 거슬러 올라간다. 그리고 현대적 형식의 인본주의는 르네상스와 피코 델라 미란돌라의 저작 이후로 서구의 강력한 한 축을 이루었다. 그러나 이 단어들을 새롭게 운명적으로 함께 엮은 것은 과학의 놀라운 진보, 특별히 유전공학과 급진적 형태의 사회구성주의 철학의 결합이었다.

사회구성주의는 다양한 사회 속에 함께 살아가면서 서로 공유한 믿음과 사상에 의해 우리가 형성되는 방식을 분석하고자 하는 이론이다. 그래서 우리는 모두 자신이 속한 사회가 공유하는 실재를 구성하는데 참여한다고 말할 수 있다. 다시 말해서 실재는 천성적으로 우리에게 주어지는 것이 아니라는 말이다. 여기에는 기독교인들이 이해하는 창조 질서 따위는 존재하지 않으며 유대인들이 생각하는 선과 악이 우주에 관한 객관적 사실이라는 의미의 신성한 존재론 따위도 존재하지 않는다. '실재'라고 생각하는 것을 이해하고 싶다면 그것은 언제나 이른바 실재이므로 늘 물음표를 붙여야 한다. 우리의 사고에 대한 사회적 맥락의 영향을 추적해야 하는 것이다. 이런 통찰은 물론 부분적으로 옳고 어느 정도 유효하다. 우리는 다른 사회적 환경의 영향을 받으므로 사물을 약간씩 달리 보는 것이 사실이다. 파스칼의 유명한 표현을 빌리자면 "피레네 산맥 이쪽에서는 합법이 저쪽에서는 불법이 된다."[12] 제대로 이해한다면 기독교 변증학의 중요한 접근 방식이 될 수 있다.

그러나 급진적 방식의 이 철학은 모든 인간 지식이 오직 사회적으로만 구성된다고 주장하고 있기에 매우 극단적이다. 그들의 주장에 따르면, 우리가 아는 지식은 사회적 맥락에 의해 철저히 영향을 받기 때문에 옳고 그름, 선악에 대한 모든 주장은 불합리할 뿐 아니라 부적절하다. 우리가 진리라고 하는 것은 단지 관습이나 사회적 구성의 문제일 뿐이다. 흔히 진리라고 인정되는 것은 우리가 참되고 자연스럽고 자명하다고 받아들이는 수준까지 공고화된 사회적으로 구성된 실재일 뿐이다. 이런 결론은 다음과 같은 면에서 지극히 파괴적이다. 먼저 어떤 것에 어떤 최종적 근원이 있음을 부정함으로 객관적 진리관을 약화시킨다. 그 누구에게든 어떤 것에든 핵심이 되는 객관적인 진리 혹은 실재는 존재하지 않는다. 거기에는 '거기가 없다.'

우리의 진리관과 실재관을 비롯해 우리가 아는 모든 것이 단지 사회적으로 구성된 것이라면, 우리가 실재라고 여기는 것은 언제나 인간적 고안물에 지나지 않는다. 즉, 인공적인 사회적 허구이거나 학술적 용어를 빌리자면 '가상의 실재'(imagined reality)에 불과하다. 그렇다고 이것이 거짓말이라는 것은 아니다. 거짓은 의도적으로 속이기 위한 것이기 때문이다. 우리는 모두 같은 게임을 하기로 합의를 보았다. 그러므로 그 게임을 즐기고 규칙을 지키는 한, 의도적으로 거짓말을 하는 것은 아니다. 단지 불신을 유예하고 있을 뿐이다. 그런 상상의 실재들은 그 실재의 근원이 어디인지, 그리고 구성된 과정이 어떠했는지 망각한 채 모두가 믿는 무의식적 허구라 할 수 있다. 그렇기에 사람들이 게임을 계속하는 한, 그것은 결과적으로 실재할 것이다. 인류학자 유발 하라리의 공유된 신화로서 종교에 대한 설명이 대표적이다.

> 이 중 어떤 것도 인간이 발명하고 서로 나누는 이야기를 벗어나 존재하지 않는다. 우주에는 인간의 공통된 상상을 벗어난 신이나 국가, 돈, 인간 권리, 법이나 정의는 없다.[13]

모든 상상의 위계질서가 스스로의 허구적 기원을 부정하고 자기 존

재를 당연하고 불가피하다고 주장하는 것이 바로 역사의 철권 통치에 해당한다.[14]

이 급진적 형식의 철학이 급진적 방식의 정치 전략에 동력을 제공한다는 점 역시 주목해야 할 중요한 사실이다. 사회적 허구의 정체를 폭로하는 것이 우리도 모르게 우리를 감금했던 사회적 구성의 실재에 의한 억압을 벗어 버릴 수 있는 방법이라고 보기 때문에 모든 기득권화된 진리를 공격하도록 부추긴다. 간단히 말해, 사회적 구성이라는 용어는 이제 전투태세를 갖추고 집합하라는 신호와 같다. 급진주의자들이 이 용어를 사용한다면 그것은 '전통과 오랜 생활 방식을 공격하라'는 공개적 선동의 약칭이다. 먼저, 하나님으로부터 벗어남으로 의미와 윤리, 결혼 생활이나 가족 같은 공고한 제도나 '남성'이나 '여성' 같은 '이항적 대립'처럼 모든 억압적 카테고리에서 해방되어야 한다. 둘째, 자연에서, 심지어 우리 자신의 본성이라 인식되었던 것에서 해방되어야 한다. 그래야 우리는 진정한 자유를 누릴 수 있다.

트랜스젠더리즘(transgenderism)은 이제 도를 넘어 '지나친 변화'를 낳을 성 혁명 국면이 될 것이 거의 확실하다. 지금 우리는 '대명사' 전쟁에 휩싸여 있다. '그'와 '그녀', '그것'이라는 대명사들이 '이성애 규범주의'로 우리를 결박시키는 '정체성 구속복' 역할을 한다는 성토가 빗발치고 있다. 우리는 고정된 정체성으로 억지로 떠밀리기는커녕 모두 다양한 성의 선택이 가능한 지점에 있으며 스스로를 '성적으로 유동적'(gender fluid) 존재로 이해하라는 부추김을 받는다. ("어떤 때는 내가 남성이면서 동시에 여성이라는 생각이 들고, 어떤 때는 두 용어가 다 싫다는 생각이 든다.") 동성애 권리를 위해 싸우는 LGBTQI(Lesbian, Gay, Bisexual, Transgeders, Queer, Intersex) 행동주의자들은 지금 여덟 가지 다른 대명사들을 제안하고 있다. 스스로를 여성도, 남성도 아니라고 보고 싶은 사람들에게는 Mr, Mrs, Miss 대신 경칭의 의미로 'mx'를 사용하자는 제안이 대표적이다.

사회구성주의라는 용어는 새롭지만 그 사상은 새롭지 않다. 예를 들어, 홉스의 「레비아단」은 이와 유사한 극단적 상대주의에 대해 옹호했다. ("그런 것은 절대 존재하지 않는다. 또한 선과 악의 모든 공통된 통치도 사물 자체의 본성에 기인한 것이 아니다.")[15] 루소 역시 동일한 시각을 견지했다. "자유로운 존재로 태어나지만 도처에 속박이 넘쳐"난다면 우리의 원시 자연 상태는 자유로웠지만 원시 상태에 추가된 모든 것은 인위적으로 구성된 것이다. 따라서 혁명을 부르짖는 이들은 이런 인위적인 것이 우리를 억압하는 것이라고 공격하며 우리의 원래 자유를 표출한다는 명목으로 짓밟을 명분을 갖는다.

오늘날 가장 명백한 사례는 성 혁명이다. 루소의 상속자들이 기치로 내건 핵심 원리는 '성이 생물학을 이긴다'는 것이다. 다시 말해서 생물학적 실재와 사물의 자연 질서는 문화적 강제나 수술을 통해서 최소화되어야 하는 반면, 성의 위치와 남성과 여성이라는 사회적으로 구성된 인식은 행동주의자들이 원하는 방향이 무엇이든 그 방향으로 나아가야 한다는 것이다. 그들은 사회적으로 구성된 것은 스스로 인지하지 못하는 감옥이므로 당연히 다양한 해방 운동으로 그 억압하는 것을 모두 해체해야 한다고 말한다. 그 첫 해체 대상이 남성과 여성 같은 기초적 구분과 범주들이다. 이런 것들이 모두 해체되어야만 진보주의자들은 LGBTQI 운동의 확장 부분에 걸맞은 혁명적 신세계를 세울 수 있다.

이런 식으로 오늘날의 사회구성주의자들은 결혼과 가정을 해체하고 그들의 책임을 국가와 시장에 떠넘기는 일에 착수하고 있다. 국가도, 시장도 그들을 다루기에 역부족이다. 그들은 지금 역사상 최악의 사회 혁명 중 하나가 될 일을 촉발시키고 있다.

오늘날의 성 혁명 담론은 정치적 혁명 담론을 훨씬 능가하고 있다. 하지만 국가의 정치 질서 역시 동일한 급진적 해체 작업을 강제당할 수 있고, 동일한 파괴적 결과를 야기할 수 있다. 무엇보다 그들은 정치적 신념이 객관적 진리나 정의의 문제가 아니라고 본다. 그런 신념은 객관적 타당성이 없는 '공유된 신화'로서 그 강력한 영향력으로 인해 사회적 힘을 행사한다(여전히 공유되고 있다는 세간의 믿음이 있는 한). 물론 우리는 그런 오만한 분석의 결말을 알고 있다. 무엇보다 우리는 그리스인들과 로마인들 같이 아테나와 주피터 신화가 있는 고대 문화에 이것을 적용하는 오만을 저질렀다. 그러나 이제 우리가 그 분석 대상이 되고 있고, 겨우 명맥을 유지하는 서구 문명에 치명적인 방법으로 그 작업이 진행되고 있다.

예를 들어, 영국 대헌장, 미국 독립선언문, 미국 헌법, 세계 인권 선언과 같은 중요한 근간이 되는 선언문들의 의미는 무엇인가? 사람들은 토마스 제퍼슨의 '자명한' 진리들뿐 아니라 각 선언문 역시 진리와 순수한 객관적 이상의 문제라 오해해서는 안 된다고 말한다. 이런 것들은 단순히 영국이나 미국, 세계의 수백, 수억 명의 현대 시민들의 '협력용 매뉴얼'에 불과하다. 이 매뉴얼이 있으면 '더 원활한 협력을 이끌어내는데' 도움이 된다. 이런 공유된 신화 말고 달리 어떤 방법으로 수많은 사람들의 효과적인 협력을 이끌어낼 수 있겠는가? 공유된 신화를 더 이상 믿지 않거나 그에 대한 사람들의 믿음을 묵살한다면, 황폐하게 버려진 제우스의 신전들과 마르크스의 짓밟힌 동상과 이데올로기들의 신화처럼 그것은 더 이상 지속되지 못할 것이다.

지금 서구 사회가 꺾인 꽃처럼 위기에 봉착했다는 사실은 부인할 수 없을 정도로 분명하다. 자연 질서는 우주 자체처럼 언제나 자연적이고 안정되고 요동함이 없어 보이지만 '창작된 질서'는 언제나 회의론자의 공격 대상이 된다. 가령 독립선언문을 진화론적 인본주의 담론에 어울리는 용어로 번역해보자. 그럴 때 '평등하게 창조된', '부여된', '창조주', '양도할 수 없는 권리', '자유'와 같은 핵심 용어들에 어떤 일이 생기겠는가? 유발 하라리의 번역을 보자.

생물학에 따르면 인간은 '창조된' 것이 아니다. 인간은 진화되었다. 그리고 분명히 '동등한' 존재로 진화되지 않았다. 평등 개념은 창조 개념과 불가분의 관계가 있다. 미국인들은 기독교에서 평등 개념을 도입했다. 기독교는 모든 인간에게 하나님이 직접 창조한 영혼이 있고 모든 사람은 하나님 앞에서 동등하다고 주장한다. 그러나 하나님과 창조와 영혼에 대한 기독교적 신화를 믿지 않는다면, 모든 사람이 '동등하게' 창조되었다는 것이 무슨 의미를 지니겠는가? 진화는 동등이 아니라 차이에 근거한다. 모든 인간은 조금씩 다른 유전자 암호를 지니며 출생할 때부터 다른 환경적 상황에 노출된다. 이 때문에 상이한 생존 기회를 지닌 다른 특성들이 개발된다. 그러므로 '평등하게 창조되었다'는 것은 '다르게 진화되었다'로 번역되어야 한다.[16]

전혀 희석되지 않은 응축된 형태의 사회구성주의 철학은 오늘날 쉽게 용인되는 해로운 사상들로 뒤범벅되어 있다. 이 진영의 행동주의자들은 "모든 것은 마음에 있다"고 말한다. 하지만 이 말의 의미는 누군가의 머리에 어떤 대안이 있다는 뜻이고, 그들과 다른 대안을 생각하고 있는지 스스로 경계하며 살펴보아야 한다는 말이다. 특별히 여기서 비롯된 다음 세 가지 구호는 발전된 현대 세계의 두드러진 사고 방식의 일부를 형성한다. 그리고 앞에서 소개한 두 흐름의 파괴적인 요인들과 더불어 현대적 암흑의 핵심을 확실히 보여 주는 특징으로 인식된다. 즉, 자명한 진리도, 법칙도, 한계도 없다(no givens, no rules, no limits).

첫째, 인간의 삶에는 자명한 진리가 없다(그리고 신적인 창조 질서나 자연적 도덕 질서도 당연히 없다). 따라서 참과 거짓, 선과 악, 남성과 여성 같은 범주들은 상대적이고 전적으로 개인의 시각에 따라 결정된다. 모든 것이 사회적으로 구성되며 모든 것이 허용된다.

둘째, 인간관계에 법칙이란 없다(따라서 십계명, 황금률이나 은률, 자연법은 없다). 모든 것이 사회적으로 구성된다.

셋째, 인간의 노력에는 한계란 없다. 충분한 시간과 함께 독창성이 발휘된다면 인간은 모든 것을 사회적으로 구성할 수 있다. 이들에 의하면 미래 예측이 아니라 미래의 발명이 도전 과제라고 한다. (한 실리콘 밸리 연구원은 "백만 년 동안 살 수 있냐고요? 가능하다면 안 될 이유가 어디 있겠습니까?"라고 말했다.)

분명히 이 세 구호는 유대교와 기독교 신앙의 근간이 되는 윤리를 고의적으로 경멸하고, 서구 문명의 근원적 체제를 철저히 유린하고자 하는 의도를 담고 있다. 유대교와 기독교 신앙은 서구의 실제적 믿음으로, 그 핵심 장점은 실제로 자명한 진리가 있다는 전제에 있다. 우주에는 선과 악, 참과 거짓, 남성과 여성을 비롯해 창조 질서가 있다. 환경적 생태가 있듯이 윤리적 사회적 생태도 있다. 우리가 이 질서를 존중하면 두루 번영의 축복을 누릴 것이고, 거부하면 심각한 혼란과 재앙이 내릴 것이다. 간단히 말해, 열역학 제 2법칙에 해당하는 윤리적 법칙이 있다는 것이다. 모든 체제와 제도가 그렇듯 국가와 문명은 시간이 지나면 힘을 상실하게 된다. 그리고 부단한 혁신과 자가 설계가 가능한 영속적 성장이라는 개념은 신기루에 지나지 않는다. 그러므로 사회구성주의는 반유대적, 반기독교적, 반서구적 사고방식이자 궁극적으로는 반인류적 사고방식이다.

서로 공개적이고 확실한 시합을 시작해 보도록 하자. 유대교와 기독교 신앙의 윤리적 지혜는 언제든지 논박을 받아들일 준비가 되어 있다. 앞으로 올 세대에서 미국과 서구 세계가 사회구성주의라는 허구적, 혹은 창작된 윤리 아래서 번영할 수 있다면, 유대교와 기독교 신앙은 틀린 것임이 증명될 것이다. 그러나 이 믿음이 맞고 창조 질서가 실재하며 그 윤리적 기준들이 타당하다면, 미국은 번영하지 못할 것이다. 또한 불순종과 타락의 상관성이 백일 하에 입증될 것이다. 아마도 그것은 폭력과 성적 혼란의 급증으로 표출될 가능성이 높다. 히브리인들의 성경과 기독교인들의 성경은 개인적 성실함과 공공 질서가 정의롭고 자유롭고 안정된 인간 사회를 염원하는 이들의 사치품이 아닌 필수품으로 본다. 그러므로 하나님의 뜻을 공공연히 모독하는 행위는 서구 국가의 사회적이고 국가적인 파멸의 지름길이 될 것이다.

유일한 구원의 길은 무엇인가

이런 사회구성주의적 구호의 정신을 표명하거나 그 구호들의 작동을 이끄는 사람들의 말을 듣는 사람은 조만간 드러날 논의의 긴장을 놓칠 수 없을 것이다. 인간이 그런 거대한 과제를 감당할 수 있겠는가? 니체가 지적한 대로 인간이 '모두 너무나 인간적'이라는 점이 드러난다면, 그리고 인간 본성에 결함이 있음이 인정된다면, 어떻게 그것을 극복할 수 있겠는가? 한편으로는 온건한 낙관론자들도 있다. 그들은 하나님이 존재하지 않음이 확실하므로 모든 일을 스스로의 힘으로 감당해야 한다고 말한다. 그러나 지금까지의 역사를 보면 인간이 이기심과 폭력의 파괴적 결과를 벗어날 수 없음을 여실히 알 수 있다.

그래서 아우렐리오 페체이는 과장된 종교적 언어를 빌려 우리에게 필요한 것은 '구속적 인본주의'라고 표현한다. "오직 새로운 인본주의만이 인간의 그런 변화를 도모하여 새롭게 맡게 될 책무에 맞는 자질과 능력을 향상시킬 수 있다." 이것이 그가 말하는 유일한 '구원에 이르는 길'이다.[17] "구원의 유일한 길이 인간 혁명에 있음을 우리가 분명히 이해하지 못한다면, 인간의 곤경을 되돌릴 실제적인 해결책은 없다. 이 혁명으로 우리는 새로운 인본주의로 준비 작업을 한 후, 새로운 인간적 자질의 개발로 나아갈 수 있다."[18] 구속적 인본주의? 구원에 이르는 길? 인간 혁명? 새로운 인간적 자질? 이런 각각의 용어가 무슨 의미인지, 그리고 어떻게 이것을 실현하겠다는 것인지 알겠는가? 페치오가 이런 모호한 용어들을 차례로 소개하고 설명하려는 족족 이것들은 모두 안개 속으로 흩어져 버린다. 그의 비전의 실현을 위해 필요한 믿음의 도약과 비교하면 그랜드 캐니언을 뛰어넘는 것은 마치 공원의 산책처럼 가볍게 보인다.

또 다른 한편으로는 그런 어쭙잖은 제안을 인정하지 않는 극단적 사회구성주의자들도 있다. 그들에게는 자명한 진리도, 법칙도, 한계도 절대 있어서는 안 된다. "생물학은 가능한데 문화적으로 금기시된다"고 판단되면 문화를 제지시키고, 생물학과 과학이 아무 방해를 받지 않도록 해야 한다. 일단 멈춘 후 도덕적 휴식을 갖고 집을 정돈하도록 하자는 '과학기술의 모라토리엄' 담론을 들어본 적 있는가? 그런 생각은 어리석은 생각이라 재고할 가치도 없다. 자연계를 장애물로 보는 시각은 도대체 어디서 연유했는가? 피조 세계를 자연스럽다고 보는 사상을 도입한 이들은 유대인과 기독교인들(스토아학파도 포함)이었고 그들의 사상이 폐기되지 않는 한 자연에 대한 사상도 폐기될 수 없다.

그렇다면 이런 지적을 과학에 대한 공격으로 해석해야 하는가? 제대로 이해하면 과학은 하나님이 인류에게 주신 가장 좋은 선물 중 하나이다. 아이작 뉴턴과 수많은 위대한 과학자들의 생생한 믿음이 이 사실을 분명히 증거한다. 그러나 과학은 주로 '이유'가 아닌 '방법'을 탐색하는 학문이다. 우리에게 우주에 대한 점점 더 많은 사실들을 알려 주지, 그 사실들의 의미를 알려 주지는 않는다. 크리스토퍼 도슨이 지적한 대로 과학의 역사는 단순히 지속적인 발전의 역사가 아니다. "바벨론, 그리스, 이슬람, 기독교 등 문화마다 과학은 다른 형식을 지니며, 한 문화가 그 문화의 정신과 일치하는 과학적 이상을 창출해야만 과학적 결실을 맺는다."[19] 다시 말해서 미래의 문제는 과학 자체가 아니라, 신(neo) 바벨탑인 사회구성주의자의 현대적 무신론의 정신에 있다. 처칠이 말한 대로 '사악한 과학의 더 음울하고, 더 기나긴 암흑시대의 심연'[20]이 도래할 수도 있다.

사회구성주의가 천명하는 주장은 분명하다. 우리가 하지 않으면 누군가 할 것이다. 할 수 있는 일이라면 이루어질 것이다. 지금 가능한 일은 무엇이든 당연하며 따라서 할 수 있어야 한다. 진화는 몰가치적이며 판단할 상위 기준이 없다. 그러므로 생명은 어떤 목적을 위해서든 사용 가능하다. 진화의 의도된 진보와 적자생존이 진척되는 한 생명의 고유한 기능과 완전히 달라져도 상관이 없다. 그리고 마지막 수단으로 언제나 대안은 없다는 '티나 카드'(TINA card, there is no alternative)가 있다. 필연성이라는 승인을 받은 진보는 거스를 수 없다.

무신론자들은 공포심이 신을 만들었다고 말한다. 두려움이 사라지면 하나님 없는 미래를 향한 길이 대낮처럼 밝아질 것이라고 말한다. 그러나 이런 입장을 선택한 사람들은 과학적 진보에 걸림돌이 되면 윤리조차 외면할 것이다. 심리학자 스티븐 핑커는 늘어난 인간 수명, 여러 불치병의 극복, 모든 종류의 조기 사망의 감소와 해결 같은 눈부신 미래를 전망하며 대놓고 말한다. 과학의 진보를 위협하는 최대의 적은 윤리학이다라고 말이다. "이런 잠재적 노다지를 생각한다면, 오늘날 생명 윤리의 가장 중요한 도덕적 목표는 단 한 문장으로 요약할 수 있다. '방해하지 말고 나가'."[21]

방해가 되는 윤리학 따위는 버리자고? 진화론적 인본주의의 이야기는 사실 과학자 왕들과 그 신도들도 신중하게 접근한다. 이 이야기는 순전히 우연에 근거해 시작하고 이따금 전개될 뿐이다. 이야기가 전개되긴 하지만 다른 종의 전면적 멸종뿐 아니라 인간 종족에 대한 압제와 무시무시한 살육이라는 통행료도 부과된다. 그들의 승리는 종종 진실이 아닌 거짓과 기만에 기대어 얻은 것에 불과하다. 그리고 그 끝에는 인간 종족과 지구의 잠재적 파멸이라는 악령이 기다리고 있다. 그러나 이와 상관없이 이 이야기로 무장한 진화론적 인본주의자들은 과거 일과 전혀 무관한 것처럼, 그리고 더 나은 미래가 기다리고 있는 것처럼 그들만의 용감한 신세계를 향해 다시 출발하고 있다.

자유주의적 인본주의와 사회주의적 인본주의는 유대교 신앙과 기독교 신앙에 기생한다는 혐의로 인해 미래를 향한 경주에서 크게 뒤처진 상태이다. 그러나 진화론적 인본주의는 이에 대해 조금도 거리낌이 없다. 그들은 조만간 과거의 자유주의적 원리들과 결별할지 모른다. 윤리학과 여러 모라토리엄에 대한 담론을 거부하고, 우생학과 같은 미심쩍고 수상한 과거의 실험을 다시 재개할 수도 있다. 그들은 우주의 정복자로서 이제 미래를 정복하려 나서고 있다. 만물 이론으로 무장한 그들의 최종 목표는 만물의 정복이다.

인류의 빈곤과 질병의 종식? 완벽에 가까운 의료 기술? 생체 공학? 두 배로 늘어난 수명? 네안데르탈인의 부활? 죽음 자체의 정복? 현재 우리보다 더 놀라운 지능을 가진 포스트 휴먼을 창조하고 지구의 문제를 해결할 슈퍼마인드를 설계할 수 있다면 인류 살해는 명예로운 일이라고? 하나님의 창조와 같은 '지적 설계'에 대해서는 알레르기 반응을 보이는 진화론적 인본주의자들이, 40억 년에 걸친 무작위적 자연 선택이라고 생각하는 자리에 그들 스스로 만든 새롭고 개선된 지적 설계를 내세우려고 하는 오만함을 보이다니 아이러니하지 않을 수 없다.

만물의 끝에는 특이점이 있다. 물리학자들은 빅뱅을 우리가 지금 아는 모든 자연 법칙이 존재하지 않았던 특이점이라고 생각한다. 그러나 진화론적 인본주의자들은 시간의 시작에 관한 이 개념을 역사의 마지막에 적용한다. "우리는 새로운 특이점을 향해 빠르게 이동하고 있는지 모른다. 그때는 우리 세계에 의미를 부여하는 모든 개념들, 가령 나와 너, 남자와 여자, 사랑과 증오 같은 모든 개념의 의미가 없어질 것이다. 그 특이점 이후에 생길 모든 일은 우리에게 아무 의미가 없을 것이다."[22]

프랑스 시인 폴 발레리는 이런 태도를 지닌 사람들에게 한 가지 엄중한 질문을 던졌다. 인간 지성이 창조한 세계를 인간 지성 스스로 정복할 수 있는가? 존 폰 노이만이 예견한 대로 우리는 우리가 스스로 족쇄를 풀어 준 과학 기술에 맞서 무방비 상태가 될 것인가? 그래서 일찍이 자연 재해의 힘이 그랬던 것처럼 우리를 압도할 것인가? 지그문트 바우만이 궁금해 한 것처럼 우리 손으로 만든 슈퍼머신들이 지적 능력과 독립성을 확보해서 비인간적 힘으로 변모할 것인가? 그래서 인간 자유와 책임이 주는 우리의 부담이 사라질 것인가? 종교를 신화라고 거부하는 진화론적 인본주의자들이 "미노타우르스를 죽이고 스스로 미로 한가운데 있는 괴물이 되는 비난을 감내하려" 하겠는가?[23] 1966년 〈슈피겔〉(Der Spiegel)지와의 마지막 인터뷰에서 철학자 마틴 하이데거는 과학기술의 미로에서 헤매는 인간의 처지를 되짚으며 이렇게 탄식했다. "오직 신만이 우리를 구원할 수 있다."[24]

우주의 신비로운 조화와 대비되는 인간 역사의 처참함을 생각하면, 오직 맹신적 신도만이 하나님의 설계에 맞서 인간이 설계하는 미래의 가능성을 확신할 것이다. 그러나 진화론적 인본주의자들은 "두려움을 버리라. 그러면 우리가 '머지않아 신의 반열에 올라설 것'"이라고 추임새를 넣는다. 바야흐로 인간은 신이 된 동물이자 '영원한 젊음뿐 아니라 창조와 파괴의 신적 능력을 획득할 채비가 된'[25] 신이 될 것이다. 니체는 「차라투스타라는 이렇게 말했다」에서 "신이 있다면, 어찌 신이 아닌 상태를 참을 수 있겠는가"라고 솔직하게 말했다. 그러나 신은 천상을 공격한 뒤에야 비로소 지상의 신이 될 수 있다. 그런 까닭에 그의 전투 구호는 '오직 지상만을'이 되었고 다음과 같이 호출 명령을 내렸다. "형제들이여, 그대들에게 명하나니 지상에 끝까지 충성하라. 천상의 모래 속으로 머리를 내밀지 말라 … 지상에 죄를 짓는다면 그것은 가장 사악한 범죄가 될 것이다."[26]

종말이 도래하기 전인 이 '중간기'에, 불안, 탄식, 자랑, 끈질기게 우리를 괴롭히는 질문들이 날로 늘어가고 새로운 과학 기술이 기하급수적으로 발달할수록, 그런 일들은 지금과 비교할 수 없을 정도로 훨씬 더 수위가 높아질 것이다. 그러나 궁극적으로 중요한 한 가지 질문이 있다. "하나님이 이 모든 것을 어떻게 생각하시느냐" 하는 것이다. 윈스턴 처칠은 그의 마지막 연설에서 핵 위기를 고민하며 반문했다. "하나님이 인간에게 싫증이 나면 어떻게 될까?"라고 말이다.[27] 실제로 인간 제국이 초래한 진퇴양난은 바벨탑에서 생긴 진퇴양난과 흡사하다. 두 경우 모두 인간은 하나님이 말씀하시기 전에 자신들의 곤경을 알아차렸다. 발전된 현대 인본주의자들은 그 오만을 과시하며 고대 경쟁자들에 뒤질세라 반역에 몰두하고 있다. 온갖 뇌세포와 신경을 쥐어짜 그들의 프로젝트와 자신의 이름을 내고자 골몰하고 있다. 그러나 그들은 도무지 만족을 모르는 성공의 욕망에 사로잡혀 위험한 질주를 벌이고 있다. 오직 끊임없는 성공만이 그들로 인류와 지상에 가해지는 괴로움과 스트레스를 외면하도록 할 것이다.

예수님을 따른다는 우리는 어떠한가? 하나님의 뜻이 명명백백하게 드러나길 기다리며 우리가 해야 할 일은 무엇인가? 우리는 말씀과 심판에 끼여 살아가는 '중간기'에 있다. 그러므로 우리가 할 일은 암흑의 핵심과 끊임없이 싸우되, 절대 그 어둔 마력에 빠져들지 않고 기다리며 주시하는 것이다.

기도 하나님 아버지, 주님은 시간과 공간의 창조자이시며 주권자이시고 우리의 반석과 피난처이시며 우리 삶의 중심이 되십니다. 주님의 창조 질서 안에 우리를 억압하지 않으시고 선한 삶을 살아가도록 굳건한 반석이 되어 주시니 감사드립니다. 주님의 뜻과 길이 우리의 자유와 성취의 견고한 지침이 되게 해주시니 감사드립니다. 덧없이 지나가는 이 세상에서 우리의 마음은 오직 주님 안에서 안식할 수 있고, 우리의 집은 본향을 향해 가는 여정에서 잠시 머무르는 곳에 지나지 않습니다. 스스로 선택한 자유라는 기만과 산산이 부서진 꿈으로 인해 낙담한 이 세대에서 오직 주님만을 붙들게 해주시고, 생명에 이르는 가장 확실하고 아름다운 길인 주님 안에서 쉼을 누리게 하옵소서. 예수 그리스도의 이름으로 기도드립니다. 아멘.

묵상하고 나누기

1 액튼 경은 종교를 '역사의 열쇠'라고 불렀다. 당신이 속한 국가의 역사에서는 신앙이 어떤 결정적 역할을 해왔는가? 신앙의 역할이 축소되거나 순전히 사적인 신앙이 될 때 어떤 결과가 있으리라 예상하는가?

2 '유동하는' 현대 생활이란 무슨 뜻인가? 이 '액화' 현상에 대해 소개할 수 있는 사례가 있다면 무엇인가?

3 인생의 모든 것을 사회적으로 구성된 것으로 볼 때 어떤 일이 생기는가? 이런 주장을 어떻게 반박할 수 있는가?

제5장

아멘이 없는 삶

수세기 동안 이어온 무신론자들과의 싸움 속에서 양측이 휴전을 선언하고 인류의 공동선을 위해 함께 협력할 수 있을지는 아직 가능성의 문제로 남아 있다. 이것은 인류의 미래를 결정지을 중요한 문제이다

위르겐 하버마스는 세계에서 가장 영향력 있는 지성인 중 한 명이자 유럽에서 가장 중요한 세속주의 사상가로 인정을 받는다. 2008년 "놓치고 있는 것에 대한 자각"(An Awareness of What Is Missing)이라는 흥미진진한 소논문에서 그는 1991년 4월 취리히의 성 피터 교회에서 친구 막스 프리쉬를 위한 추모식에 참석한 날을 소개한다. 프리쉬는 스위스 작가이자 극작가로 무신론자였다. 그는 자신의 장례식 절차를 꼼꼼하게 유언으로 남겼다. 파트너인 칼린 필리오드가 고인이 남긴 메시지를 대독했고, 다른 두 친구가 고인과 관련된 추억담을 발표했다. 그러나 고인의 뜻에 따라 장례식을 주관하는 목사, 축복 기도, 종교적 의식은 일체 생략되었다. 특히, 프리쉬의 유언대로 전체 절차가 '아멘' 없이 진행되었다.

하버마스는 거의 20년이 흐른 뒤에야 그 글을 쓰면서 당시에는 잘 몰랐는데 세월이 흐르면서 그 장례식이 점점 더 이상하게 생각되었다고 술회했다. "무신론자로서 모든 신앙 고백을 거부했던 막스 프리쉬는 종교 의식이 생략된 그 장례식이 자연스럽지 않다는 것을 분명히 알았다. 그리고 그는 교회를 장례식 장소로 선정함으로써 인생을 마감하는 마지막 통과 의례에서 종교적 방식을 대체할 적절한 대체물을 찾아내는데 실패했음을 공개적으로 선언했다."[1] '할렐루야'와 더불어 '아멘'은 세계에서 거의 보편적으로 사용되는 단어이다. 그에게는 "주님, 그렇게 되소서"라는 이 구절에 담긴 암묵적 기도를 생략한다면 인간 삶의 무엇인가가 결여된 것이라는 자각이 분명 있었다. 적어도 무신론적 관점에서 볼 때 그렇다는 말이다.

하버마스는 이 사건을 계기로 축의 시대부터 현대에 이르는 사상사를 추적한 후 이렇게 주장했다. "종교 사상과 세속적 사상 간에는 메울 수 없는 간극이 드리워져 있지만, 세계의 종교들은 '결코 소진되지 않는 세력'을 형성하고 있다." 이것은 세속주의 비판가들이 생각하는 것 이상으로 종교가 존재하는 이유가 분명히 더 있다는 뜻이었다. 그는 "그런 종교가 인간에게 무엇을 선사했는가?"라고 질문했다. 무엇이 종교에 영향력을 갖도록 했는가? 그는 종교의 영향력이 '연대감', 혹은 '도덕적 완전성'이라는 의식, 즉 '지상의 하나님 나라 사상'에 대한 그들의 호소 때문이라고 믿었다. 그러므로 종교는 가치가 있었다. "오늘날 종교 전통들은 우리 생활에 결여된 것을 자각하게 하는 기능을 수행한다."[2]

2001년 하버마스는 프랑크푸르트에서 저술가 평화상을 수상한 후 수상 소감으로 짧은 연설을 했다. 이 연설은 그가 종교의 역할을 강조했다는 점에서 유명하다. 이것을 시초로 그 후 몇 년 동안 그는 여러 연설을 통해 종교를 거론했다. 당시 요제프 라칭거 추기경이자 후에 교황 베네딕트 16세가 쓴 책의 추천사도 여기에 포함된다. 그의 이런 명백한 사유의 전환은 광범위한 논평을 촉발했다. 하버마스가 빛을 본 것인가? 선도적인 한 무신론자의 의미 있는 심경 변화인가? 아니면 지적인 회심의 증거인가? 오래된 세속주의 우군들과 결별을 선택한 것인가? 하버마스는 언제나 한결같이 개인적 신앙에 대해 한 번도 관심을 보인 적이 없었다. 그렇다면 왜 이렇게 갑작스럽게 종교에 새로운 관심을 갖게 되었다는 말인가?

적어도 하버마스의 소논문은 무신론이 가진 핵심적인 결함을 이례적으로 인정하고 있다. 그리고 이런 인식은 거기에만 국한되지 않는다. 그 소논문이 아니더라도 이후의 연설과 저작들은 공적 영역에서 종교적 목소리의 필요성을 긍정적으로 인식하고 있음을 보여 준다. 공적 영역과 나아가 다른 공론장에서 종교의 목소리를 배제하는 것은 민주주의 사회에 비자유주의적 처사이자 자멸을 자초하는 행위나 마찬가지다. 분명 이 두 논점은 종교를 전면적으로 거부하는 적대적이고 냉소적인 수많은 서구 무신론자들의 입장과 배치된다. 혹자들은 하버마스가 세속 사회만으로는 안 된다는 것을 거의 인정하게 되었다고 말했다. 최소한 그의 전향적 태도로 인해 그리스도인들과 무신론자들 간에 과거보다 훨씬 더 건설적인 대화의 문이 열린 것은 분명하다.

공공 생활에서 '신앙의 목소리'에 허락된 합법적 공간이 존재하는가? 진정한 자유주의 무신론자들은 목소리 큰 소수의 일파들이 만인에게 허락된 포괄적 자유의 큰 장애물로 작용할 때, 어떻게 신앙의 목소리가 합법적 발언권을 얻도록 도울 수 있는가? 물론 그리스도인들 중 일부가 상대 진영에 그런 장애물로 작용할 때도 적지 않다. 신앙적 주장과 세계관의 중요한 차이에 대한 그리스도인들과 무신론자들 사이에 생산적인 대화가 가능할까? 서로의 차이로 인한 사회적 결과들이 서구 사회 자체에 심각한 차이를 낳기 시작하는 지금, 우리는 어떻게 그 차이들과 타협할 수 있는가?

우리 시대의 총체적 도전에 비하면 이런 문제들은 사소한 문제로 보일지 모른다. 그러나 지금 무신론자들과 그리스도인들이 서로를 향해 품은 적대감과 의심을 생각하면 결코 사소하지 않다. 많은 무신론자들이 그리스도인들을 싸잡아 편협하다고 비난하고, 맹목적으로 하나님을 믿고 무지에 사로잡혀 모든 진보를 거부하는 수구적 광신자라고 생각한다. 그리고 많은 그리스도인들이 무신론과 무신론자들을 신앙의 철천지 원수처럼, 서구의 기독교적 유산을 뻔뻔하게 강탈해 간 강도처럼 생각한다. 그래서 그리스도인 중에는 무신론자들을 악의 하수인인 양 매도하고, 기독교 후기 시대의 모든 병폐와 문제가 그들 탓이라고 몰아가는 이들도 있다.

BBC 다큐멘터리 리포터 매덜린 머레이 오헤어와의 만만치 않았던 인터뷰는 결코 잊지 못할 경험이었다. 그동안 여러 유명한 무신론자들과 불가지론자들을 만나 꽤 깊이 있는 대화를 나누었는데 그들 중에 버트란드 러셀, 아놀드 토인비, A.J. 에이어와 크리스토퍼 히친스와의 만남이 강렬한 기억으로 남는다. 그러므로 단언컨대 무신론과 유대교, 기독교 신앙 사이의 근본적인 갈등을 무시할 수는 없다.

첫째, 무신론은 서구 세계의 영혼이자 서구 문화의 결정적 목소리가 되고자 하는 격렬한 싸움의 선두에 선 기독교 신앙의 경쟁자이다. 그것은 동시에 유대교와 기독교 신앙의 타도를 외친다.

둘째, 무신론은 서구 사회, 특히 대학과 언론, 미디어의 지배 엘리트로 자처하는 이들의 지배적 세계관이다.

셋째, 신 무신론을 가장한 기독교 신앙과 그리스도인들에 대한 무신론자의 공격은 종종 악의적이고 가혹하리만큼 무자비하다. (니체: "하나님에 대한 기독교적 개념은 지상에 소개된 가장 부패한 신개념 중 하나이다." 도킨스: "구약의 하나님은 모든 소설에서 가장 불쾌한 인물임이 분명하다. 여성과 동성애를 혐오하고 인종차별주의자에 유아 살해자, 대량 학살자, 자식 살해자, 과대망상에 변덕스럽기 그지없는 악당이다.")[3]

넷째, 무신론자들은 엄격한 분리주의자의 이름으로 공론장과 공적 생활에서 종교의 목소리를 완전히 몰아내고자 일종의 초토화 작전을 시도한다. 그들에게 종교의 자유는 종교인들을 위한 자유가 아니라 '종교로부터의 자유'이다.

다섯째, 무신론은 가장 강력한 반기독교 사회 운동 진영의 소위

돌격 부대가 내세우는 기본 철학이다. 성 혁명 행동주의자들이 대표적이다.

여섯째, 서구 민주주의의 부패가 더 심화된다면, 부패하고 자유 없는 자유주의가 자유주의 이후 세속 허무주의(secular hihilism)로 타락할 가능성이 높다. 이런 세속 허무주의는 장차 지난 세기의 위험한 이데올로기들과 진배없는 역할을 할 것이다.

일곱째, 현대적 형식의 무신론은 후기 기독교적(post-christian)일 뿐 아니라 탈 기독교적(ex-christian)이다. 이전의 이슬람이나 보다 최근의 동성애 운동이 그랬던 것처럼 무신론은 종종 기독교 신앙과 교회를 향해 특별한 증오심을 드러낸다. 그 기원이 탈 기독교적이기에 생긴 쓴 열매임이 분명하다.

마지막으로, 강경한 무신론은 하나님께 대항하는 인간 반역의 가장 강력한 표현이다. 오리겐에서 도스토엡스키에 이르는 기독교 사상가들이 지적하듯이 무신론은 하나님 대신 인간 자아를 숭배하는 궁극의 예배라 할 수 있다. 도스토엡스키의 「미성년」에서 마카르 이바노비치가 선언한 대로 "인간은 누군가를 숭배하지 않고 존재할 수 없다. 그런 인간은 자신을 감당할 수 없고 자신을 감당할 사람은 한 사람도 없다. 하나님을 거부하는 사람은 나무나 황금으로 만든 우상이든 정신적 우상이든 우상에게 무릎을 꿇을 것이다 … 그런 사람들은 무신론자가 아니라 모두 우상숭배자이다. 그들이 그렇게 불리어야 하는 까닭이 그것이다."[4]

눈을 크게 뜨고 누구도 내 말을 다르게 오해하지 말기 바란다. 진보 세속주의는 니체의 선동에 동조해 하나님을 살해하고 서구 사회를 이교도가 득세하던 기독교 이전 세계로 되돌리고자 하는 자들에게 철학적 동력을 제공한다. 이 말이 극단적이라 생각되면, 에피쿠로스와 루크레티우스 같은 고대 철학자들과의 관계를 떠들썩하게 주장하는 오늘날의 세태나 성 개방성, 간음, 쉬운 이혼, 낙태, 동성애, 안락사 같은 진보 세속주의의 사회적 윤리적 '전리품들'을 생각해 보라. 이런 특징들은 하나같이 로마인들이 정상적으로 수용했고, 초대교회가 악이라 싸웠던 세계의 특징이다. 특별히 1935년 크리스토퍼 도슨이 경고한 '전체주의적 민주주의'의 출현 가능성을 생각해 보라.[5] 중세 교회가 국가의 역할을 자임하고 하나님의 도성과 인간의 도성을 혼동한 실수를 저지른 것은 재앙이나 마찬가지였다. 그러나 세속 세계가 국가를 접수하고 나아가 세속 세계와 국가가 합세해 교회와 전체 종교의 역할을 차지해 인간의 도성이 하나님의 도성을 접수하고 종교를 국가의 한 부서로 취급한다면 이는 비교할 수 없는 무서운 재앙이 될 것이다. 도슨은 이렇게 결론을 내렸다.

> 교회의 진짜 적은 국가가 아니라 세상이다. 말하자면 하나님을 인간 삶에서 배제하고 그 스스로의 권력과 부를 신성시하는 닫힌 체계로 인식되는 세속 문명이 진짜 적이다. 지금 이 세계정신은 그 어느 때보다 강력하다. 점점 스스로를 자각하며 국가를 흡수하고 인간 생활

의 보편적 질서로 군림하고자 하는 징후를 보인다. 적그리스도의 왕국이 될 교회 국가(Church-State)가 되려는 것이다.[6]

세계적으로 전체 무신론자들의 수가 미미할지라도 그들의 철학, 사회적 위치, 장기적 비전과 전략, 태도 측면에서 보면 그들의 영향력은 상대적으로 엄청나다. 앞 장에서 지적한 대로 주후 4세기가 이교 신앙과 기독교 신앙의 전환이었다면, 20세기 중반에서 21세기 중반은 기독교 신앙과 신 이교도 신앙의 전환기에 해당한다. 아직 이교도 신앙으로 주도권이 완전히 넘어가지 않아서 우리 그리스도인들은 후자의 주장을 인정하지 않는다. 그러나 기독교 신앙과 서구 사회의 유익을 위해 무신론자들과 싸우지 않는다면 비극적인 실수가 될 것이다. 특별히 다음 세 가지 이유가 있다.

불안한 마음

무신론자들을 더 배려해야 하는 중요한 이유는 그리스도의 사랑 때문이다. 우리는 세속주의자의 철학이 매우 부적절하다고 믿는다. 그리고 그 화살은 결국 그들 자신에게 돌아갈 것이다. 그들은 부득불이 사실을 인정할 수밖에 없다. 사실 우주와 인생의 의미에 대한 세속주의적 시각은 너무 협소하고 이런 주제에 대해 생각할 충분한 여력도 가지고 있지 않다. 그들은 인생의 범위를 지나치게 축소하고 제외시킨다. 그러므로 무신론은 언제나 축소가 진행되고 무신론자들의 마음은 '더 많은 것'을 갈구한다. 하버마스의 이야기에서 드러나듯이 무신론자의 세계관은 언제나 '무엇인가 빠진 것'이 있다. 그리고 그들의 불안한 마음은 그 점을 끊임없이 드러낸다.

어떤 토론이든 처음부터 이런 주장을 하지는 않는다. 실제로 이런 식의 많은 토론들은 기독교 신앙에 대한 가차 없는 긴 공격과 상당한 분노를 견딜 수밖에 없다. 그래야 마음과 생각이 정리되고 신중해지며 더 솔직한 심경이 드러날 수 있다. 종종 무신론자들이 제기한 다른 여러 우려가 먼저 부각될 것이다. 공격의 포문을 열며 던진 비난이 그들 자신에게 부메랑이 되어 돌아가는 방식도 드러날 것이다. 리차드 도킨스와 다른 동조자들은, 그리스도인들은 맹목적 광신도이며 그들의 신앙에서 어떤 합리성도 찾아볼 수 없다고 비난하면서 이 철 지난 주문을 읊조린다. 하나님을 믿는다고 하지만 아무 타당한 이유가 없으며 어떤 증거를 들이대도 맹목적 믿음을 포기하지 않는다고 한다. 그러다가 도킨스는 강력한 증거를 근거로 단호하게 믿음을 고백하는 수많은 사람들의 사례와 직면한다. 예를 들어, 과거의 위대한 과학자들과 물리학자 존 폴킹혼 같은 저명한 오늘날의 과학자들과 근거가 확실한 믿음에 대한 그들의 논증이 그것이다. 도킨스는 반박할 여지가 없는 증거와 사실들에도 불구하고 동일한 비판을 맹목적으로 반복한다. 자신의 주장이 거짓이고 증거와 모순된다는 사실, 한

마디로 말해 자신의 주장이 비합리적이라는 사실을 알고 있지만, 자기 입장을 굽히지 않는다.

무신론자들은 그리스도인들이 태생적으로 비관용적이라고 비난한다. 그들의 완강한 경직성은 유일신론과 근본주의, 절대성과 배타성에 대한 우리의 맹신에 기인한다고 말한다. 후기 중세 교회는 "오류는 권리가 없다"고 주장하며 자칭 '지고의 선'이라는 명목으로 사람들을 억압하거나 죽이는 심각한 잘못을 저질렀다. 하지만 그보다 오래전에 종교의 자유의 개념을 소개한 이들은 바로 초대 그리스도인들이다. 하나님이 자유의지를 가진 존재로 인간을 창조하셨고, 그들이 자유롭게 그분을 믿고 예배하기를 원하셨다. 그러므로 중세 교회가 심각한 죄악을 범한 것은 분명 사실이다. 그러나 교회는 오래전에 그 죄를 고백했다. 그런데 지난 백 년 동안 그런 주장을 어디서 들었고 오늘날 그런 말도 안 되는 터무니없는 주장을 되뇌이는 이들은 누구인가? 그런 기치를 내걸고 이견을 억압한 이들은 공산주의 같은 무신론적 체제였다. 심지어 지금도 "어떤 신앙들은 심각한 위해가 되므로 차라리 그 신앙을 가진 사람들을 죽이는 것이 윤리적일지도 모른다"[7]라는 글을 버젓이 쓰고 있는 자가 다름 아닌 현대의 무신론자 샘 해리스이다.

이런 소규모 충돌의 더 깊은 수면 아래서는 비록 아직 세속주의적 세계관을 폐기하는 수준은 아니지만 세속주의자들 스스로 세속주의에 대해 가장 심각한 의문을 제기하고 있다. 다음에 소개하는 내용은 몇 가지 사례에 지나지 않는다.

한 체계의 의미는 언제나 그 체계 외부에 있으며 인생의 의미는 인생 너머에 있다는 말은 무슨 뜻인가? (루드비히 비트겐슈타인: "세상의 의미는 세상 밖에 있어야 한다." "우리가 모든 가능한 과학적 질문들의 대답을 찾았다 해도 인생의 문제는 전혀 해결되지 않은 채 그대로 있다.")[8]

일부지만 그들 스스로의 세속적 정통성에 대해 이의를 제기하는 세속주의 철학자들이 생기는 이유는 무엇인가? 토마스 나겔은 「지성과 우주」(Mind and Cosmos)에서 신다윈주의의 과학적 정통성은 "거의 확실히 거짓이다"라고 말했다.[9]

하나님을 믿지 않기로 작정했다고 공개적으로 인정하는 세속주의 철학자들이 그토록 많다는 사실이 세속주의에 주는 함의는 무엇인가? (니체: "기독교에 대해 지금 결정적으로 반대하는 것은 더 이상 우리 이성이 아니라 우리 취향이다."[10] 버나드 윌리엄스: 수백 년 동안 끈질기게 고수한 "초월적 충동은 거부해야 마땅하다." 토마스 나겔: "하나님이 없기를 바란다. 하나님이라는 존재가 있기를 원치 않는다. 그를 닮은 우주도 원치 않는다." 오스트리아의 논리학자 쿠르트 괴델은 우주론적 신 존재 증명의 불완전성 정리라는 것을 고안하면서 친구들에게 그 스스로 내린 결론을 믿지 않을 것이라고 말했다.)[11]

사람들의 생각과 반대로 인간성에 대해 과학보다 역사에서 더 많이 배울 수 있는 이유는 무엇인가? (존 루카스가 지적하듯 역사는 인간을 대리자이자 주체로서 이해하려고 시도하는 반면, 과학에서 바라보는 인간은 단순한 객관적 대상 이상의 존재가 될 수 없다.)

초월적 가치는 물론이고 내세울 확실한 가치도 없는 세속주의자들이 발전된 현대 세계가 쾌락주의적 대중문화와 문명을 극복하도록 어떻게 도울 수 있겠는가? 전통이나 가족과 같은 제도들을 의도적으로 파괴한 그들에게서, 그리고 이제는 시민 사회의 독립성을 박탈하고 국가와 시장의 힘에 장악 당하도록 유도하는데 몰두하고 있는 그들에게서 그런 기대는 어불성설이다.

그리스도인들에게는 언제나 따로 숙고해야 할 질문이 있다. W.H. 오든, C.S. 루이스, 알렉산더 솔제니친, 프랜시스 콜린스처럼 심오한 사상과 뛰어난 인품을 자랑하는 수많은 사람들이 무신론에서 결정적으로 전향한 이유는 무엇인가?

이 엄중한 질문은 앞에서 소개한 하버마스의 연설에 무게를 실어 준다. 역사가 피터 왓슨은 이것을 '현대 세속 사회가 처한 곤경'의 핵심이라고 서술한다. 때로는 도전적이고, 때로는 확신에 찬 세속주의적 주장들이 수백 년간 이어져 왔음에도 불구하고, 여전히 세속주의는 '미숙하고'(하버마스), '뭔가 불충분하고'(나겔) '성스러움'이 결여된(드워킨) 부분이 존재한다. 실제로 왓슨은 "세속화는 여전히 필요한 것을 충족시켜 주지 못하며 여전히 무엇인가 심각하게 결여되어 있다"[12]고 토로한다.

비평가들은 세속주의자들이 주도한 민족 해방 운동이 계속적으로 종교적 반혁명의 물결에 휩쓸려 들어가는 사실을 두고 오랫동안 고민했다. 예를 들어, 이스라엘의 극단적 정통주의가 주도하는 세속적 시오니즘, 인도의 힌두 민족주의자가 주도하는 네루 방식의 세속 민주주의, 이슬람주의가 주도하는 알제리아의 민족 해방 전선이 대표적이다. 마이클 왈저는 이런 현상을 '반복되면서도 혼란스러워 보이는 양상'이라고 설명하면서도 '이 예기치 못한 결과는 민족 해방이라는 역설의 핵심적 특징'이라고 결론을 내린다.[13]

이 현상이 세속주의에 대해 어떤 함의를 지니는가? 어떤 이들은 많은 사람들이 용어상 모순이라고 생각하는 어떤 현상이 최근 부쩍 늘어난 것을 보고 이 '결여된 것'의 훨씬 더 강력한 징후를 찾아낸다. 바로 무신론자의 종교이다. 최근 이 주제를 다룬 책들이 쏟아져 나온다는 점을 누구나 알고 있을 것이다. 로널드 드워킨의 「신이 사라진 세상」, 알랭 드 보통의 「무신론자를 위한 종교」, 샘 해리스의 「무종교자의 영성을 위한 가이드」(Waking up: A guide to Spirituality Without Religion) 등이다. 심지어 〈뉴욕타임스〉조차 '무종교인들'이 하버드와 시카고 같은 신학대학원에 다니는 열풍을 기사화하였다. (제인 에어와 해리 포터를 신성한 텍스트로 삼고 "그들은 이상한 나라의 앨리스가 신학에 심취할 수 있는 기회를 제공한다. 그 점이 나는 기뻤다." 이는 한 학생의 말이다.) 이런 현상은 다른 학문으로는 발견할 수 없는 의미와 도덕적 언어에 목말라하는 탐색의 일환으로 설명할 수 있다. 이런 모습은 현대의 전반적 혼합주의의 일부로 볼 수 있다. 미국의 무신론자들 중 4분의 1 이상이 스스로를 '영적인 사람들'이라고 생각하고 10분의 1 이상이 하나님이나 '보편적 영'(universal spirit)을 믿는다고 한다. 물론 어느 정도 모방 심리도 작용하고, 그 달의 인기 있는 책 정도의 일시적인 유행에 불과한 면도 있다.

세속주의 '교회들'처럼 큰 의미를 둘 필요가 없는 무신론적 종교에 지나친 기대를 갖는 것 역시 문제가 있다. 그것은 20년 안에 사라질 가능성이 높다. 지난 세기의 거대한 정치 종교들을 쉽게 무시할 수는 없지만, 분명히 세속주의자들의 종교적 충동은 그 이면에 더 깊은 요소가 있다. 바로 종교는 제거할 수 없는 인간 본성에 가깝다는 것이다. 또한 엄격한 세속주의는 사람들의 기대를 충족시킬 수 없고, 때로 세속주의자 스스로도 불만족스럽게 여긴다. 무신론자들을 위한 종교는 실제로 먼 과거로 돌아간다. 예를 들어, 이성의 여신으로 등극한 프랑스 혁명과 세심하게 기획됐지만 만성적으로 불만족스러운 어거스트 콩트의 인간성 종교(Religion of Humanity)가 대표적이다. 프랑스 혁명은 성육신 종교를 대체했고 1789년 새로운 달력이 시작되었다. 그 창시자들은 '참된 종교'이자 '마지막 종교'로 환호를 보냈지만 결과적으로 대중적인 지지를 거의 얻지 못했고 지속성도 전혀 없었다. 세속주의자들은 실망스럽겠지만 '세속 종교'는 그 절실한 필요성에 비해 정작 맛을 보면 하나같이 묽고 밍밍하고 불만스러운 귀리죽이나 마찬가지임이 드러났다.

사람들이 달리 다른 방도가 없는 상태에서 자기주장을 내세우려 할 때 종교적 언어에 의지하는 부분도 눈여겨 볼 필요가 있다. 그들은 논리적으로 말이 되지 않는다고 해도 개의치 않는다. (영화배우 제이미 폭스는 2012년 소울 트레인 어워드에서 "하나님과 우리 주이며 구세주인 버락 오바마에게 영광을 돌립시다"라고 말했다. 루이스 파라칸은 "오바마는 우주를 변화시키기 위해 신이 사용할 도구이다. 오바마가 젊은 층을 사로잡은 이유도 여기에 있다. 또한 그는 젊은 층을 정치에 참여하도록 이끌었다. 메시야가 말씀하시면, 젊은이들은 귀를 기울인다. 메시야의 말씀은 절대적이다.")[14]

그러나 사실 더 깊은 이면을 들여다보면 여전히 다른 두 세력이 작동하고 있다. 첫째, 공적인 수준에서 무신론자들은 공적 질서를 통제 혹은 유지하기 위해 종교의 필요성을 종종 인정한다. 「세 명의 사기꾼 저자에게 보내는 편지」(Letter to the Author of the Three Impostors)에서 볼테르가 한 말은 너무나 유명하다. "신이 존재하지 않는다면 그를 발명해야 한다. 나는 내 변호사나 재단사, 내 하인들, 심지어 내 아내도 신을 믿었으면 한다. 그러면 덜 뜯기고 아내도 바람이 덜 날 것이다." 마키아벨리는 이보다 더 일찍 군주에 대해 동일한 점을 강조했다. 수많은 무신론 정권들에 이런 현상이 공통적으로 나타난다. 국가는 국가의 한 부서로서 종교를 길들이려고 한다.

둘째, 사적인 차원에서 무신론자들은 종종 '더 많은 무엇인가'에 대한 갈망을 달래기 위해 일정 부분 종교적 감정을 필요로 한다. 그들은 그들 삶에 무엇인가 결여되어 있다는 것을 계속적으로 드러낸다. 계속해서 잃어버린 세계에 대한 향수를 드러낸다. 19세기 캠브리지대학의 도덕철학 교수 헨리 시즈윅은 당시 세대의 많은 사람들을 대표하는 인물로 머리로는 모든 신앙을 거부하지만 마음으로는 신앙을 갈망했다고 한다.[15] 시인 라이너 마리아 릴케 역시 유사하게 "멜랑콜리 무신론자이자 양심의 죄책감에 시달리는 비신앙인"[16]이었다고 한다. 극작가 피터 쉐퍼는 "에쿠우스"에서 이 점을 직설적으로 표현한다. "숭배하지 않으면 넌 쪼그라들겠지. 그것 역시 못지않게 잔인하지."[17] "하나님이 있었던 자리에 다른 무엇인가가 있나요?"[18]라고 반문한 철학자 아이리스 머독의 질문은 이 점이 더 간절하게 엿보인다.

그러나 니체는 이를 향수이자 그림자를 뒤쫓는 것과 같다고 한 마디로 일축했다. "신은 죽었다. 그러나 인간의 방식이 그렇듯이 앞으로도 그의 그림자를 비추어 주는 동굴은 수천 년 동안 존재할 것이다. 우리는 그의 그림자와도 싸워 이겨야 한다."[19] 그러나 그의 말년의 사상들은 너무나 비관적이었고 승리에 찬 차라투스트라의 노래들과는 전혀 거리가 멀었다. 따라서 '자기가 던진 돌에 맞은 사람'이라는 그에 대한 세간의 평가는 부정하기 어렵다. 그는 친구 프란츠 오버벡에게 쓴 편지에서 이렇게 말했다. "자네에게 사실을 숨기지 않을걸세. 상황이 너무 나빠지고 있네. 밤이 되면 점점 더 나를 짓누른다네. 마치 막 번개가 치는 것 같아. 그러면 한순간 나는 원소나 빛으로 나 자신이 떨어지는 걸 발견하지. 이 모든 게 지나가고 있어. 피할 수 없는 멸망으로 걸어가고 있다고 믿고 있어 … 총은 내게 어느 정도 기분 좋은 위안처럼 보이는 것이지. 모든 상황에 대한 감각이 없어지고 있어."[20]

냉정한 진실이지만 '아멘이 없는 인생'은 협소하고 냉랭하며 어두워서 인간의 마음이 선뜻 받아들이지 않는다. 무신론자들은 그들 자신의 열망을 외면하며 집도 없는 고아처럼 외롭게 세상을 살아간다. 집에 대해 그들이 아는 것이라고는 그것이 전부이다. 천애 고아처럼 그런 황량한 지평을 견뎌낼 수 있는 이는 오직 용감한 극소수밖에 없다. 세속주의자들은 종교가 우리 삶의 일부라는 사실을 인정해야만 할 것이다. 그러므로 전체주의적 공산주의 체제하에서처럼 무신론을 강압적으로 강요하지 않는 이상, 무신론은 언제나 부수적인 믿음일 뿐이다. 프랑스 철학자 에르네스트 르낭은 "종교는 필요하다. 종교가 사라지는 날 인간의 심장도 메말라 버릴 것이다"[21]라고 말했다. 에밀 뒤르켐도 "종교는 영원히 존재한다"고 역설했다.[22] 크리스토퍼 래쉬는 이 점을 더욱 분명하게 드러냈다. "종교를 대치할 만한 것은 없다. 종교만이 종교를 대치할 수 있다."[23]

교회의 사생아

무신론자들과 소통을 시도해야 하는 두 번째 이유는 서구 그리스도인들이 스스로 인지하고 인정하는 이상으로 그들에게 서구 무신론의 책임이 있기 때문이다. 무신론의 기원을 그리스인들과 로마인들에게 소급시켜 에피쿠로스, 데모크리토스, 루크레티우스, 마키아벨리, 몽테뉴, 데니스 디드로, 바론 돌바크, 데이비드 흄, 루드비히 포이에르바하, 프리드리히 니체, 그리고 테리 이글턴이 리차드 도킨스와 크리스토퍼 히친스를 하나로 묶은 표현으로 유명해진 '디치킨스'에 이르는 모든 현대의 후예들로 그 족보를 추적해가는 경우가 많다. 하지만 이런 목록은 누가 누구를 낳았다는 식으로 끝없이 이어지는 성경 족보처럼 무의미할 경우가 많다. 그렇다고 성경 족보 자체가 이름들이 열거된 아무 의미 없는 목록이라는 말은 당연히 아니다. 성경 족보는 영웅적 행동, 범죄, 간음, 어리석고 우매한 짓거리처럼 매혹적이고 이야깃거리가 풍부한 실존했던 사람들로 가득한 명단이다.

무신론도 마찬가지다. 무신론 역시 그 영웅들과 위선자들, 불한당들이 있다. 그런데 솔직히 말해 기독교 신앙을 거부하도록 동력을 제공하고 무신론의 세력을 부추기는데 교회의 역할이 적지 않았다. 애석하지만 유럽 무신론의 경우, 이 사실은 누구도 부인할 수 없다. 무신론적 신념의 강도와 신앙적 이견에 대해 유럽 교회가 보인 불관용이 직접적 관계가 있다는 점은 의문의 여지가 없다. 공개적으로 자유사상을 피력하는 것이 극도로 위험했던 후기 르네상스 시대는 위선의 극치를 이룬 시대였다. 가톨릭교회의 교리에 동의하지 않았던 사람들은 그들의 생각을 철저히 숨겨야 했다. 종종 자신의 생각과 반대로 이야기했고, 동조하는 독자들은 저자들이 비밀 암호처럼 곳곳에 숨겨 둔 내용을 해독하는 법을 배웠다. 실제로 누구도 본심을 이야기하지 않았다.

16세기에 몽테뉴는 "시치미 떼기가 이 시대의 가장 두드러진 특징 중 하나이다"라고 밝혔다.[24] 바로 뒤의 인물인 데카르트는 갈릴레오와 같은 운명을 겪고 싶지 않았기에 로마 시인 오비드의 "끝까지 잘 숨겼기에 그는 잘 살았다"[25]는 경구에 충실했다. 그보다 앞서 이탈리아의 아리스토텔레스주의자인 체사레 크레모니니는 신앙심이 털끝만큼도 없음을 인정했지만, 자신을 경건한 신앙인으로 생각해주기를 원했다. 그의 명언은 이런 시치미 떼기를 완벽하게 드러낸다. "안에서는 원하는 대로 하고 집 밖에서는 관습이 시키는 대로 하라."[26] 오늘날 서구의 수많은 캠퍼스와 공공 생활이 내세우는 질식할 듯한 정치적 올바름(모든 종류의 편견이 섞인 언어적 표현을 쓰지 말자는 개념 혹은 사회적 운동-역자 주)은 반대해야 옳다. 그러나 교회가 과거에 보인 불관용은 한술 더 뜬 정치적 올바름이었고, 그 이면에는 단두대와 화형대라는 제재의 위협이 있었음을 참회하는 마음으로 고백해야 한다. 하나님은 인간이 자유롭게 사고하도록 창조하신 것이 맞다. 하지만 교회가 자유롭게 사고하기를 원하는 사람들을 무조건 거부하고, 신앙인과 대비되는 자유사상가로 그들 스스로를 부르도록 강요하는 것은 참으로 엄청난 비극이다.

18세기의 동일한 비극적 상황은 프랑스 혁명과 미국 혁명의 뚜렷한 차이점 하나가 원인이었다. 종교적 억압과 압제가 심했던 프랑스에서 혁명은 반종교적 성격이 강했던 반면, 미국은 피비린내 나는 혁명 대신 신앙과 자유를 동시에 추구했다. 볼테르는 무신론자라기보다 이신론자에 가까웠지만, 그가 서신 말미에 편지를 끝맺으면서 쓴 유명한 "파렴치함을 분쇄하자!"(Ecrasez l'infame, 에크라세 랑팜)라는 글귀를 보면 교회의 문제가 무엇인지, 그리고 프랑스 혁명이 어떤 방향으로 진행될지 선명하게 드러난다.

러시아, 중국, 캄보디아의 공산주의 통치의 무서운 악행에 앞서 프랑스 혁명의 공포 정치와 방데 반란 진압은 세속주의 통치 체제 역사에서 가장 참담한 두 가지 실책으로 평가받는다. 그리고 프랑스 혁명이 발발한 배경에 교회가 큰 역할을 한 사실 역시 기독교 신앙의 오점으로 남아 있다. 후에 급진적 자코뱅파들이 선전용으로 이용했던 디드로의 구호는 이런 압제적 상황을 적절하게 표현한다. 프랑스인들은 "최후의 사제의 창자로 최후의 왕을 목매달아 죽일 때까지" 결코 자유를 얻지 못할 것이다. '교회와 국가' 혹은 '왕좌와 제단'은 위태롭게 충돌했고, 교회나 정부 모두 억압적이었다. 따라서 혁명의 불길은 교회와 국가를 동시에 타도하기 시작했다. 그 이후로 '자유가 곧 무신론'이라는 생각이 프랑스 국민들의 DNA 속에 치명적으로 각인되기 시작했다. 유럽은 오랫동안 세계에서 가장 공격적인 세속주의 대륙으로 자리매김해왔다. 예를 들어, 1920년대에 세워진 호전적 무신론자 연대 재단(foundation of the League of Militant Atheists)이 있다. 유럽의 세속성의 주된 원인이 과거의 타락한 억압적 국가 교회들에 대한 반동이었다는 점은 비극이 아닐 수 없다. 니체의 말대로 기독교 윤리는 '생명에 대한 중범죄'가 되었다.[27]

프랑스 혁명과 같은 거대한 정치적 사건을 이런 식으로 해석할 수 있다면, 수많은 개별 무신론자들의 인생 역시 이렇게 해석할 수 있다. 예를 들어, 베네딕트 스피노자는 스페인 국가 주도의 강제 개종에 굴복했으나 비밀리에 신앙을 지킨 스페인 유대인 마라노의 후손이었다. 버트란드 러셀은 두 살 때 어머니를 여의고 네 살 때 아버지마저 잃었다. 그 후 엄격한 기독교 신자인 할머니가 그를 맡아 양육했다. 그런데 할머니는 그에게 생각의 자유를 전혀 허락하지 않았고, 그가 질문을 하면 더 이상 입을 열지 못하게 하는 식으로 대답했다. ("제 정신이야?" "중요한 문제가 아니야" "뭐가 문제야?" "신경 쓰지 마.") 형 프랭크처럼 대놓고 반항하지 못한 러셀은 생각을 밖으로 표현하지 않은 채 시인 셸리를 반항의 모델로 우상시했고 급기야 18세가 되자 스스로 무신론자라고 선언하기에 이르렀다. 이후로 그는 21세기의 가장 완강한 무신론자의 한 사람으로 이름을 떨쳤다. ("불교나 힌두교, 기독교나 이슬람교, 공산주의까지 세계의 모든 위대한 종교는 거짓될 뿐 아니라 해롭다고 생각한다.")[28]

스피노자와 러셀 두 사람은 조숙했다. 그들은 명석한 두뇌의 소유자로서 철학과 수학에서 두각을 드러냈다. 그러나 변주만 달라졌을 뿐 동일한 이야기가 끝없이 상연되어 왔다. 자기 민족 유대인들에 대한 기독교인들의 끔찍한 처사가 스피노자와 마르크스, 프로이트와 같은 교회의 대적들의 등장에 어떤 식으로 일조했는지는 오직 주님만이 아신다. 하지만 이 이야기는 지금도 끝나지 않고 계속되고 있다. 얼마 전 미국 남부에서 자란 한 무신론자를 만났는데 그는 굉장히 화가 나 있었다. 지역 교회의 집사였던 그의 아버지가 어머니를 잔인하게 학대했던 것이다. 그러므로 하나님을 향한 아들의 적개심은 아버지의 악행과 위선의 직접적 결과였다. 한 인물의 철학과 전기는 때로 구분하기가 쉽지 않을 정도로 밀접한 관련이 있다. 수많은 무신론자들은 어린 시절 기독교 신앙과 관련해 결코 치유되기 어려운 깊은 상처를 받은 과거의 경험이 있다.

이것은 좋든 싫든 서구 교회가 무신론과 특별한 연관성이 있음을 의미한다. 알렉산더 대제가 견유학파의 디오게네스에게 무엇을 해 주었으면 좋겠느냐고 물었을 때, 떠돌이 생활을 하던 그 노 철학자가 말한 대답은 너무나 유명하다. "햇볕을 가리지 말고 비켜 주십시오." 분명 한때는 신앙을 갖지 않고 그들만의 세상에서 방해받지 않고 홀로 있어 행복했던 무신론자들이 있었다. 그러나 서구 무신론은 성격이 다르다. 러시아와 중국의 마르크스주의 같은 수출용 변종 무신론의 특징도 성격이 다르다. (레닌: "모든 종교적 사상이나 신에 대한 사상은 심지어 재미로 생각하는 것이라 해도 입으로 발설해서는 안 될 더럽고 역겨운 것이다.")[29] 서구의 무신론은 공격적이고 보편주의적이며 교조적이고 제국주의적 성격을 띤다. 그리스도인들은 이

지경까지 온 것에 대해 부분적으로나마 책임을 져야 한다. 에밀 브루너는 이 점을 직설적으로 지적한다. "그러므로 현대 시대의 특징인 비기독교화는 많은 그리스도인들이 신앙에 불충실한 결과물이다."[30] "최선이 타락할 때 최악의 부패가 발생한다"라는 옛말이 틀리지 않다. 하지만 그렇다고 결과가 달라지지는 않는다. 지금 급진적 이슬람과 더불어 무신론은 교회의 가장 강력한 대적이며 우리는 이 상황이 오기까지 지속적으로 일조해왔다.

분명히 우리는 무신론자의 비난과 공격에 적극적으로 대응해야 한다. 무신론은 그 스스로의 을씨년스러운 결론 때문에 무신론자들이 어둠 속으로 절규하며 내달린 수많은 사례들을 찾아내는 일이 어렵지 않다. 니체, 버트란드 러셀, 아우구스트 스트린드베리, 쟝 폴 사르트르, 알베르 카뮈, 잉마르 베르그만, 사무엘 베켓 등 모든 사람은 이런저런 때에 무신론에 대한 모든 희망이 인류에게 만족할 답인지 의문을 가졌던 것으로 보이는 말을 했다.

다시 반복하지만, 무신론의 암울함은 부인할 수 없는 지경이 되었다. 그리고 이 사실을 회피하고자 사용하는 전략들을 모조리 자백하는 무신론자들의 솔직함은 으스스하기는 하나 칭찬받을 만하다. 자신의 철학으로 인해 기분이 우울해질 때마다 친구들과 주사위 놀이에 빠졌다던 데이비드 흄, 핵으로 인한 대재앙의 공포스러운 생각을 떨쳐내고자 일주일에 소설을 두 권씩 읽었다던 버트란드 러셀, 영원 회귀 사상에 심취했다던 니체에 이르기까지 말이다.

어느 날 낮, 혹은 밤에 악령이 그대 가장 깊은 고독 속으로 살며시 찾아와 이렇게 말한다면 그대는 어떻게 하겠는가? 너는 "네가 지금 살고 있고, 살아왔던 이 삶을 다시 살아야 하고, 또 무수히 반복해서 살아야만 할 것이다. 거기에 새로운 것이란 없으며 모든 고통, 모든 쾌락, 모든 사상과 탄식, 이루 말할 수 없이 크고 작은 모든 일이 네게 다시 찾아올 것이다. 모든 것이 같은 차례와 순서대로 … 현존재의 영원한 모래시계가 거듭해서 뒤집혀 세워지고 티끌 중의 티끌인 너도 그 모래시계와 함께 그렇게 될 것이다!"[31]

그러나 우리는 동전의 또 다른 면이 있음을 절대 잊지 말아야 한다. 그 다른 면은 다음 세 가지 역설로 표현될 수 있다.

첫째, 무신론의 현재적 상태와 비교되는 가톨릭적 역설이다. 가톨릭은 기독교 사회(기독교 왕국)를 건설하고자 한 역사상 최초의 가장 거대하고 끈질긴 시도였다. 하지만 이 시도가 수포로 돌아가는 바람에 종교 재판이나 유대인들에 대한 강제 세례 같은 극악한 악을 자행했고, 이는 역사상 가장 호전적인 반기독교적 반동으로 이어졌다. 프랑스 혁명이라는 1789년의 거대한 지진과 그 이후로 전 세계 곳곳에서 일어난 혁명적 여진들이 대표적이다. 영화 "스포트라이트"에 나오는 가톨릭 보스턴 교구를 향한 혐오 어린 시선을 생각해 보라. 혹은 훨씬 더 참담한 일이지만 하나님과 교회를 대표하는 사제들의 성적 학대로 오늘날 아일랜드의 가톨릭교회 전체를 향해 역겨워하는 시선들을 생각해 보라.

그 이면에는 슬프지만 피할 수 없는 한 가지 사실이 있다. 로마 가톨릭교회와 로마 제국의 결합은 4세기 교회의 승리와 기독교 왕국의 발흥에 핵심적 요인으로 작용했다. 그러나 그 연합은 독이 든 잔이었다. 다시 말해서 서구 기독교 왕국의 힘은 성경적인 언약적 방식이 아니라 황제 자리를 교황이 대체한 로마식 위계 권력에 기반을 두었다는 말이다. 실제로 성 프란시스와 초기 수도승들 같은 경우는 아주 드문 예외적 사례에 불과할 뿐, 크게 교황, 추기경, 주교로 구성된 가톨릭교회는 지금도 여전히 위계 질서에 대한 애착을 버리지 못하고 있다. 중세 시대는 이 위계 권력의 부패로 거대한 악을 자행했다. 가톨릭교회는 권력에 의존함으로써 성경적이고 유대적인 언약 이해를 한 번도 제대로 다룬 적이 없었다. 또한 존엄성과 자유와 평등, 그리고 교회 권력을 비롯한 모든 권력을 제어해야 하는 필요성에 대해서도 다른 시각을 가지고 있었다.

둘째, 프로테스탄트적 역설이 있다. 종교 개혁은 역사상 가장 열정적이고 강력한 영적 개혁이었지만, 이는 세상이 목도한 가장 전면적 세속 사회들의 등장으로 이어졌다(영국, 독일, 화란, 스웨덴, 덴마크를 필두로). 가톨릭 후기 국가들은 종종 하나님을 원치 않아 했다. 부패하고 억압적인 기성 교회에 대한 격렬한 반발심으로 개신교 후기 국가들은 아예 하나님을 필요로 하지 않았다. 이러한 국가들은 현대성의 발전을 주도했고, 하나님과 그분의 백성들이 설 여지를 거의 주지 않는 세계를 낳았다.

마지막으로 총체적 기독교적 역설이 있다. 무신론을 옹호하는 가장 강력한 주장들이 대부분 그리스도인들과 기독교 교회를 논거로 내세운다는 사실은 충격적이다. 예를 들어, 크리스토퍼 히친스의 「무신론자용 휴대용 북: 비신자를 위한 정독서」(The Portable Atheist: Essential Readings for the Nonbeliever)를 읽어 보라. 솔직히 이 책은 대부분 내용이 지루하고 사실을 있는 그대로 나열만 하고 있다. 밋밋한 샴페인 잔처럼 무미건조하다. 그럼에도 불구하고 이 책은 특정 작가를 통해 그리스도인과 교회를 공격하는 식으로 기독교에 대한 원한을 해소하며 반복적으로 무신론의 불꽃을 되살리고 있다. 괴롭지만 우리가 꼭 기억해야 할 사실이 있다. 예수님을 따르는 '우리'가 종종 주님을 거부하고 배척하는 주된 논거로 작용한다는 것이다. 저명한 가톨릭 역사가 크리스토퍼 도슨이 신랄하게 지적한 대로 "확고한 세속주의자들은 유럽 인구의 극소수에 지나지 않았지만, 그리스도인들이 그들이 할 일을 대신 해주었기에 구태여 강하게 싸울 필요가 없었다."[32]

적대적 동반자

무신론자들과 소통해야 할 세 번째 이유는, 인류 진보를 위한 건설적 방법을 구축하기 위해 그리스도인들과 무신론자들이 서로 필요하기 때문이다. 대부분의 사람들이 잘 인지하지 못하는 단순하지만 회피할 수 없는 중요한 문제가 있다. 현대 세계의 중대한 한 가지 문제점은 '이렇게 심각한 차이를 가지고 우리가 어떻게 공존할 수 있는가' 하는 것이다. 그 차이가 종교적이고 이데올로기적 차이일 때, 특히 공공 생활에서 그 차이들이 터져 나올 때, 우리는 어떻게 공존할 수 있는가? 많은 사람들이 그 문제와 과도하게 밀착되어 있고, 그 문제에 휘말린 당사자라서 그것을 필히 처리하고 다루어야 할 현안이라고 인식하지 못한다. 만약 그 문제가 테러리즘에 관한 것이라면 긴급히 다루어야 할 현안이 되고, 세속적 이슈로 충분히 다루어질 것이다. 그러나 이 문제는 단순히 그 정도의 차원이 아니다. 더 상위의 차원에서 보면 심각한 차이를 가진 우리가 공존하는 문제는 우리 사회의 정당하고 공정한 체계 수립의 문제이자, 최상위 차원에서는 서로 다른 신앙을 가진 사람들에게 최대의 자유를 확보하는 방법의 문제이다.

무신론자들뿐 아니라 그리스도인들 역시 이 논쟁이 유대교, 기독교 신앙과 세속주의 간의 단순한 문화전쟁으로 보아서는 안 된다는 분명한 사실을 직시해야 한다. 글로벌 세계의 핵심적 특징은 다원화이다("모든 사람이 이제 어디서나 있다"). 달리 말해, 기독교적 합의를 중심으로 하던 이전 서구 사회로 되돌아갈 가능성도 없고, 단순하게 세속주의자가 헤게모니를 독차지할 가능성도 없다는 뜻이다. 어느 진영도 다원화와 다양성에 제대로 대처할 수 없다. 하지만 달리 말해 이것은 서구 세계의 진보에 그리스도인들과 무신론자들이 모두 필요하다는 뜻이다. 이들은 현재 진행되는 논쟁을 선도하는 두 개의 목소리이자 종교와 공공 생활을 두고 일어나는 문화전쟁을 영속화시키는 두 입장을 대표한다. 즉, 유대교와 기독교 신앙을 중심으로 하던 이전의 합의를 회복하고자 하는 기독교적 입장과 종교를 완전히 제거함으로써 종교와 공공 생활의 문제들을 해결하고자 원하는 세속주의적 입장이다.

계속 강조하는 내용이지만, 이 두 입장 중 어느 것도 현대적 다양성의 규모를 제대로 이해하지 못하고 있을 뿐 아니라 다양한 신앙의 사람들과 무종교인들이 공정성과 자유를 누릴 여지를 제대로 허용하지 않고 있다. 따라서 두 진영의 방법은 달라도 동일한 이유로 실패하고 있는 것이다. 그리스도인들은 만인의 선인 공동의 선을 제대로 대변하지 못할 경우가 너무나 많은 반면('정의'보다는 '그냥 우리만'), 무신론자들 역시 인류의 압도적 다수가 매우 종교적이며 이들 역시 신앙을 가진 권리가 있다는 사실을 인정하지 않을 때가 너무나 많다. 그래서 이쪽 진영의 '신성한 광장'이든 저쪽 진영의 '벌거벗은 광장'이든 모두를 위한 정의롭고 자유로운 세계로 나아갈 길을 제공하지 못하고 있다.

어떻게 해야 그리스도인들과 무신론자들이 서구에서 나아가 세계 모든 지역까지 공공 생활의 진보를 위한 더 나은 길을 대변하는 협력자가 될 수 있을까? 물론 이런 파트너십이 불가능해 보일지도 모른다. 그러나 다른 파트너십으로는 문화전쟁의 교착 상태를 타개하고 새로운 기회와 해결책의 열린 지평을 조성할 길이 전혀 없다. 이제 파트너십을 구축하고, 또한 극단적 다양성을 지닌 민족들로 이루어진 열린 사회를 구현하는 일에 착수할 시기가 무르익었다. 극단적으로 다양한 그런 사회들이 번성하며 지속 가능할 수 있을까? 아니면 오늘날처럼 자유와 다양성이 서로를 무너뜨려 이런 가치를 지향하는 사회들이 치명적으로 약화되는 지경에 이르지는 않을까? 우리는 참으로 중대한 기로에 서 있다. 만약 자유롭고 열린 사회가 실패한다면, 정치적 바퀴가 회전하면 할수록 부패한 민주주의에서 새로운 형태의 독재나 과두 정치로 퇴행할 일만 남을 것이다.

  부디 내 말을 오해하거나 왜곡하지 않기를 바란다. 그리스도인들과 세속주의자들은 철저히 세계관이 다르다. 종교적, 철학적, 윤리적 차이에 대한 서로의 의견이 다르고 당연히 다를 수밖에 없으며 앞으로도 그 차이는 좁혀지지 않을 것이다. 정치 사회적 정책에 대한 생각 역시 마찬가지일 것이다. 그러나 그 점을 인정하더라도, 문제는 여전히 그리스도인들과 무신론자들이 서로 공동 전선을 형성하고 공적 광장에 선 모든 이의 자유와 양심의 자유, 정의와 자유의 비전을 위해 헌신하는 것이 가능한가 하는 것이다. 이때 그 사회들의 합법성과 안정성을 제공하는 방식으로 이 일이 진행되어야 함은 물론이다. 서로 간의 어떤 대화든 결실을 맺기 위해서는 적어도 다음 세 가지 중요한 문제가 해결되어야 한다. 이미 다른 여러 곳에서 집중적으로 다룬 첫 두 문제는 한때 논쟁의 여지가 없는 확고한 문제였지만 이제는 아니다.[33] 그리고 세 번째 문제는 더 폭넓은 논의가 필요하다.

첫 번째 문제는 어떤 종교적 신앙을 가졌든 예외 없이 모두의 종교적 자유 혹은 양심의 자유를 보장해야 할 중대한 필요성이다. 한때 '제 1의 자유'(first freedom)로 인식되었고 미국의 위대한 자유 실험(American's grand experiment in freedom)의 핵심을 이룬 이 권리는 그동안 지속적으로 무시되고 정쟁의 대상으로 치부되었으며 그 결과 이제 서구식 자유의 필수적 토대에서 매우 위태로운 자리를 차지하고 있다. 이 자유를 정치적이고 정파적인 것으로 폄하하는 이들이 바로 진보주의자들이지만, 이 자유가 없다면 자칭 진보주의자들은 비자유주의자가 될 수밖에 없을 것이다. 또한 모든 사람에게 보장되는 정의와 자유의 기회도 사라질 것이며 심각한 의견 차이에도 평화롭게 공존할 가능성의 기회도 없어질 것이다.

두 번째 문제는 교회와 국가의 분리라는 중요한 문제이다. 양심의 자유처럼 교회와 국가 혹은 정교의 분리 원칙은, 흔히 주장하는 것처럼 토마스 제퍼슨이나 계몽주의가 처음 주창한 것이 아니다. 이 원칙은 종교가 공공 생활에서 엄격히 배제되어야 한다는 의미도 아니고, 또한 그래서도 안 된다. 교회와 국가의 분리는 세계 역사에 대한 유대적이고 기독교적 업적이다. 원래는 신들과의 관계에서 여호와 하나님만이 유일한 참 신이라는 이해에서 기인했다. 이 개념이 확립되기까지는 역사상 여러 사건이 중요한 역할을 했다. 가령 히브리 선지자 사무엘의 이야기, 하나님과 로마 황제에 대한 예수님의 교훈, 주후 494년 교황 젤라시우스가 비잔틴 제국 황제 아나스타시우스에게 보낸 편지, ("세상을 주로 통치하는 이는 두 사람입니다."), 17세기 로저 윌리엄스의 담대한 선언은 모두 토마스 제퍼슨보다 훨씬 더 오래전에 이 용어를 사용한 사람들에 관한 예시이다.[34]

이 원칙의 역사와 의의는 매우 중요하다. 이 원칙이 없다면 바로 이중적 타락으로 세상이 몸살을 앓을 것이기 때문이다. 분리의 원칙이 존중받지 않을 때, 교회(혹은 종교)가 국가 권력을 독차지함으로 부패하게 되며 혹은 교회(혹은 종교 권력)가 권력을 노리는 자들의 정치적 보상이 될 때, 국가(혹은 정치 권력) 역시 타락하게 될 것이다. 이런 타락은 마키아벨리와 홉스의 이론이나 영국 헨리 8세와 프랑스 리슐리외 추기경의 국정 운영에서 명확하게 드러난다. 이들은 하나같이 대중을 통제하는 정권의 수단으로 종교를 이용하려 한 사람들이다. 또한 중세 후기 기독교 왕국의 타락 역시 분명하다. 교황과 성직자들은 국가 권력을 하나님 나라의 한 수단으로 이용하기를 서슴치 않았다. 다시 말해 정교 분리 원칙이 적절히 균형을 이룰 때 무신론자와 그리스도인 모두 상호 이익이 된다는 것이다. 압제는 실패로 돌아가고 자유와 정의가 승리하기 때문이다.

세 번째 문제는 현대 다원주의적 세속 국가의 개념이다(그렇다고 세속주의적이지도 엄격하게 중립적이지도 않은). 이런 비전을 실행하는데 있어서 도움이 될 일곱 가지 고려 사항을 다시 한 번 소개하고자 한다.[35] 세속주의적 세계관의 신도들을 편애하는 부적절한 세속주의 국가가 아니라 종교적이든 세속주의적이든 모든 신도의 기본적 자유를 보호하는 적절한 세속(이 세상) 국가를 지지하기 위해서이다.

첫째, 현대 세속 사회들은 시민들의 궁극적 연대에 의존한다. 이 사회들이 누리는 자유와 허용하는 다양성의 폭이 넓을수록 그들을 하나로 엮어 줄 연대의 문제 혹은 사회적 결속의 문제가 더 중요해진다. 현대적 자유와 다양성이 중요한 환경에서는 안정적으로 결속된 사회를 유지하는 일이 특별한 과제이다. 이 연대가 긍정적이고 견고하기 위해서는 단순히 법과 기술이 아닌 그 이상의 기반이 있어야 한다.

둘째, 현대 자유주의 세속 사회들은 스스로 생성하거나 보장할 수 없는 규범적 전제들에 의존한다. 이성은 이성만으로 스스로를 정당화할 수 없고, 마찬가지로 중립적 국가는 순수한 중립적 가치로 스스로를 정당화할 수 없다. 따라서 이성이나 자유주의 국가 모두 스스로의 한계를 자각하고, 도덕적 근거를 외부의 권위에 의존해야 함을 인식해야 한다.

셋째, 현대 자유주의 세속 사회들은 그들 외부에서 자생한 철학적 윤리적 전통을 뿌리로 두고 있으며 여전히 그 전통들에 의존하고 있다. 단순한 역사 기록을 보더라도 생명의 신성함, 인간의 존엄성,

자유와 정의, 평등과 덕이라는 핵심적 기초들은 대부분 정치 이전의 종교적 성격을 지닌다. 그러므로 세속 국가는 세속 이상의 것에 의존한다.

넷째, 여러 종교적 세계관과 마찬가지로 자연주의적 혹은 세속주의적 세계관은 특정 계급과 지역에 국한된 전통이다. 다른 모든 세계관처럼 이 세계관도 수많은 세계관 중 단순히 하나의 핵심적 신념과 세계관일 뿐이다. 모든 권리를 주장할 권리는 있지만 독점적 특혜를 누릴 권리는 없다. 과거 종교적 세계관들과 마찬가지로 보편성을 주장할 권리도 없다. 특히, 자유주의 세속 국가는 세속주의적 신념들을 특별히 우대할 어떤 권리도 없다.

다섯째, 서구의 현대 자유주의 세속 사회들은 기독교 이후 사회일 뿐 아니라 세속주의 이후 사회로 간주해야 마땅하다. 과거 초기 유럽과 미국의 기독교적 합의는 사라졌지만, 순수하고 엄밀한 세속주의 국가라는 신화 역시 그 한계가 분명히 드러났다. 현대 국가는 종교적 다양성이 사회적 진실이라는 점에서 다신앙 국가이다. 그러므로 시민의 목소리에 두루 정당한 관심을 기울이고 그 연대의 규범과 자원을 골고루 합당하게 고려하는 것이 자유주의 국가 이익에 부합된다. 모든 종교인은 사회에 중요한 공헌을 할 뿐 아니라 진리의 소유권을 주장할 권리가 있다. 그러므로 그들의 권리를 존중하고 목소리에 귀를 기울여야 진정으로 개방적이고 자유롭고 민주적인 국가가 될 수 있다.

여섯째, 역사적으로 보면 종교뿐 아니라 세속주의 역시 병리학적 사례들이 적지 않다. 따라서 각 진영의 주자들은 이런 병리적 측면들을 솔직하고 겸허하게 인정해야 한다. 문명의 역사에 양측 모두 축복과 저주를 동시에 선사했으므로 각 진영의 대차대조표를 정확하고 공정하게 따져보아야 한다.

일곱째, 종교적 신앙인들과 세속주의 신도들의 관계는 현대 자유주의 세속 사회의 미래에 대단히 중요하다. 특히 공공 생활과 관련될 때 그 관계는 더욱 중요해진다. 서로가 적대한다고 해서 자유 민주주의가 파멸에 이르지는 않겠지만, 자유와 정의, 인류애라는 공동의 대의를 위해서는 협력이 꼭 필요하다. 민주주의 사회의 가장 시급한 과제는 양측의 이익에 공정하게 기여할 전 세계적 시민 공론장의 구축이다.

종교적 자유와 교회와 정부의 분리를 핵심으로 하는 시민 광장이라는 개념과 같은 이런 비전은 사실상 이상에 지나지 않는다. 다시 말해, 어디에도 존재하지 않는다는 말이다. 그러나 이것이 완전히 불가능한 꿈은 아니다. 이것은 종교와 공공 생활을 둘러싼 끝없는 문화 전쟁에서 벗어날 유일한 방법임이 분명하다. 어떤 이들은 너무 이상주의적이라고 비판할지 모르지만, 자유는 언제나 이런 식의 비난을 들어왔다. 또한 이상주의적이라 해도 마땅한 대안이 없고 방치되어 치명적 결과가 초래될 경우는 현실적인 대안이 될 수밖에 없다. 분명히 지적하지만 이런 비전이 없을 경우, 어느 일방이 만인의 선을 추구할 자유를 희생하고 승기를 잡을 때까지, 끝나지 않는 문화전쟁이라는 참담한 미래만이 기다리고 있을 것이다. 그리고 그 길의 아래는 서구 문명의 종식과 정의와 자유라는 가장 심오한 인간적 희망의 후견인으로서 그 문명의 역할에 대한 종말이라는 비극이 기다리고 있을 것이다.

달리 더 나은 길이 있을까? 그리스도인들과 세속주의자들이 이런 원리들에 대해 합의하거나 최소한 합의된 의제의 핵심 주제로 수용한다면, 우리는 서로를 의심하고 적대하지 않고 원만한 대화를 시작할 수 있을지 모른다. 그렇게 해서 결국 의미 있는 파트너십이 이루어질 수도 있다. 문화전쟁의 수렁에서 벗어나기 위해서는 양측의 리더십과 용기가 분명히 필요하겠다. 오직 그런 의미 있는 리더십만이 서로 무기를 내려놓고 힘을 합쳐 진보의 길을 제시할 기회를 얻을 것이다. 그렇지 않을 경우, 개구리와 전갈에 대한 이솝의 우화가 잘 포착한 대로 앞으로의 전망은 암울할 수밖에 없다. 전갈이 개구리에게 강을 건너도록 태워 달라고 하자 개구리는 딱 잘라 거절한다. 하지만 전갈이 쏘지 않겠다고 거듭 부탁하자, 결국 승낙한다. 강을 절반쯤 건넜을 무렵, 개구리는 그토록 두려워하던 전갈의 독에 쏘인 것을 느낀다. 독이 번져 온몸이 마비되어 죽어가는 개구리는 "왜 쐈어?"라고 묻는다. 전갈은 "그게 내 존재 방식이니까"라고 대답한다.

지금 그리스도인들과 세속주의자들은 서로를 향해 이글거리는 적개심과 의심의 눈길을 거두지 않고 있다. 그러나 세속주의자들은 자신들의 참된 본성이자 진정한 비전이라고 주장하는 것에 대해 스스로를 대변해야 한다. 물론 이것은 그리스도인들도 마찬가지다. 가령 세속주의자들은 종교적 목소리를 공론장에서 배제시키는 것이 불법이라는 하버마스의 지적을 인정하는가? 마키아벨리의 말대로 예수는 '비무장 선지자'였다는 것은 의심할 여지가 없다. 그러므로 그분의 왕국을 확장시키고자 하는 그리스도인들이라면 그분처럼 무기고에 어떤 독도 숨겨 두어서는 안 된다. 또한 때로 무신론의 호전적 공격을 받더라도 전에는 우리 역시 하나님께 반역하던 죄인이었음을 기억해야 한다. 그리고 무신론자들의 분노 어린 비난을 귀담아 들어야 한다. 즉, 교회가 이전 세대에 저질렀던 죄악과 잘못에 대해 외치는 정의의 목소리를 들을 수 있어야 한다. 그렇다고 우리 그리스도인들이 과거에 지은 죄악 때문에 무신론에 대해 유화적 태도를 취해야 한다는 말은 아니다. 진정한 고백과 개혁이 이루어진다 하더라도 실제적인 차이는 여전히 그대로이겠지만, 우리는 이 차이를 회피해서는 안 된다. 여전히 무신론자들은 우리가 사랑해야 할 이웃이며 복음은 그들의 무신론에 결여된 '더 이상의 것'을 충분히 충족시킬 수 있을 정도로 풍성하고 영광스럽다. 그러므로 무신론자들의 주장에 동조하지 않고 우리의 신념을 확고하고 단호하게 지켜나가되 겸허한 태도와 긍휼히 여기는 마음으로 무신론자들의 선을 위해 싸울 뿐더러 공통의 인류 미래의 선을 위해 함께 싸울 수 있어야 한다. 수세기 동안 이어온 긴 싸움 속에서 양측이 휴전을 선언하고 인류의 공동선을 위해 함께 협력할 수 있을지는 아직 가능성의 문제로 남아 있다. 이것은 인류의 미래를 결정지을 중요한 문제이다.

> **기도** 우리의 마음을 살피시고 다 아시는 주님, 주님은 구도자의 간절한 갈망과 상처받은 마음의 아픔을 아시듯 반역자의 은밀한 욕망도 다 아십니다. 그리고 우리가 은혜로 구원을 알기 전에 얼마나 패역하고 완악했는지도 다 아십니다. 주님을 증거한다고 하면서도 온전하지 못하고 위선적이었던 우리를 용서해주옵소서. 사랑도, 진실함도, 기쁨도 없는 우리를 용서해주시고, 거짓되고 볼품없이 주님을 표상한 잘못도 용서해주옵소서. 혹여 우리의 말로 상처받고, 우리의 행동으로 주님께 나아가지 못한 사람들이 있다면 긍휼히 여겨 주시옵소서. 우리 때문에 주님을 더욱 불신하게 된 모든 사람에게 자비를 베풀어 주시옵소서. 주님, 성령을 부어 주시고 사랑을 새롭게 회복시켜 주사 우리가 그들에게 손을 내밀게 하시고 겸손한 말과 감사하는 삶을 통해 주님을 불신하는 회의론자들이 주께 돌아오도록 하옵소서. 예수 그리스도의 이름으로 기도드립니다. 아멘.

묵상하고 나누기

1 무신론자들에 대해 어떻게 생각하고 평가하는가? 아는 무신론자들이 있다면 그들과 자신의 관계를 어떻게 설명할 수 있는가? 어떤 사람들은 무신론자들의 무신론에 대해 전혀 의문을 제기하지 않고 있는 그대로 받아들인다. 또 어떤 사람들은 각자의 속사정을 전혀 모르면서 상대방의 무신론에 반박하는데 치중한다. 어떤 방식이 더 낫다고 생각하는가?

2 무신론자들이 인생에 '무엇인가 더' 있어야 한다는 갈망을 그렇게 빈번히 드러내는 이유가 무엇인가? 이들에게 어떻게 대답해주고 싶은가?

3 인생의 모든 것을 사회적으로 구성된 것으로 볼 때 어떤 일이 생기는가? 이런 주장을 어떻게 반박할 수 있는가?

제6장

어제나 오늘이나
영원토록

세대의 계승은 전체 인류뿐 아니라 하나님의 백성들에게도 중요하다. 다음 세대로 최고의 유산과 지혜를 전하지 못하는 가정이나 국가, 교회에 화가 있을 것이다!

"더 빨리, 더 높이, 더 힘차게"(Citus, Altius, Fortius)라는 모토는 올림픽이 무엇인지 잘 나타내주고 있다. 올림픽은 세계에서 가장 뛰어난 선수들이 모여 실력을 선보이며 기량을 겨루게 하는 국제 대회이다. 여기서 승리한 최고의 선수에게는 '월계관'이 주어진다. 아마도 이것은 세상이 줄 수 있는 가장 자랑스러운 명예이자 영광일 것이다. 2008년 베이징 올림픽은 중국에서 최초로 개최된 올림픽이었다. 그런데 출발을 알리는 총성이 울리기도 전에 이미 중국인들은 우승한 것 같았다. 이 올림픽은 '최초'라는 수많은 수식어들이 따라붙었는데, 가장 이상한 일 중 하나는 릴레이 계주에서 메달을 딴 미국 선수가 한 명도 없었다는 사실이다.

계주가 올림픽 정식 종목으로 도입된 1928년 이후로 미국 팀은 한 번도 거르지 않고 시상식 단상에 올랐고, 대개 금메달을 수상했다. 그러나 베이징 올림픽에서는 단 한 종목에서도 수상자가 나오지 않았다. 자메이카를 제외하면 이례적으로 남자든 여자든 400미터 계주에서 단 한 팀도 메달권에 들지 못했다. 대체 그 이유가 무엇인가?

베이징 관중들과 전 세계 시청자들은 트랙을 울리는 텅빈 알루미늄 튜브의 기괴한 소리를 반복해서 들었다. 미국 선수들은 배턴을 놓치기 일쑤였다. 미국 팀은 스피드와 체력이 뛰어났지만 핸드오프 기술은 서툴렀다. 개인적으로는 뛰어난 주자였고 속도가 결코 뒤처지지 않았지만, 릴레이 팀으로서는 아니었던 것이다.

베이징 올림픽에서 드러난 미국 선수들의 약점은 발전된 현대 세계에 영향을 미치는 훨씬 더 깊은 문제를 비유적으로 보여 준다. 그것은 바로 세대 간 관계에 영향을 미치고, 그로 인해 현대적 전통관이나 과거의 좋은 기억과 관습의 계승에 영향을 미치는 '세대 중심주의'(generationalism)의 문제이다. 세대 중심주의는 발전된 현대 사회에 이제 막 심각한 영향을 미치기 시작한 세대 개념의 왜곡된 이해와 이용을 가리키는 용어이다.

'세대'라는 단어는 대체로 생물학에 뿌리를 둔 용어였다. 라틴어 게네라레(generare)에서 파생한 이 단어는 자손을 낳는 행위인 출산을 가리키는 표현이었다. 예를 들어, 성경에서 반복되는 유명한 표현인 '낳았더라'(begat)가 여기에 해당한다. 그러므로 한 세대는 부모가 자녀를 낳고, 다시 그 자식을 낳는데 걸리는 시간을 의미했다. 헤로도투스는 앞뒤로 몇 년의 차이는 있겠지만 '한 세대가 30년'이라고 말한다. 다시 말해서 한 세기에 대략 3, 4세대가 있었다는 말이며 동시기에 사는 모든 사람을 보통 같은 세대로 보았다는 뜻이다. 누가복음 11장에서 예수님은 여섯 번이나 "이 세대"라는 표현을 사용하신다.

젊은이든 늙은이든 당시 동시대를 사는 모든 연령대의 사람들을 가리켜 사용한 표현이 분명할 것이다(눅 11:29-32,50-51).

오늘날 현대적 세대 개념은 계몽주의 시대에서 유래했고 생물학 못지않게 문화를 강조하고 있다. 이것은 독일 학문(임마누엘 칸트 같은 철학자들)과 프랑스 혁명(프랑스 혁명가들)의 산물이었다. 계몽주의는 의도적 진보를 통한 사회적 변혁의 가능성을 새롭게 강조했다. 혁명을 통한 완전한 정치적 변혁의 이상이 여기에 포함된다. 또한 변화를 위한 선택된 촉매제로서 젊은이의 역할을 강조했다. 이때는 젊은 독일, 젊은 이탈리아, 나중의 경우 젊은 터키의 시대였다. 또 한 가지 중요한 것은 젊은이들의 위치가 격상됨에 따라 부모들과 노인들이 무시되었고, 그 다음으로는 구시대적인 퇴물로서 삶의 권위자 자리에서 퇴출되었다.

세대는 생물학과 반대적 의미로 문화에 대한 일정한 인정의 의미를 항상 내포했지만 고전주의 시대, 혹은 어거스틴 시대, 엘리자베스 시대, 조지 왕조 시대처럼 다소 포괄적이었다. 그러나 세계가 현대화되고 변화의 속도가 빨라지면서 이 용어는 점점 동일한 문화 경험의 영향을 받는 연령 집단을 가리키게 되었다. 즉, 태어난 년도가 운명을 결정짓게 된 것이다. 예를 들어, 20세기 미국은 잃어버린 세대(1차 세계대전 세대), 가장 위대한 세대(2차 세계대전 세대), 다음으로 침묵하는 세대(전후 세대), 베이비부머 세대(1946-1964), X세대(1965-1980), Y세대 혹은 밀레니얼 세대(1981년생 이후) 등으로 세대를 구분했다.

세대 개념의 이런 축소가 빠른 속도로 진행되면서 새로운 용어의 몇 가지 특징이 두드러지게 되었다. 그리고 각 세대의 독특한 특징을 강조함으로써 세대 간의 확실한 차이가 강조되었다. 그러나 안타깝게도 대부분이 세대라는 용어가 어떻게 활용되고 있는지에 대해 별로 관심이 없었다. 이런 새로운 용어가 어떤 결과를 초래하는지에 대한 토론도 거의 이루어지지 않았고, 따라서 사회에 미칠 파장 역시 거의 고려되지 않았다. 새롭게 강조된 특징들 중 특별히 아래 특징이 가장 중요하다.

첫째, 세대가 정체성을 표현하는 핵심적 방식이 되었다. ("나는 60년대 생이야." "그는 베이비부머 세대야." "그 여자는 밀레니얼 세대야.")

둘째, 계급, 성, 인종, 종교와 같은 범주 외에 세대가 새로운 형식의 상대주의적 의미를 갖게 되었다. ("그 일은 우리 세대만 경험한 문제라서 넌 이해하지 못할 거야.")

셋째, 세대가 권위의 위기를 심화시키는 원인이 되었다. ("서른이 넘은 사람은 아무도 믿지 마." "권위를 맹신하지 마!")

넷째, 세대 중심주의는 포괄적이고 장기적인 책임과 연대의 틀을 무너뜨리는데 일조함으로 적자 지출(다음 세대의 것을 훔치는 행위), 환경 오염(다음 세대에 대한 무책임), 낙태(다음 세대에 대한 살인), 사회적 안정의 저해(세대 간 전쟁), 생물종의 멸종 방지를 예방하는데 심각한 방해가 되었다. ("미래가 우리에게 무슨 필요가 있는가?") 도스토예프스키는 오래전에 이런 우려를 나타냈다. "일면식도 없을 이웃이나 후손을 왜 내가 사랑해야 하는가? 그들도 나를 모를 것이고 나 또한 어떤 흔적이나 추억도 남기지 않고 사라질 텐데."[1]

다섯째, 세대 중심주의는 지속 가능성과 전통 계승의 붕괴를 가속화시킨다. 전통이 '안전한 손과 안전한 보호'의 방편으로 존중받는 것이 아니라 과거의 죽은 손이 되어 버린다. G.K. 체스터튼과 야로슬라프 펠리칸의 유명한 말을 인용해서 말하면 '죽은 자들의 살아 있는 신앙'인 전통이 '살아 있는 자들의 죽은 신앙'이 되어 버린다.[2] 이로쿼이 부족은 어떤 결정을 내릴 때 "다음 일곱 세대까지 좋은 영향을 미칠 수 있는 것은 무엇인가?"라는 질문을 늘 던졌다고 한다. 이 부족에 비해 미국인들은 다음 분기 사업 방향이나 다음 선거에 대해서만 생각한다. 전통을 중시하는 태도는 과거 세대들의 축적된 지혜가 한 세대만의 가장 뛰어난 지혜를 압도하리라는 단순한 믿음을 기초로 한다. 시간이 흐르면 모든 인간은 죽고 모든 인간 제도는 활력을 잃는다. 하지만 살아 있는 전통은 인간이 죽음과 엔트로피를 거스를 수 있는 가장 심오한 방법이다(물론 하나님의 살리시는 부활의 능력과는 비교할 수 없지만).

여섯째, 세대 중심주의는 급진적 현대 개인주의와 쌍벽을 이루며 인간 본성에 대해 낙관적인 많은 현대적 시각들과 유토피아적 이상주의를 강화시킨다. 각 세대가 전 세대를 계승하지 않고, 오직 자기 세대의 경험에만 영향을 받으며 완전히 새롭게 시작한다는 사상은 단순한 한 가지 사실을 무시한다. 존 던이 주장한 대로 "어떤 인간도 완전한 섬일 수 없듯이" 어떤 세대도 다른 세대와 독립적으로 존재할 수 없다. 무엇보다 죄와 그 결과는 끊을 수 없는 끈으로 세대들을 하나로 결박하고 있으며 긴 사슬로 연결되어 있음을 일깨워 준다. 즉, 어떤 경우이든 모든 선택에는 결과가 따르고 세대들 간의 관계는 단절될 수 없다. 가족을 통해 계승되는 가장 뿌리 깊은 전통은 사라지지 않는다. '선조들의 죄악'은 송곳처럼 그 자녀들과 자녀들의 자녀들을 다시 찌른다.

마이클 이그나티예프는 「전사의 명예」(The Warriors Honor)에서 최근 기승을 부리는 민족 종파주의자들의 폭력을 분석하면서 이 진실의 부정적 이면을 드러냈다. 어떤 세대도 과거의 전통과 분리되어 완전히 새로운 시대를 시작할 수 없다. 각 세대는 실제적이든 심리적이든 모든 상처와 모욕과 굴욕을 포함한 그 소속 집단의 과거를 계승한다. 그러므로 테러리스트이든 서구의 특정 행동주의 집단이든 증오는 증오를 낳고 한 세대에서 다음 세대로 복수심이 이어진다는 사실을 직시해야 한다. 폭력은 세대로 이어진다. 이그나티예프는 복수심이란 "죽은 자들이 남기고 간 대의를 계승함으로 그들과의 신의를 지키고 그들의 추억을 간직하고자 하는 갈망"이라고 결론을 내렸다. "복수는 세대 간의 신의를 지키는 일이며 그로 인해 발생하는 폭력은 그 집단의 망자들을 존중한다는 의식의 한 형태이다. 여기에 복수의 정당성이 있다."[3] 가즈오 이시구로는 「파묻힌 거인」이라는 소설 말미에서 한 가지 머리를 떠나지 않는 질문을 제기한다. 안개처럼 과거의 상처를 가리는 망각은 확실히 축복의 측면이 있다. 그러나 그 안개가 개이고 기억이 되살아나면 어떻게 되는가? "수다스럽게 떠들기 좋아하는 사람들이 땅을 차지하고 싶은 새로운 욕망에 옛날의 묵은 원한을 퍼뜨리기 시작한다면 무슨 일이 벌어질지 누가 알겠는가?"[4]

이런 모든 이유에도 불구하고 세대 중심주의는 가족이나 기업체이든, 영국이나 미국 같은 민주주의 국가 혹은 기독교 교회 자체이든 전통의 성공적 계승으로 존속하는 모든 인간 집단에 중요한 관심사가 될 수밖에 없다. 기독교 신앙의 핵심이 세대에서 세대로의 계승이라는 점은 두말할 필요가 없다. 그 이전의 유대교 역시 마찬가지였다. 이것은 하나님 자신의 본성 때문이다. 하나님은 위대한 '스스로 있는 자'(I Am, 출 3:14), 더 정확히 말해 '계속해서 스스로 있는 자'(I will be who I will be)로 자신을 계시하시며 이렇게 말씀하셨다.

> "이는 나의 영원한 이름이요 대대로 기억할 나의 칭호니라"(출 3:15).

하나님은 최종적이고 영원토록 "바로 그분"(He who is)이신 분이다. 하나님은 궁극적으로 자유로우신 분이며 오직 그분 자신의 속성과 언약에만 구속을 받으시는 분이다. 물론 시공간의 제약도 받지 않으신다. 시공간을 비롯한 만물의 창조자이신 하나님은 "주 하나님 곧 전능하신 이여 전에도 계셨고 이제도 계시고 장차 오실 이"(계 4:8)시다. 우리 주 예수는 "어제나 오늘이나 영원토록 동일"하시다(히 13:8).

유대교와 기독교 신앙의 중심에 바로 이 진리가 고동치고 있다. 모세는 임종 직전에 그 백성들과 하나님의 언약을 갱신하면서 자기 앞에 서 있는 백성들뿐 아니라 미래 세대를 명확하게 거론했다.

"내가 이 언약과 맹세를 너희에게만 세우는 것이 아니라 오늘 우리 하나님 여호와 앞에서 우리와 함께 여기 서 있는 자와 오늘 우리와 함께 여기 있지 아니한 자에게까지이니"(신 29:14-15, 이탤릭체로 강조한 부분은 미래 세대도 하나님 앞에 서 있음을 나타내기 위한 것임).

당대 가장 강력한 왕이었던 느부갓네살 역시 여호와 하나님과 비하면 자신의 강력한 제국도 모래성처럼 약하고 덧없음을 인정했다.

"그의 나라는 영원한 나라요 그의 통치는 대대에 이르리로다"(단 4:3).

히브리 시편 기자가 "주여 주는 대대에 우리의 거처가 되셨나이다"(시 90:1)라고 외친 것 역시 당연하다. 그런데 세대를 대하는 현대인들의 태도는 우리가 알고 있는 하나님의 속성과 완전히 어긋나며 하나님 앞에서 행진하는 군대들처럼 지나가는 세대들에 대한 성경적 개념과도 완전히 모순된다. 그러나 우리에게 문제가 있다 해도 부활에 대한 성경적 시각 역시 이 문제를 희망적으로 제시한다. 회복과 치유는 개인주의적 차원에 국한되지 않고 세대들 간에도 적용된다.

"그가 아버지의 마음을 자녀에게로 돌이키게 하고 자녀들의 마음을 그들의 아버지에게로 돌이키게 하리라 돌이키지 아니하면 두렵건대 내가 와서 저주로 그 땅을 칠까 하노라 하시니라"(말 4:6).

이와 같은 성경적 시각으로 바라본 세대는 인류의 고동치는 맥박이며 모든 세대는 각기 속한 시대에서 하나님께 나아가 그 시대에 대한 책임을 져야 한다. 세대의 계승은 전체 인류뿐 아니라 하나님의 백성들에게도 중요하다. 다음 세대로 최고의 유산과 지혜를 전하지 못하는 가정이나 국가, 교회에 화가 있을 것이다! 세대 간의 전수에 대한 건강한 기독교적 관점은 다른 종교들과 비교할 때, 무엇보다 세속주의와 비교할 때, 빛을 발한다. 아서 코에스틀러의 무신론은 극단적인 경우에 속하지만, 그의 난잡한 성생활은 '자녀를 낳지 않는다'는 완강한 결심과 관련이 있다. 건강한 세 번째 아내 신시아 제퍼리즈와 동반 자살 합의도 마찬가지다. 두 가지 모두 그의 무신론, 즉 타인에 대한 폭넓은 공감과 세대 간 연대가 결핍된 무신론의 직접적 결과였다. (그의 영국 친구들이 그를 가리킬 때 즐겨 쓴 표현대로 코에스틀러는 '기빙턴'(Givington) 출신이 아니라 '해빙턴'(Havington) 출신이

였다.) 오늘날 '신앙과 다산'이 상관관계가 있다는 새로운 인식이 싹 트고 있다. 이 부분은 세속적 유대인들과 정통 유대인들의 대조적 모습에서 보듯이 유대인들을 보면 극적으로 드러난다. 아멘이 없는 인생을 따르는 사람들은 미래에 대한 투자에 소극적이며 자녀들의 수 역시 현저할 정도로 적다. 반면 하나님을 믿는 이들은 아무리 시대가 어두워도 새 생명을 출산할 용기를 발휘한다.

전통과 기독교 전통의 전수를 둘러싼 태도 역시 큰 차이가 있다. 다시 말해서 한편으로는 동방 정교회나 가톨릭, 또 한편으로는 개신교 자유주의나 복음주의 간에 거대한 차이가 존재한다. 역사적으로 계승과 변화는 내재적인 필연성이 있다. 하지만 동방 정교회와 가톨릭은 계승을 중시하는 반면, 개신교 자유주의자들과 복음주의자들은 변화를 선호한다. 자유주의자들은 앞에서 지적했듯이 위험하리만큼 극단적으로 변화를 추구하고, 극단적인 자유주의 수정론자들에게는 문자 그대로 미래란 존재하지 않는다. 안타깝게도 복음주의자들 중에도 극단적이고 부정적인 의미에서 '전통적 냄새'가 풍기는 모든 것에 어리석은 과민반응을 보이는 이들이 적지 않다.

역사가들은 팔레스트리나, 알레그리, 탤리스의 음악처럼 교회의 종교 음악은 복음이 서구 문명에 선사한 가장 위대한 선물의 하나이며 샤르트르와 링컨 같은 웅장한 유럽 성당의 아름다움에 비견될 만하다고 말한다. 그러나 이 풍성한 보고는 많은 복음주의자들에게 알려지지 않은 미지의 세계이다. 복음주의자들은 거의 대체로 2000년대 이후 작곡된 노래만을 예배 음악으로 사용하고 있으며 아일랜드 켈틱, 아시시의 성 프란시스, 아이작 왓츠, 찰스 웨슬리, 패니 크로스비의 풍성한 유산은 외면당하고 있다. 하나님은 케이트 게티와 스튜어트 타운센드의 심오하면서도 풍성한 찬양처럼 놀랍도록 탁월한 찬송을 주셨고 이는 앞으로도 세기의 음악으로 남을 것이다. 그러나 계속 반복되고 멜로디보다는 리듬에 치중하는 평범한 대다수의 복음송들은 복음주의자들을 천박한 신학과 뻔한 예배, 역사적 무지와 찰나적 시의성에서 벗어날 수 없도록 만든다. 가벼운 설교와 혁신에 집착하는 분위기와 더불어 그런 음악은 많은 복음주의 교회들이 긴 세월을 견뎌 온 참나무 숲보다 금방 자랐다가 금방 죽어버리는 버섯 재배지에 더 가까워 보이는 또 다른 이유이다. 그동안 나는 "한 세대를 희생해야 다음 세대로 나아갈 수 있다"는 교회 성장 표어를 귀가 따갑게 들었다. 그러나 이 표어는 거짓된 가정을 전제로 하며 복음주의 교회 성장의 치명적 약점이 계승의 부재라는 부인할 수 없는 사실을 드러낸다. 계승이 없는 성공적 교회 성장은 언제나 결국 실패로 끝나게 되어 있다.

차이는 언제나 있을 것이다

그렇다면 어떻게 해야 끝없는 변화와 물러섬 없는 혁신을 중시하면서 진보와 상관성만을 이야기하고 있는 이 시대에, 그리고 세대 중심주의로 고통당하고 있는 이 시대에, 건강한 전통의 도전을 충분한 사유의 주제로 삼도록 할 수 있겠는가? 먼저 세대 간에 차이와 긴장이 없어지지 않을 것이라는 사실을 솔직히 인정하는 것부터 시작해야 한다. 당연하겠지만 유대인들과 그리스도인들은 이런 반목과 차이의 핵심적 이유를 타락이라고 생각한다. '자신에 대한 권리'와 '사물에 대한 자신의 시각'을 주장하는 것이 죄라면, 세대 간 갈등은 그 주장이 세대적 차원에서 전개되는 것이라 할 수 있다. 개인의 '나'가 세대의 '우리'로 팽창한 것이다. "내가 나지, 누구겠어?"라고 말하는 자들을 향한 선지자의 비난은 동일하게 "우리가 우리지, 누구겠어요?"라고 주장하는 세대로 이동한다.

또한 이런 지적은 스페인 철학자 미구엘 드 우나무노가 '생의 비극적 감정'이라고 한 상태와 연결된다. 그리고 이 부분에서 유대적 세계관과 기독교적 세계관이 고전적 세계관과 일치를 보인다. 죄와 흐르는 시간, 변덕스러운 마음 때문에 인간적인 어떤 것도 영원하지 않다. 이사야는 "풀은 마르고 꽃은 시든다"(사 40:8)라고 말했다. 헤라클레이토스는 "똑같은 물에 두 번 발을 담글 수 없다"고 말했다. 언제나 현존하는 세대가 있고 한 세대가 가고 또 한 세대가 온다. 그리고 그 모든 세대는 자기 차례가 되면 예외 없이 날아가는 시간의 화살을 쫓아 위대한 경매인의 "없습니까, 없습니까, 네 팔렸습니다"(Going Going Gone)라는 소리를 들을 것이다.

이런 흐름을 재촉하면서 새로운 세대로 앞 세대를 거부하게 만들고 있는 다음 세 가지를 살펴볼 필요가 있다. 첫 번째는 아무리 혁명적이며 새롭고 충격적이고 특이한 것이라 해도 일상적인 것처럼 받아들여지고 당연시 됨으로, 다음 세대로 계승되지 않고 거부되는 과정인 '일상화'(routinization)이다. 분명히 좋은 습관을 일상화하면 훌륭한 인격과 덕성을 기를 수 있다(알렉시스 드 토크빌의 「마음의 습관」, habits of the heart). 그러나 나쁜 습관은 윌리엄 블레이크가 말한 '마음이 벼려낸 수갑'(mind-forged manacles)을 만들고, 최악의 경우는 중독으로 이어진다. 호주의 어느 오지에서 "어떤 길을 선택할지 잘 생각하십시오. 앞으로 400 킬로미터는 그 길에서 빠져 나올 수 없습니다"라고 쓰인 한 표지판을 본 적이 있다. 마찬가지로 성공을 하면 안일해지고 모험을 꺼리며 도전하기보다 편한 길을 선호하기 쉽다. 일상이 틀에 박히게 되는 것이다.

사람(man)이라는 단어가 여전히 모든 인간을 의미하는 통칭어로 사용되던 시절에 비영리 기관의 역동성이 한 사람(man)에서 여러 사람(men)을 거쳐 운동으로 발전한 다음, 기념비로 막을 내린다는 말이 있었다. 이를 다음과 같이 설명할 수 있다. 세상의 어떤 필요를 충족시키기 위해 새로운 무엇인가가 필요하다고 본 리더가 비전을 제시한다. 그리고 그의 뜻에 동조하는 다수의 사람들이 그를 지지한다. 이렇게 해서 그들은 의욕적으로 운동을 전개해 나간다. 그러나 시간이 흐르면서 그 취지는 퇴색되고 결국 기념비를 세우는 것으로 끝이

난다. 회의실에는 설립자들과 초기 영웅들의 빛바랜 사진들만이 그 자리를 지키고 있다. 이와 마찬가지로 활발하게 활동하던 기관들이 그 효용성을 조금씩 상실해가고, 당대 가장 창의적이고 급진적이던 리더들이 현실에 순응하며, 한때 혁명적이었던 자신의 방식의 포로가 된다. 비영리 기독교 기관들의 핵심 의제가 성공하기 위해서는 그들이 스스로 한발 물러나 전체 교회에 그 힘을 다시 실어줄 수 있어야 한다.

세대 갈등이 고착화되는 두 번째 요인은 때로는 긍정적이고 때로는 부정적인 '전문화'(specialization)이다. 한때 다방면에 걸쳐 많은 지식과 능력을 갖춘 제너럴리스트들이 인정을 받았다. 백과사전식 지혜를 자랑한 솔로몬과 아리스토텔레스, 그리고 다방면으로 뛰어난 레오나르도 다빈치가 대표적이다. 그러나 오늘날 르네상스식의 사상가들은 거의 없다. 지난 2세기 동안 전문가들이 각광을 받았고 그들의 시대가 열렸다. 자본주의에서 노동의 분업을 강조한 아담 스미스의 사상이나 독일 연구 중심 대학의 학문적 전문화나 예술 분야의 유명한 '1만 시간의 법칙' 같은 사상으로 전문화가 강화되었다. 그러나 이런 전문화의 장점과 별도로 치명적 약점도 분명히 있다. 전문화는 집중과 범위 축소가 필수적이므로 언제나 최대의 강점과 보상, 성공에 초점을 맞추며 그 과정에서 목표를 최대한 달성하도록 준비시킨다. 그러나 그 목표에만 집중하다 보면 다른 분야에는 무능력할 수밖에 없다. 오늘날 비서가 없는 기업체 사장이나 비서관이 없는 노 정치인 혹은 프롬프터를 쓰지 않는 대통령을 찾아보라. 간단히 말해 전문화는 통합적 사고나 융통성의 상실로 이어지기 쉽고 즉흥적이고 새로운 것에 취약한 경직성을 낳는다.

세대 간 긴장을 악화시키는 세 번째 요인은 '부패'이다. "모든 권력은 부패하는 경향이 있고 절대 권력은 절대적으로 부패한다"는 액튼 경의 말은 매우 유명하다. 그러나 권력만 부패하는 것이 아니다. 돈이나 부동산, 주식과 같은 물질적 소유이든 지위와 명성과 같은 비물질적 소유이든 소유 역시 부패할 수 있다. 권력과 재물이 모두 있더라도 동일한 진행 과정을 거치기 십상이다. 축적하는 과정에서 지키는 단계를 거쳐 독점한 후에 결국 부패하는 것이다. 이 과정을 확인해 볼 간단한 리트머스 시험지는 '변화에 대한 태도'를 확인하면 되는 것이다. 변화가 일어날 때 가장 많은 것을 가진 이들이 가장 많은 것을 잃게 된다. 그러므로 우리가 권력이나 재물을 가지든지, 재물이 권력을 가지고 우리를 소유하든지 명확히 갈리게 된다. 권력과 재물에 집착하는 사람들이라면 크리스 크리스토퍼슨의 유명한 글귀를 되새기면 좋을 것이다. "자유란, 아무것도 잃을 것이 남아 있지 않음을 일컫는 또 다른 말이다."[5]

앞에서 살펴본 이 세 요인을 종합해 보면 어느 세대나 그들 스스로 인정하는 것보다 결점이 더 많은 이유를 알 수 있다. 당연히 다음 세대는 그러한 결점을 가진 구 세대를 넘어서려고 한다. 어느 세대도 그들 스스로 자각하는만큼 성공적이고 건강하지 않다. 그래서 언제나 결점이 있을 수밖에 없다. 그러면 다음 세대는 구세대에 대해 부정적인 반응을 보일 수밖에 없다. 그러나 그 구세대 역시 '젊은 세대'였을 때 전 세대에 대해 그렇게 반응했다. 그러므로 모든 세대는 겸손하게 스스로를 돌아보아야 하고, 다음 세대 역시 구세대와 같은 자세를 지녀야 한다.

세대 간 갈등은 불가피하다. 구세대가 한때 젊은 세대였듯 언젠가 지금의 모든 젊은이도 구세대가 될 것이다. 모든 젊은 세대는 머지않아 자칭 신진 세력의 등장으로 물러나고 그 새로운 세대 역시 사라질 날이 올 것이다. 찬란한 젊음을 빛내는 아무리 뛰어난 이들이라도 언젠가 노쇠하고 병들어 죽을 것이다. 그리스도인들은 이런 사실을 인식하더라도 절대 냉소주의나 허무주의로 흘러가서는 안 된다. 이것을 넘어서서 소망을 가져야 하며 그 소망은 현실주의에 뿌리를 내려야 한다. 각 세대들 역시 타락한 세상에서 생명의 활력을 공급받아야 한다.

왜 지금인가?

세대 중심주의와 관련해 우리가 할 질문은 분명하다. "왜 지금인가?"라는 것이다. 우리 시대에 세대 중심주의가 두드러지게 나타나는 이유는 무엇인가? 주된 요인으로는 가속화되는 생활 속도와 그로 인해 생겨난 '과거보다 미래가 중요하다'는 인식의 변화가 있다. 다시 말해, 생활 속도가 빨라짐에 따라 과거가 점점 더 빨리 뒤로 물러나는 것처럼 보이는 것이다. 우리 부모와 조부모의 과거도 예외는 아니다. 1969년 인류학자 마가렛 미드는 뉴욕에서 혁명적이라 평가받은 강의를 했다. 당시 60년대 세대들은 역사적 변화를 경험하고 있었다. "현재 젊은이들이 어떤 일을 경험하고 있는지에 대해 젊은이들만큼 잘 아는 노인 세대는 아무도 없습니다."[6] 인터넷과 스마트 기기 시대에서 이런 지적은 누구도 부인할 수 없는 사실이 되었다.

실제로 한동안 이런 인식이 사람들 사이에 유행했고 과거 300년, 아니 3,000년보다 지난 30년 동안에 더 많은 변화가 일어났다는 말이 사람들 사이에서 오르내렸다. 예를 들어, C.S. 루이스는 자신이 속한 20세기 사람들보다 18세기 사무엘 존슨과 1세기 세네카가 서로 더 생각이 비슷하다고 지적했다. 인터넷이 보편화 된 지금 루이스에 대해서 같은 말을 할지 모르고, 몇 년이 지나면 우리에 대해서도 이런 말을 할지 모른다. 그러나 그런 주장을 시시콜콜 논증하는 일은 무의미할 것이다. 생활의 급속한 변화는 말도 안 되는 '반 복고'(anti-oldies) 운동처럼 과거에 대한 심각한 폄하로 이어졌다.

지그문트 프로이트의 오이디푸스 콤플렉스 개념이 그런 태도에 대한 일종의 소집 신호가 되었고, 또한 완벽하게 중단 없는 진보를 원하는 모든 이의 강령이 되었다. 즉, 아들은 아버지를 죽여야, 젊은 세대는 늙은 세대를 제거해야 스스로를 발견할 수 있다. 그런데 프로이트의 생각과 달리 문제는 아버지가 어머니의 관심을 차지하는 것이 아니라 아들이 아버지의 권위에 적대감을 갖는 데 있다. 물론 결과는 마찬가지다. 우리보다 강한 이는 누구든 자동적으로 폭군이 되고, 우리보다 나이든 세대는 누구든 자동적으로 구태의연한 과거 사람이 된다. 따라서 미래로 나아갈 확실한 길은 그들을 철저히 거부하는 것이다. 믿기 어렵겠지만 반 복고 운동의 구호를 외친 사람은 영국 토리당 내각의 각료, 다시 말해서 보수주의자였다. "누군가가 이기적이고 근시안적인 구세대와 싸울 필요가 있다. 그들은 미래가 아니라 과거이다."[7]

이것은 많은 현대인들에게 "우리를 위해 미래가 무엇을 했는가?"라는 질문이 "과거가 우리에게 무엇을 말할 수 있는가?"라는 질문과 같은 의미를 지니게 되었다는 것을 뜻한다. 그 결과로 연속성을 희생한 변화, 전통을 희생한 혁신, 역사성을 희생한 참신함, 증명 가능성과 신뢰성을 무시한 상관성을 강조하게 되었다. 당연하겠지만 미래의 관점에서 보면 지금 생존해 있는 우리는 모두 과거이고, 따라서 상관성이 없는 존재이다. 그러나 과거의 지혜가 없다면, 젊은이들은 노인들 못지않게 이기적이고 근시안적일 수 있다.

세대 중심주의가 부상한 이면의 또 다른 요인으로, 지속적이고 견고하며 객관적인 형태의 개인적 정체성의 붕괴를 꼽을 수 있다. 전통적 세계에서 현대 세계로의 총체적 이동은 두터운 공동체 의식에서 얇은 연대 의식으로의 변화가 한 부분을 차지한다. 더불어 정체성을 귀속 개념이 아닌 성취 개념으로 보는 인식의 변화가 일어났다. 간단히 말해, 현대인들은 더 이상 자신이 속한 가족과 도시, 계층과 직업, 심지어 성으로 정체성을 규정하지 않는다는 말이다. 우리는 원하면 누구라도 될 수 있고, 우리 앞에 놓인 선택은 그 범위가 무제한에 가깝다. 50가지가 넘는 성적 취향도 원하는 대로 고를 수 있다. 요약하자면 현대의 정체성은 고정된 것이 아니라 유동적이며 물려받는 것이 아니라 만드는 것이다. 정체성은 주관주의적이고 자기 스스로 선택하며 언제라도 변화 가능하다는 인식이 점차 확산되고 있다.

    세 번째 요인은 두 번째 요인과 밀접하게 관련되어 있다. 바로 '소비주의'의 영향이다. 현대 소비주의 사회의 등장은 두 가지 기본적 변화가 그 이면에 있다. 첫째는 수세기 전에 일어난 변화로, 기능적이기만 하던 옷이 기호와 지불 능력에 따라 얼마든지 바뀔 수 있는 패션으로 개념이 달라진 것이다. 처음에는 왕족들과 귀족들의 전유물이었으나 이제는 거의 모두가 패션을 추구하고 있다. (사회학자 게오르그 짐멜은 패션을 '되어감의 예술'-the art of becoming-이라고 표현했다.) 둘째는 20세기에 시작된 '생산에서 소비 사회로의 변화'이다. 그 전에 생산은 수공으로만 가능했기 때문에 느리고 양이 제한적이었다. 그래서 소비가 생산을 쉽게 따라잡을 수 있었다. 그러나 산업 혁명의 열기로 생산이 소비를 훨씬 추월하게 되었고, 소비를 진작시키기 위해 마케팅과 홍보 개념이 새로이 등장하게 되었다.

그 결과 지난 세기에는 '소비자 혁명'이라는 강력한 엔진이 시동을 걸었다. 그리스도인들은 소비주의를 상대주의와 같이 위험한 사상으로 생각하지 않지만, 그 해악이 상대주의 못지않게 심각하다. 또한 주의 대상이 아니기 때문에 더욱 더 위험하다는데 이견의 여지가 없다. 서방의 아타나시우스라고 불리는 푸아티에의 힐라리우스는 현대 소비주의가 등장하기 전인 4세기에 이 점을 분명하게 경고했다.

> 오늘날 우리는 교활한 박해자이자 교묘한 적과 싸우고 있다 … 등을 채찍으로 후려치지는 않지만 배를 기분 좋게 만져 주고, 종신형에 처하지는 않지만 풍요로움으로 죽음에 이르게 하는 적이다. 사람들을 감옥의 자유에 밀어넣는 대신 궁의 노예로 살도록 명예를 주고 칼로 목을 베는 대신 황금으로 영혼을 죽이는 적이다.[8]

소비주의의 수많은 영향 중 세대 중심주의의 등장에 직접적인 영향을 미친 것은 두 가지이다. 첫째, 소비 사회는 만족할 줄 모르는 끊임없는 변화에 대한 욕구를 들어내며 새로운 상품의 신속한 교체에 몰두한다. 세대 의식을 비롯한 모든 것이 패션의 문제이며 따라서 있든지 사라지든지, 뜨겁든지 차갑든지, 오늘 유행하든지 어제로 밀려나든지 한다. 둘째, 소비주의는 정체성을 나타내는 주된 방식이 되었다. 우리가 입는 청바지에서부터 자동차, 음악, 레스토랑, 신용카드에 이르기까지 모든 것이 우리가 누구인지 혹은 누구라고 생각하고 싶은지를 말해준다. 우리의 정체성은 우리가 구매하는 것이며 구매하는 물건이 달라지듯이 계속해서 변한다.

흔히 있는 일이지만 '예외'에서 규칙이 드러나고 증명된다. 유명한 시계 장인인 파텍 필립은 고급스러운 사진으로 시계를 광고하면서 "당신은 파텍 필립을 소유한 것이 아닙니다. 다음 세대를 위해 잠시 맡아두고 있을 뿐입니다"라는 카피를 이용했다. 그리고 그 광고는 성공했다. 그 이유는 매우 색달랐기 때문이다. 대부분의 상품은 오래가지 않는다. 또한 금방 유행에 뒤처져 새로운 것을 쫓아가게 만든다. 당신은 소비자이므로 음식, 옷, 자동차 등 무엇이든 소비를 해야 한다. 소비는 말 그대로 먹어치우고 없애는 것을 의미한다. 세대의 교체도 이와 마찬가지다.

다음 세대에 전하기 위해 필요한 것

그리스도인들은 세대 중심주의로 치우치는 현 상황 가운데 어떻게 대처해야 하는가? 먼저, 세대 중심주의의 중심을 차지하고 있는 '변화'라는 우상에 절하기를 거부해야 한다. 우리 주님은 새 포도주는 '새 부대'에 담으라고 말씀하셨다. 그러므로 우리는 변화와 혁신, 모험 정신과 도전을 마다하지 않고 전심을 다해 노력해야 한다. 또한 주님은 사람들이 낡은 의복을 기우려고 새 천을 덧댈 경우에 생길 일도 경고하셨다. 따라서 우리는 변화뿐 아니라 계승도 소중히 하고, 혁신뿐 아니라 전통도 중요하게 생각해야 한다(마 9:16-17). 이 모든 것이 서로 짝을 이루지 않으면 균형을 잃고 무너지게 된다. 퇴락을 영원히 막는 것만큼 혁신적인 일은 없을 것이다.

변화라는 우상은 세속적이고 이상주의적인 계몽주의라는 혁명으로, 그리고 프랑스 혁명, 러시아 혁명, 중국 혁명으로 그 모든 약점을 공공연히 드러내었다. 상대적으로 보수적 혁명인 미국 혁명과 대비가 된다. 계몽주의 혁명들은 이성의 능력을 과도하게 신뢰했고 인간 본성의 완전한 개조라는 희망을 무분별하게 확신하여 인간 마음에서 시작되는 변화를 통해 내부에서 외부로가 아니라 외부에서 내부로의 혁명이 가능하다고 생각한 정치적 실수를 저질렀다. 코에스틀러는 자신이 18세 때 헝가리의 공산주의 승리를 자축하며 '인터내셔널가'를 열정적으로 불렀다고 술회한다. (과거는 깨끗한 판으로 덮일지니 억압받는 민중들아, 일어나라, 일어나라. 세상은 바야흐로 밑바닥부터 뒤바뀌고 아무것도 아니었던 우리들이 전부가 되리라.) 나중에 그런 유토피아주의의 비극적 결과에 환멸을 느낀 그는 마르크스주의 혁명에 대한 자신의 신념을 '실패한 신'이라고 기술했다.

위대한 혁명의 세기가 지나고 오늘날 변화의 주된 우상은 '영원한 젊음'이라는 꿈이다. 성인이 되어 처음 중국에 갔을 때, 한 노신사가 쓴 웃음을 지으며 내게 말했다. "자네는 큰 실수를 했어. 노인을 공경의 대상으로 보는 중국에서 자랐지만, 이제 젊음만을 중요하게 여기는 미국에서 나이가 들어갈 게 아닌가. 반대로 살았어야 했는데 말이지."

발전된 현대 세계의 대다수 지역이 젊음에 대한 미국의 태도를 따라오고 있기는 하지만 그의 지적은 일리가 있었다. 물론 중국도 머지않아 이 길을 따라올 것이다. 현대 세계에서 우리는 몸매와 건강, 매력적인 외모에 큰 가치를 부여한 채 노화와 죽음을 외면하는 전반적인 분위기 속에서 몇 가지 단순한 진리를 망각하고 있다. 먼저는 성숙이 상대적이라는 것이다. 체조 선수는 스무 살이면 노장이고, 복싱 선수는 서른 다섯, 크리켓 선수와 야구 선수는 마흔이면 노장 선수로 취급받는다. 서른 살의 박사 과정 학생은 늙은 축에 속하지만, 서른 한 살의 교수는 젊은 축에 속한다. 소설가들은 20대와 30대에 가장 왕성한 작품 활동을 하는 반면, 화가는 40대에도 여전히 젊은 축에 해당한다. 대각성과 부흥을 주도한 지도자들은 대부분 30대 이하였지만, 가장 위대한 국가 지도자들은 상당수가 80대였다. 골다 메이어는 여든에 이스라엘 수장이 되었다. 간단히 말해 우리가 몇 살이 되든 자족함과 탁월함이 '하나님의 지고하신 영광에 맞는 우리의 목표'가 되어야 한다는 것이다.

우리가 쉽게 망각하는 또 다른 진리는 나이가 들수록 더 좋아지는 것이 인생에 적지 않다는 것이다. 빈티지 버건디보다 보졸레 누보를 더 좋아하는 사람은 바보 아니면 무식한 사람일 것이다. 마찬가지로 1960년대 "서른이 넘는 사람은 아무도 믿지 마라"는 어리석기 그지없는 슬로건은 토마스 오덴의 후련한 독설을 통해 비난을 받았다. "3백 살 이하의 사람은 누구도 믿지 마라." 헝가리의 유명한 피아니스트인 안드라스 쉬프는 런던에서 60번째 생일 기념 연주회를 하면서 베토벤의 '디아벨리 변주곡'을 연주하기로 결정했다. 그는 그동안 베토벤의 32개 소나타를 연주하기 위해 오십 살까지 기다렸다고 말했다. 20개의 소나타 전곡을 다 연주한 뒤에야 감히 '디아벨리 변주곡'을 연주할 용기가 났다는 것이다. "이 곡은 베토벤이 작곡한 곡 중 가장 신비롭고 화려한 곡입니다 … 저는 스무 살밖에 안 된 피아니스트들이 이 곡을 바로 연주한다는 게 이해가 안 됩니다. 그건 진지한 태도가 아닙니다."[9] 또 다른 피아니스트인 아프투르 슈나벨도 비슷한 말을 했다. "모차르트의 소나타들은 아이들에게는 너무 쉽지만 어른들에게는 너무나 어렵다."[10]

전통을 전수하는 기관

둘째, 건강한 전통과 전통의 성공적인 전수에 필요한 것을 사회적 용어로 새롭게 인식하는 작업이 이루어져야 한다. 가장 큰 문제는 가정, 교회, 학교 같은 모든 사회의 기초 양육 기관이 동시에 기초 전수 기관이라는 것이다. 누구나 알겠지만 오늘날 이 세 기관은 공격의 대상이 되고 있고, 그중 가정이 집중적 공격 대상이 되고 있다. 성경적으로 보면 가정이 중요한 이유는 관계들이 중요하기 때문이고, 관계가 중요한 이유는 하나님이 인격체이시기 때문이다. 하나님은 추상적인 철학적 이론이나 비인격적 존재의 근거도 아니시고 우주의 전체 세력들의 총합도 아니시다. 그래서 그분은 자기 형상대로 만든 인간과의 인격적 관계를 중요하게 생각하신다. 그분이 택하신 백성이 민족으로 성장하기 전에 그들은 먼저 한 가정이었고 아브라함의 가족이자 이스라엘의 자녀들이었다. 그러므로 우리 역시 가정에서 출발해 이웃을 거쳐 더 넓은 세상으로 이어지는 관계로 하나님을 가장 크게 높여 드릴 수 있다.

성경 이야기는 한 가정에서 시작하지만 그 수준에서 멈추지 않는다. 또한 타락 이후 가정에 생긴 문제들을 미화시키지도 않는다. 성경은 창세기에서 한 가족의 이야기로 먼저 시작한 후, 출애굽기와 한 민족의 이야기로 넘어간다. 하지만 가정이나 민족의 계속된 역기능적 모습을 과감없이 드러낸다. 구약의 모든 내용은 이사야와 선지자들과 열국에 대한 환상과 메시야적 평화로 절정에 이른다. 다시 말해서 가정은 사회를 예시하고 국가보다 선행한다. 그러므로 성경은 개인적 차원에서 공적 차원으로, 개별적 차원에서 국가적이고 국제적 차원으로 나아간다. 우리는 어떤 정권의 통치를 받느냐보다 우리가 누리는 관계의 질에 더 관심을 가져야 한다. 항상 개인의 수준이 정치적 영역에 영향을 미치지 그 반대가 아니기 때문이다. 우리가 소속된 국가보다 우리 사회의 성격이 언제나 우리에 대해 더 많은 것을 드러낸다. 특별히 이것은 민주주의보다 가정이 자유와 정의, 안정에 더 결정적 영향을 미친다는 것을 의미한다.

이런 강조는 성경적으로 볼 때 가정이 우리가 자라고 인생을 배우는 장소만이 아니라 모든 개인적 관계의 기초이자 정치적 관계를 비롯한 모든 다른 관계의 열쇠를 제공하는 학교로서 중요하다는 것을 의미한다. 가정에서 세운 언약적 헌신에 대한 애정과 충성은 국가적 차원에서 보이는 언약적 충성의 척도가 될 것이며 그 언약적 사랑과 충성은 언제나 루소의 사회 계약이나 오늘날의 협소한 법적 계약들이 만들어 낸 어떤 결속과도 비교할 수 없는 깊은 결속을 이루어낼 것이다.

그 반대 역시 마찬가지다. 아무리 훌륭한 정부라 해도 무너진 가정으로 가득한 무너진 사회의 틈을 메울 수 없다. 무너진 가정과 무너진 사회는 그 수준에 걸맞는 정부를 가질 것이며 당연히 그 정부는 최고가 아닐 것이다. 성경이 가정에 초점을 맞춘다고 해서 가정생활을 미화시키는 것은 아니다. 예를 들어, 가인과 아벨, 에서와 야곱, 암논과 압살롬 형제간의 갈등을 보라. 물론 이야기의 사실성 때문에 가정의 중요성을 더욱 부각시킨다고 하는 이들도 있다. 그러나 그 사실성은 발전된 현대성이 가정과 그 결속을 위한 언약적 사랑을 무자비하게 짓밟고 박살내는데 이용된 사실성과는 완전히 다르다. 아무래도 좋다는 잘못된 생각으로 하나님이 주신 가정이라는 개념 자체가 무너지고 언약적 성실성은 모호해졌다. 그리고 구속력 없는 선택의 개념에 짓밟혀 온 결과, 현대 가정과 그 결속의 기초는 황폐해져 버리고 말았다.

두 가지 필수 요건

세대 중심주의의 위기는 가정의 위기로 이어지는 것이 분명하고 그 이유도 쉽게 확인할 수 있다. 인간이 오직 자녀들과 그 자녀들의 자녀들을 통해서만 존속할 수 있다는 것은 자명한 사실이다. 따라서 세대 간의 건강한 계승이 계속 그 건강성을 유지하고 부패하지 않으려면 최소한 두 가지가 필수적이다.

첫째, 세대 부담(generational baggage)과 세대 주기(generational cycles)에서 자유롭고 건강한 관계를 계승할 필요가 있다. 이와 반대로 오늘날 손상된 관계는 세대 간 격차가 얼마나 큰지, 그리고 실제적이든 관념적이든 과거의 죄악에 대한 기억을 기반으로 하는 희생자 문화가 얼마나 번성하는지 재단할 수 있는 한 척도이다. 오늘날 수 백년 전 조상들의 죄까지 모두 되갚으려 하는 정치적으로 올바른 청교도들의 위선을 보라. 이 글을 쓰고 있는 지금, 집중적 비난의 표적으로 떠올라 동상 철거 위협을 받는 두 위인은 우드로 윌슨 대통령과 식민지 탐험가 세실 로즈이다.

오늘날 새로운 청교도들의 문제는 '결함이 있는 영웅'이라는 시장이 공급과 수요 양면에서 과열 양상을 보인다는 것이다. 우리는 모두 죄인이므로 잠재적 피고는 언제나 끝없이 공급될 것이다. 그리고 사람은 누구나 누군가가 추적하면 단죄할 수 있는 죄를 지었다. 이 시장이 폭발하는 이유는 희생자 문화, 쉽게 달아오르는 감정의 과열, 소송 남발의 문화 속에서 수요 역시 동일하게 끝이 없다는 데 있다. 그러나 용감한 새 행동주의자들은 오히려 문제를 악화시키고 있을 뿐이다. 복수를 하면 할수록 분노의 수위가 높아지고 복수에 대한 갈증 역시 더 깊어지기 때문이다. 복수로는 불의가 해결되지 않는다. 오히려 불의를 재순환시킬 뿐이며 증오와 분노로 세대들을 하나로 결속시킬 뿐이다. 사람들은 용서와 화해가 동반되지 않는 단죄만으로는 정의와 진정한 평화를 이룰 수 없다는 점을 망각한다. 과거 조상들의 죄악을 단죄하는데 열중하는 사회는 결국 자유도, 미래도 사라지고 말 것이다. 오직 상처, 분노, 보복의 세대 간 악순환의 결박만이 더욱 공고화 된 결말이 기다리고 있을 것이다.

둘째, 지속적 계승이 가능하기 위해서는 어떻게 해서든 두 인격체의 결합으로 자손을 낳아야 한다. 이 지구상에서 부모를 통하지 않고 세상에 태어난 사람은 한 사람도 없다. 부모가 되지 않고서는 후대에 생명을 이어주지 못한다. 그러므로 한 남자와 여자 간의 '자연적인 결혼'은 건강하고 지속가능한 사회를 위해 필수적이다. 반면 동성 간의 결혼 생활은 결국 한 사회를 자멸로 이끌어 갈 것이다. 자연적 결혼만이 인류학적으로 인간의 심각한 두 격차, 즉 남성과 여성 간의 성적 격차와 부모와 자식 간의 세대 격차를 메워 줄 유일한 결혼 양식이다.

이 모든 것은 '자연 가정'의 위기가 곧 자유의 위기이자 문화 계승의 위기이고 문명의 위기임을 의미한다. 프랑스 철학자 이폴리트 텐은 가정을 '죽음의 유일한 치료제'라고 표현했고, 동일한 맥락에서 스위스 신학자 에밀 브루너는 '부모를 공경하라는 십계명의 제 5계명이 전통의 대헌장'이라고 지적했다.[11] 가정이 총체적 위기라는 것은 두말할 필요가 없다. 개방적 성 문화의 만연, 성적 쾌락을 즐기되 출산의 두려움에서 해방시켜 주는 피임약, 무책 합의 이혼, 낙태 합법화, 다양한 형태의 결혼, 조력 자살, 저녁 가족 식사의 실종, 공립학교에서 사용되는 성교육 자료에 이르기까지 이 모든 최신 경향은 문명의 기본적 양육과 전수 기관으로서의 가정에 대한 유대적이고 기독교적인 시각을 무너뜨리는데 일조해 왔다.

성 혁명을 부추기는 자들을 믿고 그들이 우리 자녀들에게 가르치는 대로 그냥 두고 본다면, 성은 친구들과 나누는 재미있는 놀이에 지나지 않게 되고, 상호 합의라는 유일한 조건 안에서 자유로이 실행하는 실험에 불과하게 된다. 무엇보다 부모들은 더 이상 자녀들의 가장 일차적 교육자가 아니게 된다. 관계에 개입할 어떤 권리도 없고, 결혼생활과 가정은 수많은 생활 방식의 하나에 불과한 것처럼 아무 상관관계가 없게 된다. 이토록 위험한 환상에도 불구하고 변하지 않는 진실이 있다. 이런 어리석은 상황이 지속되는 한, 우리 사회는 유례없는 심리적 혼동과 사회적 혼란에 봉착할 것이고 결국 자유를 잃어버리게 되리라는 것이다. 이런 의도적인 문화적 변화의 재앙으로 가족이 붕괴될 경우, 문화적 전승과 전통 역시 패자가 될 것이고, 그로 인해 우리 문명 역시 동일한 운명을 맞게 될 것이다. 그런데 이 돌이킬 수 없는 파국이 오기 전에 두 번 생각할 사람들이 과연 충분히 있을 것인가?

기억하라, 또 기억하라

셋째, 하나님께 세세토록 충실함을 지키기 위한 영적 조건을 기억해야 한다. 오늘날 정신적 혁신과 새로움을 유지하기 위한 세속적 비결들이 홍수를 이루고, 모든 기업과 웹사이트도 그 대의에 뛰어들고 있다. 호기심, 여행, 역사, 평생 학습, 문제를 해결하고자 하는 결연한 의지는 가장 많이 권장되는 제안 중 일부이다. 의료용 보조기기, 기억력 향상을 돕는 약품, 그리고 오늘날 유행하는 필수품인 브레인 푸드에 관한 넘쳐나는 상업 광고도 그런 노력의 일환이다.

그러나 우리가 가장 먼저, 그리고 최종적으로 의지할 것은 당연히 성경적 계승 방식이다. 성공적 계승이라는 도전 의식은 씨줄처럼 성경 전체를 관통해 흐르고 있다. 성경이 하나의 이야기이면서 동시에 수많은 이야기들로 이루어진 거대한 이야기 모음이라는 사실은 굳이 강조하지 않아도 다 알 것이다. 이야기가 으레 그렇듯이 성경도 시작과 결말이 있고, 따라서 그 흐름과 통일성이 중요하다. 수세기 동안 전승되는 신앙도 마찬가지다. 성경은 그 특유의 솔직함으로 세대에서 다음 세대로 전수하는데 실패한 극적인 사례들을 과감 없이 서술하고 있다. 엘리의 아들들이 타락한 이야기, 사무엘의 아들들의 부패, 다윗 왕의 추악한 죄악, 솔로몬의 교만과 어리석음을 적나라하게 고발하고 있다. 성경은 그 영웅들을 조금도 미화하지 않으며 그 기록에 어떤 덧칠도 하지 않는다.

또한 동시에 개인에게나 이스라엘 민족에게 참으로 중요한 극적인 계승의 이야기들을 들려준다. 이스라엘이 그 고귀한 소명을 유지하기 위해서는 신의(faithfulness)의 정신이 다음 세대로 성실하게 전수되어야 했다. 왕들은 훌륭한 선조들처럼 여호와께 끝까지 믿음을 지켜야 했다. 선지자의 겉옷을 또 다른 선지자가 물려받아야 했다. 횃불이 꺼지지 않고 밝은 불빛을 내며 전달되어야 했다. 바통을 떨어뜨려서는 안 되었다. 그래서 모세는 여호수아에게 바통을 물려주었고 여호수아는 그의 후계자들에게, 사무엘은 사울에게, 다윗은 솔로몬에게, 엘리야는 엘리사에게, 사도 바울은 믿음의 아들인 디모데에게 바통을 물려주었다. 이 모든 이야기 속에서 몇 가지 주제가 계속 강조된다. 그리고 그 주제들은 오래전 사람들에게 그랬듯이 오늘날 우리에게도 연관이 있다.

첫째, 횃불을 전달하는 주자들은 후임자들이 현재의 중요성을 인식하도록 도전해야 한다. 모든 위대한 지도자에게는 조국의 역사와 그들이 속한 현재의 중요성을 이해하는 본능적 감각이 있었다. 모세는 여호수아와 백성들에게 이제 떠날 때라고 말했다. 그들은 긴 세월을 광야에서 배회하며 허비했다. 여호수아는 그 후임자들에게 약속의 땅의 정복 과업을 완수할 때라고 말했다. 하나님은 온 땅을 그들 앞에 두셨다. 지도자의 고별 연설은 오늘날의 미국 대통령의 부끄러움을 모르는 고별 연설처럼 자기 유산을 공고화하는 데 목적을 두어서는 안 된다. 현재적 순간의 지평을 설명하고 다음 세대를 위한 기회와 도전으로 관심을 유도함으로써 차세대를 위한 의제를 제시해야 한다. 지금 우리 시대에 그런 유사한 작업이 시급하다.

둘째, 다음 세대로 횃불을 전달하는 주자들은 후임자들이 그들이 지나온 길을 기억하도록 도전해야 한다. 성경에서의 기억은 단순히 낭만적 추억이나 향수, 브레인파워의 회복과 아무 관계가 없다. 오로지 감사와 겸손, 믿음과 소망을 고취하는데 목적이 있다. 하나님은 한 번도 우리를 실망시키신 적이 없고 앞으로도 그러실 것이지만, 우리는 지금까지 하나님이 우리를 어떻게 인도해오셨는지를 기억해야 한다. 위대한 중국 선교사 허드슨 테일러는 '에벤에셀'(하나님이 지금까지 우리를 도우셨다)과 '여호와 이레'(여호와께서 미래를 예비해 주신다)를 강조한 것으로 유명하다. 반대로 죄는 언제나 성경에서 망각과 연관 있다. 모세는 유월절 후 애굽에서 빠져나올 때 이스라엘 백성들에게

"그날을 기념하라"고 당부했다(출 13:3). 그리고 몇 년 후 여호수아와 다음 세대에게 지휘권을 승계하면서 그 당부에 내용을 추가했다.

> "네 하나님 여호와께서 이 사십 년 동안에 네게 광야 길을 걷게 하신 것을 기억하라"(신 8:2).
> "네 하나님 여호와를 잊어버리지 않도록 삼갈지어다"(신 8:11).

그래서 '주의 밤'(Lord's night)을 기리는 유대인의 절기는 어린아이의 질문으로 시작한다. "왜 이 밤과 다른 밤들이 다른가요?" 이 질문은 기억과 감사를 돕는 연례행사의 한 일부였다. 마찬가지로 야곱은 여행 중에 벧엘에서 하나님께 제단을 쌓았고, 여호수아와 그 백성들 역시 하나님이 요단강을 건너 약속의 땅으로 들어가게 인도해 주시던 날 강 중간에 기념석을 남겨 두었다. 논 노비스 도미네(Non nobis Domine), 즉 "주님, 저희에게가 아니라, 저희에게가 아니라, 오직 당신 이름에 영광을 돌리소서." 이제 개인이나 가족이든 교회나 민족이든 계속 이 이야기를 해야 하고, 망각하지 않도록 가족의 기념비와 민족의 기념비를 세워야 한다. 기억은 감사와 신뢰 회복의 열쇠이다.

셋째, 다음 세대로 횃불을 전달하는 주자들은 그 후임자들이 미쁘신 하나님의 영원한 진리를 의지하도록 도전해야 한다. 아무리 뛰어나고 성공한 사람이라 해도 언젠가 죽는다. 아무리 견고하고 사랑이 넘치는 가정이라 해도 영원하지 않다. 아무리 찬란한 영광을 누리는 시대라 해도 결국에는 끝이 있다. 아무리 강력한 부흥도 한두 세대 이상을 이어가지 못한다. 해가 지지 않는 날도, 영광이 시들지 않는 영웅도 없다. 그러나 하나님은 변치 않으시고 그분의 언약을 어기지 않으시며 그분의 자비는 무궁하고 그분의 구원과 감찰하심과 회복은 언제나 준비되어 있다. 요셉은 형제들에게 "나는 죽을 것이나 하나님이 당신들을 돌보시고"(창 50:24)라고 말했다. 우리는 온갖 인간적 반대와 심지어 우리를 소멸시키려 달려드는 시간과 죽음에 맞서 우리 실존을 '오직 하나님께' 의지해야 한다. 하나님은 우리가 먼지를 뒤집어쓰고 누울 때에라도 우리 믿음을 지켜 주시는 분이다. 하나님을 찬양하는 시편 기자의 후렴구 가사처럼 "그 인자하심이 영원하시기" 때문이다(시 136).

기독교 교회, 특히 복음주의자들은 세대 중심주의에 정면으로 맞서서 그것을 깨뜨려야 한다. 그 우상들을 식별해서 파괴하고 사방으로 확산된 해악을 고쳐야 한다. 건강한 기독교적 전통을 회복해야 한다. 우리가 섬기는 하나님의 성품으로 생명을 살리는 세대 계승의 정신을 회복해야 한다. 이를 위해 우리 개개인이 매우 중요하다. 물론 우리는 더 긴 사슬의 연결 고리들일 뿐이며 더 위대한 멜로디의 악보이자 더 큰 이야기의 한 장면일 뿐이다. 하지만 하나님을 뿌리로 하는 긴 믿음의 세대들 중 지금 이 세대보다 다음 세대에 더 중요한 연결고리는 없다. 지금 우리 시대가 특별한 위기 상황에 놓여 있기 때문이다. 그러므로 우리가 다음 세대에 무엇을 전할지는 특별히 중요하다. 언제나처럼 우리의 가장 중요한 우선순위는 우리 주님에 대한 온전한 충실함을 지키는 방향으로 전수할 가치가 있는 것을 다음 세대에 전하는 것이다.

기도 하나님 아버지, 영원부터 영원까지 우리의 거처가 되어 주시는 주님, 이기심으로 넘어지고 이 시대의 근시안적 관점에 쉽게 속는 우리를 용서해주옵소서. 주님 앞에 너무도 작고 보잘것없는 우리지만 그럼에도 주 안에서 존귀한 존재임을 깨닫게 하옵소서. 가정에서든 교회에서든 우리가 앞서 간 모든 이에게 빚을 졌음을 깨닫게 하시고, 또한 다음 세대를 위한 책임감을 가지고 살아가도록 하옵소서. 무엇보다 주께서 주신 소명을 따라 이 시대를 향한 주님의 뜻을 이뤄가는 삶을 살아가게 하옵소서. 예수 그리스도의 이름으로 기도드립니다. 아멘.

묵상하고 나누기

1 개인적으로 보수적인 성향인가, 진보적인 성향인가? 가족과 교회는 어떤가? 이런 성향의 장단점은 무엇인가? 더 균형 잡힌 삶을 영위하기 위해서 보완되어야 할 부분은 무엇인가?

2 지금 자신이 속한 세대의 특징에 대해 스스로 생각하는 대차대조표를 작성해 보라. 하나님 나라의 우선순위에 비추어 그 장점은 무엇이고 단점은 무엇인가?

3 지금까지 누렸고 어쩌면 당연시했을 모든 것을 다음 세대에 건강하게 계승하기 위해 가정이나 교회에서 도입할 수 있는 실제적인 원칙이나 의무는 무엇인가?

제7장

우리에게 도구를 주소서

그리스도인으로서 발전된 현대 세계와 맞서 싸우기 위해 필요한 도구는 무엇인가? 당연하겠지만 그리스도인들이 하나님과의 인격적인 관계를 갖고 그분의 권위 있는 말씀인 성경에 대해 깊이 알아가는 것이다.

1963년 케네디 대통령은 윈스턴 처칠에게 미국 명예 시민증을 수여하며 그의 불멸의 연설을 칭찬했다. "그는 영어라는 언어를 동원해 전투에 내보냈다." 세계대전이 끝난 지 몇십 년이 흘렀지만 여전히 많은 사람들이 그의 명연설을 인용하고 있다. 가령 "나는 피와 수고, 눈물과 땀밖에 드릴 것이 없다", "바로 지금이 그들의 최고의 시간이었다", "인간 투쟁의 역사에서 이토록 많은 사람이 이토록 적은 사람에게 이렇게 큰 빚을 진 적은 결코 없었다"는 많은 사람들이 즐겨 인용하는 구절이다. 이처럼 처칠은 연설을 잘하는 달변가였지만 단순히 유려한 연설가이기만 한 것은 결코 아니었다.

　　처칠은 연설에 대한 자신의 업적을 그리 대단하게 여기지 않았다. 그는 전쟁이 끝나고 10년 후 '사자의 심장을 가진' 것은 영국 민족이었고, 자신은 단지 "포효를 지르도록 요청받은 행운을 누렸을 뿐"이라고 말했다. 사실 그의 모든 연설은 엄청난 노력의 산물이었다. 먼저 그는 어린 시절의 말더듬을 극복했고, 연설할 때마다 각고의 노력을 기울여 문장을 다듬었다. 그는 연설을 하기까지 모든 문장을 하나하나 손으로 쓰고 꼼꼼하게 살폈기에 아마도 오늘날 흔히 동원되는 연설문 작성가나 프롬프터를 좋아하지 않았을 것이다.

사실 사람들을 사로잡는 처칠의 연설은 그의 활기 넘치는 생활, 탁월한 업무 능력, 왕성한 활동, 전략적 사고의 한 부분에 지나지 않았다. 처칠은 현대인의 중요한 관심사인 운동과 몸매에 대해서는 조금도 관심이 없었다. 샴페인과 포도주를 마음껏 마셨고 줄담배를 피웠다. 한 청년에게는 "앉아 있을 수 있다면 절대 서 있지 말고, 누울 수 있다면 절대 앉아 있지 말라"고 조언하기도 했다. 서신을 읽고 답장을 쓰고 신문을 읽는 그의 아침 일과는 대부분 침대에서 이루어졌다. 하루 중 가장 중요한 일과는 오후 5시에 한 시간 혹은 한 시간 반 정도의 낮잠이었다. 그는 이런 습관을 쿠바에서 배웠고, 낮잠을 자고 나면 새벽 2, 3시까지 왕성하게 일을 했다. 이렇게 그는 24시간 안에 8시간 근무를 두 번이나 몰입해서 할 수 있었다.

처칠의 유명한 연설 중 1941년 2월의 연설은 더 많은 것을 시사해준다. 그는 전시 상황에서 중요한 것은 '말이 아니라 행동'이라고 말했다. 그는 여러 전쟁터를 순시한 후 프랭클린 루스벨트 대통령과 미국에 대한 압박 수위를 더욱 높여 독자 정책(policy of isolation)을 포기하고 히틀러와 싸우는데 필요한 실제적인 도움을 달라고 호소했다. "우리는 실패하지도, 물러서지도 않을 것입니다. 약해지거나 지치지도 않을 것입니다. 갑작스러운 전쟁의 충격이나 지루하게 계속

되는 경계 태세와 전쟁의 시련 속에서도 지쳐 떨어지지 않을 것입니다. 우리에게 '도구'를 주면 끝장낼 것입니다."[1]

기술이 전부가 아니다

오늘날 교회는 말이 아닌 행동이 필요하다. 그리스도인으로서 발전된 현대 세계와 맞서 싸우기 위해 필요한 도구는 무엇이겠는가? 굳이 말하지 않아도 알겠지만 두 가지가 절대적으로 필요하다. 굳이 말할 필요가 없음에도 새삼 다시 강조하는 이유는, 말하지 않으면 망각할 때가 많기 때문이다. 오늘날 교회에 무엇보다 필요한 것은 그리스도인들이 하나님과의 인격적인 관계를 갖고 그분의 권위 있는 말씀인 성경에 대해 깊이 알아가는 것이다. 이것을 대체할 수 있는 것은 아무것도 없다. 하나님을 직접 경험하는 것과 부인할 수 없는 그분의 실재와 대면하는 것이 기독교 신앙의 핵심이다. 도구라고 표현하는 것이 모욕스러운 감이 있지만, 이 두 가지는 반드시 필요하다. 그러나 바로 이 지점에서 두 가지 직접적인 문제를 인정해야 한다. 하나는 현대 교회에 명목상의 그리스도인들이 너무나 많다는 점이고, 또 다른 하나는 오늘날 교회에 성경 문맹자가 계속 늘어나고 있다는 점이다.

앞으로도 명목상의 관습적이고 문화적인 유형의 교인들이 사라지지 않을 것이다. 그들의 숫자는 전체 사회에서 교회의 위상에 따라 늘어나거나 줄어들 것이다. 명목상의 그리스도인들의 수가 막대하다 해도 그 영향이 제한적인 때가 있다. 그러나 지금은 그런 시기가 아니다. 그러므로 여론 조사를 분석하고 '무종교인'들의 수가 증가하는 현상을 보고 많은 이들이 생각하는 것처럼 그리 심각한 재난 상태는 아니다. 새롭게 무종교인이 되는 이들을 보면 대부분이 오래된 명목상의 그리스도인들이다. 그리고 이것은 서구 문화에서 기독교 신앙의 지위가 축소되고 세속주의의 힘과 명성이 커지고 있다는 징후이다. 예수님 역시 십자가를 지시기 위해 예루살렘을 향해 가시면서 이와 유사한 상황에 직면하셨다. 상대적으로 평온한 시기에는 "우리를 반대하지 않는 자는 우리를 위하는 자"(막 9:40)라고 말씀하셨지만, 십자가를 질 시간이 가까이 다가올수록 그 말씀을 반대로 하셨다. "나와 함께 아니하는 자는 나를 반대하는 자"(마 12:30)이다.

마찬가지로 우리는 오늘날 명목상의 그리스도인들에 대한 대규모 필연적인 선별 작업을 보고 있다. 이런 선별 작업은 이미 오래전에 있었어야 했다. 이 일은 나라마다 일어난 시기가 다르다. 영국 교회는 1960년대에, 미국의 경우는 근래 10년 동안 이 일이 이루어졌다. 이 일이 일어나면 중간 지대가 사라진다. 자리만 채우는 구경꾼들의 시대는 끝났다. 이것이 점점 분명해지고 있다. 위기 시에는 언제나 제자도가 대가를 치러야 한다. 당신은 십자가를 지고 그분이 이끄시는 대로 따라왔는가? 아니면 무리들이 떼를 이루며 교회로 몰려

들 때 그들을 따르는데 급급했는가?

성경 문맹의 문제 역시 심각하다. 저명한 유대 학자이자 홀로코스트 생존자인 에밀 팩컨하임은 독일 부모님의 자택에 걸려 있는 그림에 대해 말해준다. 수염을 기른 늙은 유대인들이 대학살을 피해 도망가는 내용의 그림으로 그들은 아주 소중한 것을 손에 움켜쥐고 있다. "유대인을 싫어하는 사람들의 눈에는 황금이 든 주머니를 움켜쥐고 가는 것처럼 보였을 것이다. 하지만 사실 이들은 각기 토라 두루마리를 옮기고 있었다."[2]

오늘날에도 공식적으로 기독교를 금하는 중국 같은 국가에서 성경을 귀히 여기는 그리스도인들에 대한 이와 유사한 이야기들을 듣는다. 과거 복음주의자들은 성경을 매우 중요하게 생각했다. 그때 성경을 믿는다는 것은 복음주의자와 동의어나 마찬가지였고, 복음주의자들은 성경을 읽고 연구하는 것으로 하루를 시작했다. 그리고 최고의 복음주의 학자들은 뛰어난 성경 주석과 탁월한 성경 변증으로 명성을 날렸다. 그러나 오늘날은 이렇지 않다. 이런 모습이 사라져 버리게 된 데는 여러 요인이 작용했다. 부드러운 설교, 독서량의 감소, 온라인 정보, 너무 바쁜 생활, 성경 번역본의 범람으로 인한 혼란, 성 혁명에 걸맞게 성경을 해석해야 한다는 호소, 복음주의 운동의 전반적 피상성이 대표적 요인이다. 그리고 이제 복음주의자들은 전반적으로 성경의 깊이 있는 지식과 신실함과는 거리가 멀다.

성경적 이해 능력은 도구가 아니라 신앙의 필수 요소이다. 그렇다면 현대 세계의 적대적인 사상이든 발전된 현대 세계 자체의 영향력이든 우리가 지금까지 검토한 세력들과 싸우기 위해 필요한 도구와 무기는 무엇이어야 되겠는가? 여기서 도구와 무기는 과학 기술과 기법 이상을 의미한다. 우리가 승리하기 위해서는 발전된 과학 기술과 기법보다 훨씬 더 좋은 무엇인가가 필요하다. 과학 기술은 우리 시대를 주도하는 우상 중 하나가 되었다. 과학 기술의 빛나는 업적과 힘, 그리고 과학 기술의 풍요로운 축복은 눈부실 정도로 놀라우며 과학에 대한 우리의 헌신은 맹목적인 신앙이 되어가고 있다. 그리스도인들은 신기술을 반대하는 '러다이트'(Luddites)들이 아니다. 과거로 돌아갈 수는 없다. 기독교 신앙의 새 가죽 부대는 언제나 다른 종교나 세계관과 비교할 수 없는 진보와 개혁, 변화를 추동할 능력이 있다. 그러나 우리는 괴팍한 구세대도, 아무 생각 없는 치어리더도 아니다. 모든 변화와 또 그와 관련된 문제들은 치밀하면서도 확고한 기독교 정신으로 철저한 검증을 거쳐야 한다. 얼리 어댑터(early adopter)가 되되 신중한 어댑터가 되어야 한다.

지금 우리의 관심사는 미래 과학 기술의 위상에 대한 기독교적인 평가가 아니다. 우리는 오직 과학이 만들어 낸 모든 형태의 우상 숭배와 맞서야 한다. 특별히 다음 세 가지 특징에 맞서 방어해야 한다. 첫째, 과학 기술은 정보와 사고 활동을 강조함으로써 육체를 무시하는 영지주의적 성향을 보인다. (과학자 왕들이 약속하는 미래는 언제나 의식과 지능과 정보의 문제에 집중되어 있으며 절대 몸에 대해서는 아무 약속도 하지 않는다. 이 점은 시사하는 바가 크다.) 둘째, 과학 기술은 생활의 대부분을 자동화하는 경향이 있으므로 인간의 책임과 주체성을 훼손시킨다. 셋째, 일견 중립적으로 보이는 과학 기술은 옳고 그름의 문제들을 고려 대상으로 삼지 않는 경향이 있다. 그러나 과학이 우상시되는 경향을 볼 때 현대성이 악을 극대화시킬 것이며 내일의 테크노 유토피아조차 타락 이후로 모든 인간의 노력을 괴롭힌 인간성 때문에 문제가 생길 것임을 유추할 수 있다.

우리 그리스도인들은 의사소통을 과학 기술에 지나치게 의존하지 않도록 주의해야 한다. 물론 통신 기술의 혁명으로 복음을 전할 유례없는 기회의 문이 열렸다는 지적은 사실이다. 인류 역사상 지금처럼 통신 기술이 발달하고 접근 가능성이 높은 적은 없었다. 인터넷과 같은 통신 수단은 더 활용성이 뛰어나다. 사람들은 '소수가 다수에게로'(신문과 라디오와 텔레비전의 위대한 세기)에서 '다수가 다수에게로'(소셜 미디어의 새로운 세기) 소통 방식이 달라졌다고 한다. 바로 이러한 점에서 우리는 현대 세계에 신앙을 전달할 혁신적인 수많은 방법들을 기대하고 환영할 수 있다.

그러나 이 위대한 소통의 시대에 소통 방법의 특이점을 인식하지 않는다면 좌절하고 낙심할 것이다. 첫째로 현대 세계는 무관심으로 고통을 겪고 있다. 지금은 누구나 말을 하지만 아무도 듣지 않는 시대이다. 지난 몇 십 년 동안 생산된 정보가 지난 모든 역사를 통틀어 생산된 정보보다 많고, 점점 더 많은 정보들이 점점 더 빠른 속도로 다가와 작은 파편들로 해체되고 있다. 둘째로 모든 단어들이 인플레이션에 시달리고 있다. 단어의 고정된 의미가 퇴색함에 따라 단어 자체의 가치가 점점 떨어지고 있다. 포스트모던 철학들은 객관적 의미는 물론이고, 모든 명료한 의미라는 족쇄에서 단어들을 풀어 주었다. 이제 화자가 원하면 어떤 의미로도 단어들을 변용할 수 있다. 또한 광고, 상업 광고, 홍보식 광고는 단어만을 나열하는 식으로 공허한 말장난이 범람하는데 일조했다. 1926년 처칠은 "말은 적절하게 사용되면 강력한 엔진처럼 힘을 발휘하지만, 사실이나 진실이 뒷받침하지 않거나 뜨거운 감정의 배설에 불과할 경우와 상황의 실제적 사실과 어떤 식으로든 관련이 없을 경우에는 무게와 설득력을 잃어버리고 말 것이다"[3]라고 경고했다.

또 한 가지 현대적 의사소통은 그 자체로 상대주의적 편향 왜곡을 내장하고 있다. 예를 들어, 검색 엔진은 맞춤형 정보를 제공해주기 때문에 결국 우리가 찾은 정보는 '당신에게 최적화된 뉴스' 혹은 맞춤형 진실이다. 무료로 받지만 그 맞춤형 정보를 만들도록 주문한 광고주가 돈을 지불한 것이다. 마지막으로, 사실과 통계 지표, 자료, 빅데이터, 의견, 속보의 형태로 우리를 강타하는 정보와 자료의 홍수는 우리가 정보라는 컬트 종교의 신도라는 뜻이며 정보 편향에 시달린다는 말이다. 우리 시대는 '정보'가 모든 것의 영혼이고 본질이 되어버렸다. 그러므로 정보를 지식의 수준으로 격상시키는 일은 그 어느 때보다 어렵고, 지혜의 수준으로 승화시키는 일은 더욱 더 어렵다.

실제로 현대 커뮤니케이션의 위력은 놀라운 수준에 도달했고 앞으로도 발전 가능성이 무궁무진하다. 그러나 스스로 생각하는 노력을 하지 않을 때, 의도적으로 성령을 의지하지 않을 때, 얼굴과 얼굴을 맞대는 관계와 사랑이 뒷받침되지 않을 때, 우리는 사도 바울이 말한 대로 소리 나는 구리와 울리는 꽹과리 수준을 벗어나지 못할 것이다(고전 13:1). 과학 기술만으로는 절대 기독교적 소통에 도달할 수 없다. 소통의 이런 모든 도전은 더 심층적인 고찰이 필요하지만, 과학 기술에 무조건적으로 열광하는 치어리더 같은 태도가 얼마나 위험한지는 충분히 알 수 있다. T.S. 엘리엇은 '지금 우리가 직면하고 있는 현상의 초기 단계'를 보고 이렇게 질문했다.

> 우리가 지식으로 잃어버린 지혜는 어디 있는가?
> 우리가 정보로 잃어버린 지식은 어디 있는가?[4]

모든 사람이 상호연결을 강요받고 누군가가(정부와 해커를 비롯해) 우리를 속속들이 들여다보고 있는 시대에서 사생활을 지키기란 그 어느 때보다 어렵지만 사생활은 매우 중요하다. 독서는 시간 낭비로 보일 수 있지만 매우 중요하다. 인생이 우리를 직사거리에서 저격하는 시대에서 성찰과 묵상은 뒤로 내몰리기 십상이지만 매우 중요하다. 소셜 미디어가 집단 사고를 강요하는 시대에서 독립적 사고는 쉽지 않지만 꼭 필요하고 중요하다. 전문가의 의견을 클릭 한 번으로 다운로드받는 세상에서 스스로 생각하기란 쉽지 않지만 독립적인 주체로서 자유를 누릴 수 있으려면 필수적이다. 복사기처럼 남들에게 똑같은 인정을 구하는 시대에서 철이 철을 날카롭게 하듯 서로 간의 불꽃 튀는 대화는 찾아보기 어렵지만 꼭 필요하다. 현대성의 특성상 현재와 미래만 끝없이 강조하는 시대에서 역사는 그 어느 때보다 중요하다. 로마 황제처럼 소셜 미디어의 군중들이 엄지를 올리고 '좋아요' 혹은 엄지를 내리며 '싫어요'를 남발하는 시대에서 시류를 타지 않는 확신과 신념을 고수하는 용기를 내기란 그 어느 때보다 어렵지만 꼭 필요하다.

올바른 정보 획득은 필요한 일이다. 하지만 진정한 지식을 얻는 것이 더욱 낫고, 나아가 정보와 지식을 둘 다 얻은 후 참된 지혜를 얻는 것이 훨씬 더 낫다. 망치를 든 사람에게는 모든 것이 못으로 보인다는 말을 들으면 우리는 쓴웃음을 짓는다. 그런데 우리는 망각하고 있다. 컴퓨터와 스마트 기기들이 우리에게 망치나 마찬가지이며 그 규모는 훨씬 더 광범위하다는 사실을 말이다. 하이테크 선구자들의 대다수와 그들과 함께 일하는 미래학자 겸 일종의 영적 스승들은 오직 어떤 제약도 받지 않는 과학 기술의 비전과 천문학적 수입, 우리 상상을 넘어서는 유토피아적 미래의 비전만을 쫓아 내달린다. 이 시대에 필요한 균형감각으로 그런 비전에 대응하고 강력한 가치와 교정할 수 있는 지혜를 주입하는 일은 우리에게 달려 있다. 그리스도인들은 언제나 감사하며 기쁨으로 새로운 과학 기술을 활용하되 그 기술들의 최선과 최악을 감시하는 작업을 게을리해서는 안 된다. 우리는 예수님이 친히 인간이 되셔서 우리와 함께 하시며 그분 스스로를 계시하신 그 경이로웠던 때처럼 하나님을 더 선명하게 보고 그분의 음성을 분명하게 들은 때가 없었음을 늘 기억해야 한다. 그분을 잴 수 있는 어떤 잣대도, 눈에 보이는 어떤 스마트 기기도 없었던 시대임에도 말이다.

영적 전쟁의 무기

이런 도구와 무기들 중에서 발전된 현대 세계를 분별하고 대응하기 위해 필요한 것은 무엇이겠는가? 이 책의 자매편인 「르네상스」에서 강조한 대로 예수님은 제자된 우리로 세상에서 살되 세상에 속하지 말라고 하셨다. 이것은 세상을 가까이 하되 세상에 대해서는 도전적으로 살아야 하는 만만치 않은 과제이다. 이런 태도는 세상과 역동적 긴장 관계를 창출하고, 교회의 고유 문화 형성 능력을 인정한다. 그러나 이런 균형을 유지하며 계속 긴장 관계 속에 살기란 쉽지 않다. 그리스도인들에게는 세 가지가 필요하다. 첫째는 '세상에 참여하기'이고, 둘째는 '세상을 분별하기'이고, 셋째는 '주의 진리와 부르심을 부정하는 세상의 모든 것에 대해 '아니오'라고 말하기'이다. 여기서는 주로 두 번째 요구 조건인 '분별'을 위주로 살펴보고 있다. 우리는 이 요건이 우리의 전체 소명에 기여하는 목적이 무엇인지 기억해야 한다. 세상에 응하기 앞서, 먼저 세상의 특성을 파악해야 한다. 그래야 감사함으로 받아들일 것이 무엇이고, 용감하게 저항할 것이 무엇인지 알 수 있다.

분별과 참여를 위해 필요한 첫 번째 도구는 영적 전쟁에 꼭 있어야 하는 무기이다. 인간 역사는 언제나 힘과 원칙을 둘러싼 긴장, 권력을 쥔 세력과 정의를 세우고자 하는 세력 간의 대결이 끊이지 않았다. 현대 세계에서도 힘과 정의의 긴장이 뚜렷이 감지되고 있다. 하지만 정의는 점점 의문시 되는 반면, 힘은 끊임없는 집착의 대상이 되고 있다. 온갖 적과 싸워서 힘을 모으고 유지하기 위해서는 무엇이 필요한지, 그것을 지키며 유리한 방향으로 사용할 수 있는 최선의 방법은 무엇인지 골몰한다. 포스트모던 시대는 특별히 원리 대신 힘에 집중한다. 니체는 절대적이거나 객관적인 진리 개념을 일절 거부하고 권력 의지로 그 자리를 대체했다. 그의 프랑스인 제자 미셸 푸코는 권력의 시각에서 모든 것을 분석하는 작업에 평생 매달렸다. 그러므로 이제 어떤 토론이든 권력이라는 요소가 거론되지 않는 경우는 찾아보기 어렵다. 여기서 진짜 의제는 무엇인가? 이들의 권력 관계는 어떻게 되는가? 누구의 이익에 복무하고 있는가?

이런 질문들은 불완전하지만 타당하다. 예수님도 힘과 권력에 대해 많이 말씀하셨고, 신약 성경을 보아도 역시 그렇다. 그러므로 교회의 고립된 일부를 제외하면 힘을 강조하는 현대의 이런 추세는 그

롯된 세속 권력에 대해서든 참된 초자연적 힘에 대해서든 권력을 바라보는 성경적 이해와 상충하지 않는다. 하지만 실상 많은 그리스도인들이 정반대의 태도를 취한다. 즉, 세속적 권력에는 관심을 기울이지만 초자연적 힘은 무시한다. 역시 이유는 분명하다. 2장에서 살펴본 대로 '교회의 세속화' 때문이다. 초자연적 힘을 비롯한 비가시적 세계는 많은 서구 그리스도인들에게 실재하지 않는 세계가 되었다. 레슬리 뉴비긴 주교는 다음과 같이 지적한다. "신약을 읽으면서 힘, 권세, 통치, 지배에 대한 단어들을 찾아보면 거의 모든 페이지마다 등장한다. 복음서의 핵심 구절인 하나님 나라는 명백히 권력과 권세와 통치를 핵심으로 하는 나라이다."[5] 그리고 힘에 관한 모든 담론은 십자가라는 정점에서 최고조에 이른다. 예수님은 숨을 거두실 때 "이 세상의 임금이 쫓겨나리라"(요 12:31)고 말씀하셨다.

예수님이 이 세상의 지배자로 지칭하신 이가 누구인가? 그분은 빌라도에게 자신이 통치하는 나라는 이 세상 나라가 아니라고 말씀하셨다. 그 나라가 이 세상 나라라면 천군 천사들을 즉각 부르셨을 것이다. 그러므로 예수님이 말씀하신 '이 세상 임금'은 빌라도, 헤롯도, 티베리우스 황제도 아니었다. 그들은 쫓겨날 필요가 없었다. 그들은 '아버지의 때'가 되면 처분될 것이고 언젠가 죽어 사라질 것이었다. 이런 인간 권력자들의 배후에 있는 진짜 대적은 사탄이다. 사탄은 십자가에서 예수님이 승리하심으로 그 정체가 드러났고 무장 해제되어 쫓겨났다(골 2:15).

여기에 담긴 의미는 대단하다. 어쩌면 우리는 시편 기자가 기도한 대로 기도해야 할지 모른다.

"내 눈을 열어서 주의 율법에서 놀라운 것을 보게 하소서"(시 119:18).

우리는 우리가 생각하는 것 이상으로 문화적으로 근시안적이다. 이제 우리는 안경을 깨끗이 닦고 눈에 끼인 이물질을 제거하여 예수님과 사도들이 십자가에 대해 가르치신 교훈을 받아들이고 합당한 겸손과 경외함으로 그 교훈을 우리 것으로 삼아야 한다. 예수님과 사도들이 실제로 그렇게 가르치셨는지, 그 뜻이 실제로 그러한지 물어야 한다. 빌라도, 헤롯, 티베리우스, 레닌, 스탈린, 히틀러, 마오쩌둥, 미국 대통령, 유럽 연합 의장, 러시아 수상, 중국 인민 공화국 당서기 등 이들은 우리가 꿈에도 생각 못할 권력을 휘둘렀고, 또 휘두르고 있는지 모른다. 그러나 십자가에서 거두신 예수님의 승리와 비교하면 이들의 권력은 공허할 뿐이며 우주를 다스리시는 실제적 권력과 비교할 때 종이 호랑이에 지나지 않는다. 예수님은 언제나 그들의 권력의 배후에 있으셨고, 한때 권력의 핵심에 있던 자의 정체를 드러내셨으며 무장 해제시키셨고, 지금도 승리의 주로 통치하고 계신다. 그러나 이것은 모든 기이하고 놀라운 일의 시작에 불과할 뿐이다. 십자가와 부활의 능력으로 예수님은 사탄의 세력과 죽음에 대해 승리하셨고, 이제 모든 정사와 권세들이 그 발아래 엎드리고 있다. 그러나 참으로 놀라운 일은 이 세대의 어둠의 세력들과 싸울 때 우리 역시 그의 초자연적 권세를 행사하도록 우리를 초청하신다는 점이다.

이 영역에서 우리에게 필요한 도구는 영적 전쟁을 할 무기들이다. 사도 바울은 에베소라는 대도시 그리스도인들에게 편지를 쓰면서 의의 흉배, 믿음의 방패, 구원의 투구, 성령의 검처럼 '하나님의 전신 갑주'를 구성하는 여러 부위를 항목 별로 이야기한다. 고린도 교회에 편지를 쓸 때는 자신이 세속적이고 인간적 차원에서 접근하고 이야기할 수 있지만 영적 전쟁은 그와 방법이 다르다고 말한다. 자신을 세속적인 눈으로 보면 매우 인간적이고 연약해 보이지만, 영적 영역은 이와 상관없다고 말한다.

> "우리가 육신으로 행하나 육신에 따라 싸우지 아니하노니 우리의 싸우는 무기는 육신에 속한 것이 아니요 오직 어떤 견고한 진도 무너뜨리는 하나님의 능력이라"(고후 10:3-4).

영적 전쟁에 대한 바울의 특별한 설명과 그것을 소개한 그의 의도를 단순히 재미있는 은유나 의미 없는 비실재에 대한 그림으로 치부해서는 안 된다. 그가 정확히 어떤 의미로, 그리고 정확히 어떤 방법으로 영적 전쟁을 해야 하는지 구체적으로 밝히지는 않았지만 전체적으로 강조한 핵심은 명확하다. 그리고 이보다 예수님의 교훈은 더 간단하고 더 끈질기며 훨씬 더 놀랍다. 예수님은 여러 차례 초자연적 대적에 대해 분명하게 말씀하셨다. 또한 그 대적을 이기는데 필요한 것은 '기도'라고 반복해서 말씀하셨다. 기도 안에 권세가 있고 능력이 있다. 심지어 예수님은 땅에서 매고 푸는 대로 하늘에서도 매이고 풀릴 수 있는 권세를 우리에게 주셨다고 말씀하셨다(마 16:18-19). 어떤 것이 더 놀라운가? 예수님이 하나님 나라의 진전을 위해 사용하도록 그 권세를 우리에게 주셨다는 점인가? 아니면 만성적 귀머거리 상태인 우리가 그분의 말씀에 귀를 막고 그분을 우습게 생각하는 점인가?

월터 윙크는 악령들을 '20세기의 술취한 삼촌'으로 묘사하며 "우리는 그들을 시야에서 보이지 않게 가리고 있다"고 지적한다.[6] 그러나 악령들만이 세련된 현대인인 우리에게 당혹스러운 존재가 아니다. 영적 전쟁과 그와 관련된 오늘날의 모든 가르침과 활동도 당혹스럽기는 마찬가지인 듯하다. 이런 존재에 대한 무지는 우리에게 심각한 손실이며 우리가 힘을 발휘하지 못하는 요인이 된다. 뉴비긴이 지적한 대로 "정사와 권세들은 실재하는 존재이다. 시각적으로 형상화하거나 근거지를 구체적으로 파악할 수 없을지라도, 혹은 정확히 그들이 어떤 존재인지 말할 수 없을지라도 그들이 존재하지 않는 척 한다면 어리석고 미련한 짓이다."[7] 세상 사람들에게 우습게 비쳐질까 봐 두려워서 주님의 말씀을 미신이라고 치부해 버리는 것처럼 어리석은 일은 없다. 오직 영적 전쟁 기술의 회복만이 거대한 권세들이 득세하는 발전된 현대 세계에서 승리할 수 있는 신앙의 핵심 열쇠이다. 과학과 기술의 발달로 인간의 힘은 상상을 현실로 만들고, 심지어 지구와 인간의 생존마저 위협하는 지경에 이르렀다. 그러나 우리에게는 프로메테우스 세력보다 더 강한 힘이 있다. 예수의 복음은 우리가 구하기만 하면 그 힘을 주겠다고 약속한다.

사상의 근원 추적

분별에 필요한 두 번째 도구는 사상의 역사를 파악하는 것이다. 우리는 이런저런 식으로 믿음에 영향을 미치는 새로운 사상이나 생각 혹은 갑자기 유행처럼 번지는 시각과 언제 맞닥뜨리게 될지 알 수 없다. 어떠한 사상이 매우 흥미롭게 보이거나 충격적으로 다가올 수도 있고, 심지어 위협적으로 보일 수도 있다. 그러나 우리는 기독교적 시각에서 그 사상을 철저히 검토해야 하며 언제나 일단 멈추어 서서 우리가 듣거나 읽은 모든 내용에 대해 꼭 필요한 기본적 질문들을 해보아야 한다.

첫째, 상대방이 말하는 핵심 요지는 무엇인가? 이 질문을 꼼꼼히 하지 않으면 상대방이 말했다고 우리 스스로 생각한 내용에 반응할 수도 있고, 심지어 더 나쁜 경우는 그 사람이 말했다고 생각한 것에 대한 우리의 주관적 느낌에 반응할 수도 있다. 이것은 서로 다른 이야기를 하다가 불필요한 오해를 사는 확실한 방법이다.

둘째, 사실인가? 진실이 쉽게 무시되는 세상에서 이런 질문을 하기란 쉽지 않다. 하지만 꼭 필요한 질문이다. 그런데 터무니없는 주장이나 잘못된 주장이 사실 여부를 따지는 이 단계에서 중단되거나 저지된 경우가 적지 않다.

셋째, 그 결과는 무엇인가? 누군가가 하는 말을 제대로 이해했고 그 내용이 사실임을 믿는다면, 다음으로 던질 질문이 바로 이것이다. 그 사람이 말한 대로 될 경우 어떤 결과가 미치겠는가? 그런데 많은 주장이 실제적 결과를 따지는 이 단계에서 무너질 경우가 많다.

이런 기본적 질문들을 한 후에도 의문점이 남는다면 사상의 역사를 따져보아야 한다. 이때 중요한 과제는 그 배경과 역사까지 추적해서 한 사상의 뿌리를 파악하는 일이다. 우리는 누군가를 소개받고 그 사람에 대해 더 잘 알고 싶을 때 "당신 이야기를 해 봐요"라고 말한다. 사상도 마찬가지다. 가족 관계, 태어난 곳, 성장한 곳, 졸업한 대학, 인격 형성에 영향을 미친 인생 경험을 조금이라도 더 알게 되면 상대방을 더 잘 알 수 있지 않은가. 물론 상대방을 배경으로만 판단해서는 안 된다. 사상도 그렇다. 어떤 사상의 기원이 미심쩍고 평판이 좋지 않더라도 진실일 수 있다. 따라서 출처로만 판단한다면 발생론적 오류를 범하는 것이다. 어떤 사상의 기원과 그 사상의 타당성은 별개의 문제이다. 개인의 철학은 그들이 살아온 이력만으로 다 판단할 수 없다. 하지만 그 사람의 과거 이력은 그 철학의 중요한 한 부분을 이룬다.

20세기 초 존스 홉킨스 대학에서 시작해 아서 러브조이가 체계화시킨 '관념사'(the history of ideas)라는 학문 분야가 있다. 여기서 우리의 관심사는 이 학문 분야가 아니다. 보편 관념은 니체의 저작물, 그리고 그가 사상과 도덕의 '계보'를 강조함으로써 처음 힘을 얻게 되었다. 하나의 관념을 이해하기 위해서는 그 조상과 가계도를 알아야 한다. 강의 근원을 이해하기 위해서는 발원지로 거꾸로 올라가 보아야 한다. 우리는 앞에서 이런 사례들을 여러 번 살펴보았다. 예를 들어, 세속주의는 그리스의 데모크리토스와 에피쿠로스를 거쳐 로마의 루크레티우스, 르네상스 시대의 마키아벨리, 17세기 홉스, 18세기 돌바흐와 디드로 등으로 연결된다. 마찬가지로, 교회와 국가의 분리라는 개념은 출애굽기, 사무엘, 예수님, 교황 젤라시우스, 로저 윌리엄스, 매디슨과 제퍼슨 등으로 이어진다.

이런 접근 방식은 현대 사상들을 평가할 때 중요하다. 계보는 어떤 사상의 의미를 이해하고 그 중요성의 경중을 따지는데 큰 도움이 되기 때문이다. 예를 들어, 스스로 '이머전트'(emergents)라 자처하는 많은 복음주의자들의 아킬레스건은 순진하다고 할 정도로 포스트모더니즘을 무비판적으로 받아들인 데 있다. 모더니즘에 강력히 반응한 점은 전적으로 타당했지만 포스트모더니즘에 대한 그들의 옹호는 순진한 면이 적지 않았다. 니체, 하이데거, 푸코, 데리다 등으로 연결되는 포스트모더니즘의 기원을 추적하는데 응당 필요한 부지런을 발휘했더라면 눈을 크게 뜨고 그 연원을 살폈을 것이고 모더니즘에 반발한 것처럼 포스트모더니즘의 팔에 의지하지 않았을 것이다. 사실 모더니즘과 포스트모더니즘은 둘 다 나름의 장점이 있다. 하지만 그리스도인들은 어느 쪽도 전적으로 인정하고 수용하지 않아야 한다. 둘 다 부분적으로 타당성이 있지만 결과적으로는 문제가 있다. 따라서 그리스도인들은 관념의 역사를 점검함으로 확실한 기반을 유지하되 어느 한쪽의 함정에 걸려 넘어지지 않을 단서를 찾아낼 수 있어야 한다.

문화 분석

오늘날 우리에게 필요한 세 번째 도구는 문화 분석이다. 이것은 현재 몸담고 있는 문화를 기술하며 평가하고, 특별히 우리 사고와 행동에 문화가 미치는 영향을 분석할 수 있는 능력이다. 문화 분석이 중요한 도구인 이유는 싸워야 할 세상의 성격을 분별하는데 도움이 되기 때문이다. 우리는 세상 속에 있되 세상에 속하지 말아야 한다. 세속적이고 내세적인 것에 매몰되지도 말아야 한다. 이것이 우리의 부르심이다. 그리고 이런 도전은 우리가 세상을 알아야 할 필요가 있음을 말한다. 세상의 어떤 점이 좋고 옳으며 아름다운지 평가해야 감사하는 마음으로 마음껏 그것을 누리고 활용할 수 있다. 그러나 또한 어떤 점이 악하고 거짓되며 추한지 알아야 그 유혹과 악영향의 해악을 피하고 그것을 대체하거나 반격할 수 있다. 간단히 말해, 단순히 이것을 관념의 문제로만 바라보는 실수를 범하면, 세상을 제대로 이해할 수도 없고 세속성에 저항할 수도 없다. 그러므로 문화 분석은 관념사와 한 쌍을 이루는 도구이고 아직 전문화되지는 않았지만 동일하게 중요한 것이다.

그렇다면 이 두 도구의 차이점은 무엇인가? 관념사는 일반적으로 두 방향으로 진행된다. 먼저 한 사상가에게서 출발해 그 사상가의 사상적 기원과 배경을 역추적한 다음, 다시 그 사상가에게서 시작해 그 사상가의 생각과 저술을 점검하고, 다음으로 그 사상들이 세상에 미친 영향을 확인하는 식이다. 이런 식으로 보면 관념사가 미치는 영향은 사상이 빗물 속에 녹아드는 과정으로 묘사할 수 있다. 예를 들어, 니체가 우리에게 미친 영향은 참으로 거대하다. 그 영향력이 얼마나 지대했는지 그의 사후에 '니체 세대'라 불리는 시대가 생길 정도였다. 그러나 1세기 이상이 흐른 지금, 니체의 책을 한 권이라도 읽어본 사람은 물론이고 니체에 대해 들어본 적도 없는 사람이 적지 않다. 그러나 상대주의나 권력 같은 개념을 사람들이 거론하는 것을 보면 흡사 그의 말을 직접 인용하는 것처럼 들린다. 그의 사상이 거대한 사상사의 물줄기 속에 녹아내려 모두 거기에 흠뻑 젖어 있는 것이다.

문화 분석은 관념사와 아주 다른 방식으로 이루어진다. 실제로 정반대 방향으로 진행된다. 철학적 사상과 전혀 무관하게 시작한다. 한 공동체에서 지식으로 통용되거나 누군가가 허황되고 무분별하다고 인식해도 너무나 당연시되기 때문에 사람들이 옳다고 생각하는 것은 무엇이든 대상이 될 수 있다. 그런 다음 사람들이 몸담고 사는 문화적 배경을 분석하고 사람들이 생각하는 방식에 그 배경이 미친 영향을 추적한다. 아마 어떤 사상가도 그들의 사고방식에 개입되지 않은 경우일 것이다.

관념사보다 문화 분석으로 더 정확히 분석할 수 있는 가장 단순한 사례를 꼽는다면 '시간'이다. 누구나 인정하는 발전된 현대 세계의 특징은 바쁜 생활이다. 인생은 우리를 향해 항상 압력을 가해온다. 그러나 우리를 이렇게 몰아가는 것은 무엇인가? 이 질문의 대답은 분명히 철학이나 어떤 사상도 아니다. 바로 시계이다. 한 아프리카 속담은 "모든 서양인은 시계가 있고 아프리카인은 시간이 있다"고 비꼰다. 수백 년 전 유럽에서 발명되어 산업 혁명을 거치면서 보급된, 그리고 이제는 원자 시간과 인터넷 시대로 즉각 시간을 확인하기까지 시계는 우리를 바쁜 생활로 몰아넣음으로써 그 존재를 각인시켰고, 우리는 지칠 줄 모르는 시간의 압박 속에서 정신없이 바쁘게 버둥거리며 살아가고 있다.

어떻게 하면 문화 분석을 제대로 활용할 수 있는가? 우리는 관념사의 핵심적 결과, 즉 생각은 결과를 낳는다는 사실을 인정한다. 그러나 이것은 이야기의 절반에 불과할 뿐 나머지 절반은 자주 망각의 대상이 된다. 특별히 그리스도인들은 보통 이 과정의 한 면만 본다. 하지만 그 영향은 일방적이지 않다. "생각은 결과를 낳는다." 맞다.

그러나 환경 역시 사상에 영향을 미친다. 다시 말해서 우리가 몸담고 사는 세계들은 우리 생각을 형성할 힘이 있고, 우리가 그 사실을 자각하는 정도가 낮을수록 우리도 모르게 그 영향력에 지배당할 가능성이 높다.

관념사처럼 이런 접근 방식을 전문적으로 연구하는 학문이 있다. 바로 '지식 사회학'(the sociology of knowledge)이다. 하지만 우리의 관심은 이 학문의 학술적 주제들보다는 그 학문 이면의 진실에 있다. 중요한 사실은 앞 장에서 비판했던 사회구성주의와 이 학문을 구분해서 바라보아야 한다는 것이다. 사회구성주의는 우리의 모든 신념이 사회적으로 구성되며 그게 전부라고 말한다. 그러므로 우리의 신념은 본질적으로 '허구'이다. 즉, 자명한 것으로 인식되는 수준에 도달할 정도로 사회적 용인을 받아서 견고하여진 허구이다. 이런 사상은 급진적일 뿐 아니라 급진적 목표에 적용될 경우에 자기 모순적이다.

지식 사회학(그리고 문화 분석)은 더 온건하다. 우리의 사고(어떤 사회에서 지식이라 생각되는 것)가 처한 사회적 환경에 의해 형성된 과정을 분석하고자 시도하지만, 우리가 믿는 신념이 진실인지 거짓인지 여부는 판단하지 않는다. 어떤 것이 진실인지 거짓인지는 관심사가 아니다. 그 문제는 사회학이 아니라 철학의 몫이다. 제대로 이해하면 관념사와 문화 분석이라는 두 도구는 상호 모순되는 것이 아니라 상호 보완적이다. 우리는 두 도구를 활용하는 방법을 배워야 한다. 이 두 도구를 적절히 사용하면, 단순히 사상이나 문화만이 아닌 인생 전체를 이해하는데 도움이 될 것이다.

시대의 징조

간절한 기도와 더불어 영적 분별력을 깊이 의지하는 가운데 이 세 도구들을 사용한다면, 세상과 지혜롭게 싸우는데 도움을 얻을 수 있다고 생각하는가? 이토록 중대한 시기에 우리의 과제가 바로 이것이다. '영들을 분별하고'(상황의 진정한 성격을 파악하고) '시대의 징조를 읽기'(하나님 나라의 시각에서 사건들을 보고 해석하는 것) 위해 '이와 같은 때'를 인지해야 할 순간이 있다면, 바로 지금이다. 우리는 이 말을 뜬구름 잡는 상투적 문구처럼 치부하지 말고 실제 삶의 영역으로 끌어들여야 한다. 시대의 징조를 읽는 데 실패한다면, 혹은 시도조차 하지 않는다면, 우리는 예수님이 위선자라고 공격하셨던 바리새인들과 사두개인들보다 나을 게 조금도 없다.

"너희가 날씨는 분별할 줄 알면서 시대의 표적은 분별할 수 없느냐"(마 16:3).

라인홀드 니버는 날씨 예보가 가장 오래된 형태의 과학적 지식의 하나이고, 인공위성과 레이더 시대에 들어와 엄청난 발전을 했다 해도 "자연의 흐름을 분석할 때 인간의 객관적 지식을 신뢰할 수 있다는 좋은 상징으로 여전히 기능한다"고 지적했다.[8] 그러나 상대적이지만 객관적인 지식의 영역들과 인간의 죄로 인한 편견과 주관성이 개입되는 영역들에는 차이가 있다. 예수님은 유대 지도자들의 면전에 대고 그들을 위선자라고 비난하셨다. 그들은 하나님 나라의 도래를 확인할 징조를 요구했다. 하지만 오직 이익만을 탐하는 이기적이고 '자기중심적인 형식의 메시야주의'로는 그 징조가 바로 눈앞에 있다 해도 결코 읽어낼 수 없었을 것이다. "분별력 결여는 역사의 흐름을 계산할 수 있는 지성의 결함 때문이 아니라 오만함으로 역사적 사건을 평가하려 드는 마음의 부패함 때문이다."[9] 요약하자면 그들처럼 우리 역시 무지한 머리와 교만한 마음이라는 이중적 문제를 안고 있다.

    오직 주님만이 역사를 객관적으로 정확히 아신다. 우리 눈은 절대 중립적일 수 없으며 우리 입장은 절대 객관적일 수 없다. 우리 판단은 절대 확실하지 않고 우리는 언제나 우리가 관찰하는 세상의 일부일 뿐이다. 그리고 우리가 보고 생각하는 세상의 중심에는 언제나 우리 자아가 자리하고 있다. 역사는 너무나 거대한데 우리 시선은 너무나 근시안적이며 우리 마음은 너무나 자기 본위적이다. 따라서 아무리 제대로 관찰한다 해도 부분적일 수밖에 없고 '희미한 거울로' 보는 것 같을 수밖에 없다(고전 13:12). 우리의 판단은 언제나 검증을 받아야 한다. 나는 대문자로 표시되는 대선지자가 아니다. 그러기에 이 책에서 주장하는 내용은 "여호와께서 이같이 말씀하시기를"이라는 말로 시작할 정도는 아니다. 나는 이에 대해 오랫동안 생각하고 씨름해 왔고 결론은 이러하다. 여전히 이 메시지들은 나의 최선의 생각일 뿐이고 그에 걸맞게 취급하는 것이 맞다.

그러나 우리 주님과 성경 말씀을 늘 진지하게 받아들인다면, 우리 자신의 만성적 자만심을 늘 경계한다면, 주님께 마음을 감찰해 주시고 편견을 제해 주시도록 늘 구한다면, 우리를 고쳐 주시고 인도해 주시도록 성령님을 적극적으로 의지한다면, 정말 그렇다면 앞에서 소개한 도구들을 겸허한 마음으로 활용할 수 있으리라 생각한다. 그러면 더 뛰어난 권위자가 되겠다는 목적이 아닌 세상과 교류하는데 더 지혜롭고 신실한 예수의 종이 되기 위한 수단으로 이 도구들을 사용할 수 있을 것이다.

기도 하나님 아버지, 주님의 말씀은 진리이고 주님의 길은 항상 옳습니다. 여호와를 아는 것이 우리의 가장 큰 지혜임을 고백합니다. 주여, 주님을 더욱 깊이 알도록 가르쳐 주시고, 주님을 닮아 더욱 온전하게 사랑하고 더욱 신실하게 살며 더욱 겸손하고 감사하는 마음으로 살아가게 하옵소서. 주님, 우리를 도우사 이 복잡하고 혼란스러운 시대의 징조를 분별하게 하옵시고, 주의 길을 지혜롭게 걸어가며 주께 영광을 돌리게 하옵소서. 예수 그리스도의 이름으로 기도드립니다. 아멘.

묵상하고 나누기

1 하나님을 아는 지식과 성경과 믿음의 이해가 더 자라갈 수 있도록 실천할 수 있는 새로운 방법은 무엇인가?

2 우리 사회를 형성하는 시대의 사상들을 실제적으로 이해하기 위해 건강한 독서 습관을 기르고 있는가? 메워야 할 부족한 부분은 무엇인가?

3 그리스도인들이 오늘날 분별하기 위해 중요하다고 생각하는 '시대의 징조'를 어떻게 설명할 수 있는가? 이런 징조를 분별할 때 우리 삶이 어떻게 달라지리라 생각하는가?

맺는 글

이 시대의 시험을 견디어 내라

"중국 인민은 이제 일어섰다." 마오쩌둥의 간단하면서도 감동적인 이 선언은, 1949년 10월 1일 베이징에서 중국 인민 공화국의 설립과 중국 혁명의 승리에 바치는 그의 헌사였다. 당시 나는 여덟 살이었고 옛 명나라 수도인 난징에서 살고 있었다. 아버지는 내게 관련 신문 기사를 읽어 주며 마오쩌둥의 말이 무슨 뜻인지 설명해 주었다. 승리한 공산주의자들과 다른 사상을 가진 자들, 그리고 크리스천들은 이미 무섭게 밀려드는 박해의 파고에 무참히 휩쓸리고 있었다. 그때 마오쩌둥이 무시무시한 혁명의 환상을 빌미로 수천만이 넘는 중국인들을 살육하리라고 예상한 사람은 아무도 없었다. 그러나 중국은 일어섰다. 중국인들은 그들의 손으로 그들의 운명을 일구어 내었다. 그들의 나라를 되찾고 유럽과 일본, 미국의 침략자들에게 당한 굴욕의 기나긴 악몽을 종식시켰다.

수세기 전 알렉산더 대왕은 "페르시아인들은 안 된다고 말하는 법을 몰라서 노예 신세를 벗어나지 못할 것이다"라고 선언했다. 윈스턴 처칠은 독일 공군의 전력에 맞서 나치의 살육 작전을 고독하게 견뎌야 했던 동족들에게 용기를 주기 위해 이 말을 인용하기도 했다. 알렉산더의 모욕적 비난과 반대로 그리스인들은 다리우스와 크세르크세스, 동양식 폭정의 모든 위협적 과시에도 불구하고 굴복하지 않았다. 영국 외교관들과 후대의 유럽인들 역시 북경의 청 황제들에게 머리를 조아리지 않았다. 우리 인간이 '네 다리로 길 때'는 동물들과 비슷하다. 그러나 서서 머리를 똑바로 들고 꼿꼿이 걸으면 다르다. 이것은 인간 존엄에 필수적이다. 물론 인간은 처음부터 그렇게 태어나지 않는다. 그래서 똑바로 서는 법을 배워야 한다. 중력과 나이, 살면서 생기는 질병을 비롯해 우리에게 달려드는 온갖 세력에 맞서 그 자세를 유지하는 법을 체득해야 한다.

하나님은 바로의 지배 아래 노예생활을 하는 이스라엘 백성들을 해방시켜 주시면서 그들을 일깨우셨다.

"나는 너희 중에 행하여 너희의 하나님이 되고 너희는 내 백성이 될 것이니라 … 내가 너희의 멍에의 빗장을 부수고 너희를 바로 서서 걷게 하였느니라"(레 26:12-13).

자유인은 똑바로 선다. 똑바로 걷고 그 누구에게도, 무엇에도 머리를 조아리지 않는다. 자유인들은 스스로의 존엄과 신념을 고수할 용기가 있다. 무엇이 틀린지 알고, 틀린 것에 대해서는 아니라고 말하는 법을 안다. 하나님이 자유를 주시고, 그분 앞에서 똑바로 서서 자유로이 걷도록 하신 '불가능한 사람들'이 바로 그런 사람들이다. 바로 앞에 섰던 모세, 이스라엘이 타락했을 때 나선 비느하스, 바벨론과 메대 바사의 막강한 권력 앞에 당당했던 다니엘과 그의 친구들, 베드로, 스데반, 아타나시우스, 베드로 다미아노, 마틴 루터, 토마스 크랜머, 디트리히 본 회퍼, 디트리히 폰 힐데브란트, 오스카 로메로, 카롤 보이티야 그 밖에 수많은 사람들을 말해 무엇하겠는가?

우리는 결국 언젠가 죽을 것을 알고 있다. 그러나 하나님은 우리가 한 줌 흙으로 돌아가더라도 우리 신앙을 지켜 주실 것이다. 죽음에서 부활하신 예수님처럼 우리도 부활할 것이다. 놀랍게도 부활에 해당하는 헬라어(anastasis)는 문자적으로 '다시 서다'라는 뜻이다. 그러므로 불가능한 사람들은 불가능이 없으신 하나님께 힘을 얻는다. 그분은 어떤 상황에서도 신뢰할 수 있는 분이며 심지어 죽음과 맞서도록 힘을 주시는 분이다. 우리의 부르심은 그 어떤 사람이나 사건이 우리를 무너뜨리려 해도 일어서는 것이다. 하나님의 난공불락의 사람으로 서는 것이다. 유혹이 아무리 달콤하더라도, 시대사조가 아무리 강하고 선동적이더라도, 다른 복음이 아무리 그럴싸해 보이더라도, 공격이 아무리 치명적이더라도, 협박이 아무리 공포스럽더라도 난공불락의 불가능한 사람들은 예수께만 충성하며 굳게 서야 한다.

우리 시대에 바로 그런 일이 일어나기를 소망한다.

떳떳하게 신앙을 드러낼 수 있는 용기와 구별된 다른 삶을 살아갈 수 있는 용기가 이제 기독교 신앙의 핵심으로 회복되어야 한다. 이것은 유대인들이 수백 년 넘게 전 세계 각지에서 놀라운 생존력을 증명한 비결이자 그들의 표식이었다. 시내 산에서 하나님은 어느 곳으로 가든지 "너는 그들의 신을 경배하지 말며 섬기지 말며 그들의 행위를 본받지 말라"(출 23:24)고 명령하셨다. 후에 에스겔 선지자는 우상을 섬기는 민족들을 부러워하는 이스라엘 백성들을 향해 결코 그런 마음을 품어서는 안 된다고 엄중히 경고했다. 하나님은 절대 그런 마음을 두고 보시지 않을 것이다.

"우리가 이방인 곧 여러 나라 족속 같이 되어서 … 하거니와 너희 마음에 품은 것을 결코 이루지 못하리라"(겔 20:32).

유대인 현자들은 "온 세상이 이쪽 편이면 우리는 저쪽 편이다"[1]라고 일깨워 주었다. 그리스도인들은 이 부르심에 유대인과 어깨를 나란히 해야 한다. 그리스도인들은 세상 사람들과 같아서는 안 된다. 불가능한 난공불락의 사람들은 다르게 살도록 부르심을 받았다. 세상과 똑같이 산다면 그리스도인이 아닐 것이다.

사무엘과 같은 순간, 모세와 같은 순간

그러나 본서의 관심은 서구 그리스도인에게 단순히 일전을 각오하도록 요구하는데 있지 않다. 일어서야 한다는 것은, 스스로를 살펴 마땅히 있어야 할 자리에 있지 아니한 것을 회개해야 한다는 것이다. 그리고 세상의 모든 도전을 받아들이는 것이고, '시대의 징조'를 읽어 '영을 시험하며' 다르게 살아야 한다는 것이다. 또한 세상과 싸워야 할 때이고, 떳떳하게 믿음을 천명할 때라는 것이다. 오늘날 서구 교회는 '사무엘과 같은 순간'이자 '모세와 같은 순간'이라 할 수 있는 중차대한 기로에 서 있다.

필자는 「르네상스」에서 서구 교회가 '어거스틴과 같은 순간'과 대면하고 있다고 주장한 적이 있다. 성 어거스틴이 오랫동안 로마의 지배를 받은 서구 제국의 마지막 시기를 살았듯이, 우리 역시 수백 년에 걸쳐 지속된 서구 지배가 끝나는 시기를 살고 있다. 그러나 이런 비교는 역사적 관계에서만 그 설득력을 얻는다. 사무엘과 같은 순간은 교회와 이전의 영향력을 외면하고 있는 문화와의 관계라는 측면과 더 깊은 연관이 있다. 하지만 모세와 같은 순간은 본질적으로 중요하다. 지배력의 상실과 영향력의 상실은 별개의 문제이다. 하지만 어느 것도 모세와 같은 순간과는 전혀 비교 대상이 아니다. 이 순간은 하나님과 교회가 가진 관계의 본질과 관련 있기 때문이다.

사무엘과 같은 순간 : 이 말은 교회가 서구의 근간을 이루는 신앙으로서 그 영향력을 계속 상실할 경우에 직면할 선택과 관련 있다. '~할 경우'라는 표현이 중요한 이유는, 역사는 절대 당연한 것이 없기 때문이다. 사무엘 선지자는 예수님보다 1천여 년 전에 살았던 이스라엘 사사였다. 그는 이스라엘 초대 왕 사울과 다윗을 이스라엘 왕으로 기름부어 세운 최후의 사사이자 선지자로 아주 중요한 인물이다. 실제로 그는 이스라엘에서 '교회와 국가'의 분리(혹은 이스라엘의 '세 왕관' 혹은 세 가지 유형의 국가 지도자, 즉 선지자, 제사장, 왕의 구분)를 시범적으로 증명했고, 선지자의 반문화적 역할을 처음으로 주도했다. 이후로 선지자들은 이스라엘이 하나님을 저버릴 때, 여호와의 말씀을 왕과 제사장, 백성들에게 전하며 책망하는 반문화적 비판자 역할을 하였다.

이스라엘 왕은 하나님의 뜻으로 세워졌다기보다 묵인하심으로 세워진 것에 불과했다. 그들의 왕은 오직 하나님이셨다. 하지만 사무엘의 아들들의 패악과 '모든 나라와 같이' 왕을 갖고자 하는 백성들의 요구로 부득불 왕이 세워지게 되었다. 처음에 사무엘은 그 요구를 개인적인 모독으로 받아들였지만, 하나님은 그들이 사무엘이 아니라 그분 자신을 거부하고 있는 것이라고 말씀해주셨다. 이때 하나님은 놀라운 명령을 하셨다.

"그러므로 그들의 말을 듣되 너는 그들에게 엄히 경고하고 그들을 다스릴 왕의 제도를 가르치라"(삼상 8:9).

이스라엘 백성들은 하나님 대신 왕을 선택하는 잘못을 저질렀다. 때로 그들은 그 선택을 뼈저리게 후회했을 것이다. 사무엘의 예견은 결국 모두 사실로 증명되었다. 유대 민족은 국가가 사라진 뒤에도 수백 년을 살아남았고, 지금도 끈질긴 생명력을 자랑하고 있다. 유대라는 사회는 시내 산에서 하나님이 세우셨고 이후로 4천 년 이상을 살아남았다. 반면 유대 왕정 국가는 주변 국가들처럼 되고 싶은 이스라엘 백성들의 욕망의 발로였지만 불과 4백 년밖에 지속되지 않았다. 다윗과 솔로몬 시대를 제외하면 주변국과 별 다를 바가 없었고 종종 부패와 압제의 당사자이기도 했다.

사무엘은 하나님의 지시대로 백성들에게 강력한 메시지를 전달했다. 첫째, 사무엘은 예언자적 경고를 전달했다. "너희가 선택했으니 그 선택에 걸맞게 살아야 한다." 하나님은 비록 잘못된 것이었지만 그들의 선택을 존중하셨다. 단, 선택에 대한 책임은 그들에게 있었고 그들은 이에 상응하는 대가를 지불해야 했다. 그들은 자신들이 원한 대로 왕을 선택한 대가가 무엇인지 알고 값을 계산해야 했다. 그들이 선택한 왕은 실제로 권한을 남용했고 그들의 아들들과 딸들을 착취 수단으로 삼았다. 둘째, 사무엘은 예언자적 행동을 실천했다. "내가 선택한 대로 내 소명에 맞게 살아야 한다." 백성들은 그릇된 선택을 했지만, 하나님은 사무엘에게 백성들에게 동조하거나 여호와의 선지자로서 마땅한 소명에 불성실해서는 안 된다고 명령하셨다.

이 시대는 여러 모로 사무엘의 시대와 닮아 있다. 서구는 자신의 뿌리를 잘라내고 근간이 되는 체계를 거의 무너뜨렸다. 반-신앙(antifaith)을 주창하는 목소리와 자유라는 거짓된 희망에 현혹되어 하나님을 잊고 자기 길로 가는 편을 택하였다. 서구 사회들은 반복해서 유대적이고 기독교적인 유산을 허비하고 있으며 시간의 시험을 견뎌낸 전통과 가치들을 무시하고 있다. 심지어 이방 로마에 비견되거나 심지어 그것을 넘어서는 생활방식과 습관, 제도들을 무분별하게 받아들이고 있다. 이 선택들을 되돌리지 않으면 이 길의 끝에서 결국 타락과 종말을 맞이할 것이다. 하나님의 환경적 생태계와 마찬가지로 그분의 도덕적 영적 생태계에 대한 침탈은 이제 마땅한 처벌을 받을 것이다.

그러므로 우리는 사무엘처럼 담대하지만 비통한 마음으로 우리 세대를 향해 이렇게 외쳐야 한다. "서구의 리더들과 민족들이여, 이것이 바로 당신들의 선택이오. 그 선택에는 반드시 결과가 따를 것이오. 그 결과로 심판 받을 것이고, 세상은 그 모습을 보고 자업자득이라 할 것이오. 그 심판의 날 태어나지도 못하고 죽은 수백만의 생명들에 대한 정의가 이루어지지 않겠소? 가정에 대한 당신네들의 어리석은 대안으로 말미암아 파괴된 수많은 가정과 그 자녀들의 산산조각 난 인생에 대한 마땅한 보응을 받지 않겠소? 당신들이 숭배하는 맘몬신이 몰락하고 그 신도들이 처참하게 버림당할 날이 오지 않겠소? 눈부신 과학 기술이 부리는 마술 같은 예술이 모두 실패로 돌아가고, 그 숭배자들은 만인이 투쟁하는 원시의 정글 상태로 돌아갈 날이 오지 않겠소? 미래가 아직 보이지는 않지만 당신들은 지금 바람을 뿌리고 태풍을 거두게 될 것이오."

지금 거두고 있는 쓰디쓴 열매가 완전히 무르익기까지 십 년이 걸리든 몇 십 년이 걸리든 그 날은 분명히 올 것이다. 그리고 그들 스스로 선택한 결과로 심판을 받을 것이다. 그러므로 이제 우리는 엄중히 경고한다. 당신들과 당신 자식들의 자식들을 위해 부디 지금 그 길에서 돌이키기를 간절히 호소한다. 그러나 분명히 말해 두지만 당신들이 이 길을 고집한다 해도 우리는 당신들과 함께 하지 않을 것이다. 재앙이 닥친다면 그것은 우리 때문이 아니다. 우리는 예수님을 따르는 제자로서 구별되어 살도록 부름 받았기에 구별된 삶을 사는 데 헌신할 것이다. 당신들의 신을 섬길 일도 없고 당신들을 따라 살 일도 없다. 저급한 법을 선택하거나 아예 법을 내팽개치고 사는 사회에서 우리는 하늘의 법도를 따라 살 것이다. 우리는 하나님의 도성의 시민들이고 인간 도성의 이방인들이다.

모세와 같은 순간 : 앞에서 문화 붕괴를 막을 해독제로 하나님의 영광을 설명하면서 모세의 담대한 기도를 언급한 적이 있다.

"주의 영광을 내게 보이소서"(출 33:18).

누구도 하나님의 얼굴을 직접 면전에서 보고 살아남을 수 없었다. 모세도 예외는 아니었다. 그러나 백성의 지도자로서 모세는 최대의 위기 속에서 타락한 인간이 살아남을 수 있을 만큼 최대한 하나님을 알아야 한다고 생각했다. 그렇지 않으면 무엇이 기다리고 있을지 확신할 길이 없었다. 그러나 모세의 기도는 단순히 자신을 위한 기도가 아니었다. 자기 백성들을 위한 중보의 기도이기도 했다. 유대 현자들의 지적대로 금송아지 사건의 위기는 단순히 그들이 우상을 만들었기 때문이 아니었다. 그 우상은 하나의 신탁이자 대신 하나님의 입으로 삼고자 만든 것이었다. 그들은 시내 산에서 하나님의 음성을 직접 듣고 감당할 수 없는 두려움에 빠졌다. 그리고 모세라는 중재자의 목소리가 사라지자 극심한 공포 속에서 광야를 무사히 빠져나가게 인도해줄 신탁을 스스로 창조해 내고자 했다. 금송아지를 만든 것은 정말 잘못이었지만, 그것을 만들게 된 문제는 실제적이었다. 그들이 감내할 수 있는 수준에서 하나님의 음성과 임재를 지속적이고 정기적으로 접할 방법은 무엇인가? 심지어 모세가 그들의 중재자로 함께하지 못하는 순간이라도 그것을 유지할 수 있는 길은 무엇인가?

이 질문의 대답이 모세가 처한 순간의 핵심이다. 모세가 백성들을 대신해 하나님과 '협상'을 벌일 때, 위대하신 우리 주, 스스로 있는 자, '거룩하시고 지극히 거룩하신' 그분은 자기 백성들에게 맞추어 그들이 감당할 수 있는 방법으로 그분의 임재를 알고 누릴 길을 열어 주셨다. 랍비 삭스의 말대로 "거룩한 시간과 성전은 하나님이 그분의 임재를 위해 따로 정해주신 시간과 공간이다." 실제로 "그런 거룩한 시간과 공간은 하나님을 절대적 현존으로 경험하게 되는 시간과 공간이다."[2] 안식일과 성소, 희생 제사와 율법의 세세한 규정은 중요하지만 이차적이었다. 유대인의 경우는 제 2차 성전의 파괴와 함께 대부분의 지성물과 의식들이 영원히 사라졌고, 그리스도인의 경우는 예수님의 오심과 예수님이 떠나시면서 자기 백성들에게 약속하신 성령이 오심으로 인해 새로워졌다.

그런 규정은 하나님의 절대적 임재를 직접 경험하지 못하도록 거룩하신 자의 범접할 수 없는 위엄을 지키는데 목적이 있었다. 성일과 성소, 그리고 그리스도인들에게 주신 성령은 하나님의 절대적 현존을 압도적 실재로 알고 체험하더라도 그 실재에 삼켜 멸망하지 않도록 하기 위함이었다. 그리고 그분의 현존을 누림으로 거룩한 백성이 되도록 하기 위함이었다. 하나님의 절대적 현존으로서 거룩을 알고 누리는 체험은 유대교 신앙과 마찬가지로 기독교 신앙의 필수적인 핵심이다. 오늘날 교회는 그 어느 때보다 거룩이 필요하다. 인간이 고안한 문화적 경계와 신학적 점검 목록이 아니라, 하나님의 절대적 현존 앞에서 살 때 주어지는 거룩은 결코 굴하지 않는 하나님의 백성들이 가진 핵심적 속성이 되어야 한다. 그러므로 모세처럼 우리도 "당신의 영광을 보여 주소서"라고 간절히 기도해야 한다. 오직 압도적 실재로 하나님을 아는 사람들만이 이 시대가 던지는 시험을 견딜 수 있을 것이다.

서구 국가들은 하나님을 망각했을 뿐 아니라 자신들의 뿌리가 무엇인지도 망각했다. 이제 그들은 서구 문명의 뿌리를 잘라내고 그 근간이 되는 체계를 무너뜨리고 있다. 그 토양을 오염시켜 영적, 도덕적, 사회적 생태계를 파괴하는 과정을 마무리하려고 시도 중이다. 지금처럼 하나님을 망각하고 그 길을 거부하는 길을 끝까지 고집할지 모른다. 그러나 우리 주변이 어떤 길을 걸어가든 상관없이 우리는 끝까지 믿음을 지키며 삶에서 하나님의 자리를 고수해야 한다. 하나님의 임재를 누리며 예수의 길로 걸어가는 것은 우리에게 주어진 특권이다. 제자로서 사는 길이 외롭고 힘들더라도 끝까지 믿음을 지키며 세상과 구별된 자로서 세상과 다른 삶을 살아야 한다.

어쩌면 하나님이 주저하시는 손을 들어 우리가 선택한 결과들을 거두어 주실지도 모른다. 다시 자비를 베푸셔서 교회를 부흥시켜 주시고, 기독교 신앙이 들불처럼 되살아나 서구의 실제적 믿음을 제공하는 역할을 회복하게 해주실 지도 모른다. 물론 하나님이 어떤 결정을 내리실지는 우리 소관이 아니다. 그러나 하나님을 믿는 믿음은 언제나 우리 삶을 결정하는 신앙이 되어야 하고, 우리 생활 방식의 나침반이 되어야 한다. 우리는 하나님의 절대적 현존 앞에서 살아가며 신실한 삶을 살도록 부름 받았다. 그렇게 해서 누구에게도 흔들리지 않고 어떤 뇌물에도 넘어가지 않고 결코 그 행진을 멈추지 않는 백성으로 살도록 부름 받았다. 우리는 절대 이길 수 없는 하나님을 섬기며 우리 역시 누구에게도 지지 않는 하나님의 백성이 되어야 한다.

이제 거침없이 돌진해 오는 미래의 도전과 시련에도 끝까지 믿음을 지킴으로 "우리 세대에 하나님이 주신 뜻을 충실히 감당했노라"고 말할 수 있도록 결단하자. 하나님이여, 우리를 도우소서.

기도 하나님 아버지, 주님 앞에 겸손히 무릎을 꿇습니다. 주의 진리가 아니라면 우리 삶은 혼란스럽고 무의미할 수밖에 없습니다. 주의 은혜가 아니라면 죄에 빠져 주님을 만날 수도, 스스로를 구원할 수도 없습니다. 주의 자비하심이 아니라면 무능함에 주저앉아 일어설 수도 없습니다. 주의 섭리하심이 아니라면 우리의 노력과 이상을 완강히 거부하는 이 세계에서 무너지고 말 것입니다. 주님, 주는 우리의 주이시며 구원자이십니다. 우리를 가리는 안개를 주의 진리로 거둬 주시고, 잘못된 길을 가는 우리를 주의 은혜로 회복시켜 주옵소서. 새롭게 소명을 주심으로 우리 가슴에 새로운 삶의 목적을 품게 하옵시고, 무엇보다 주님의 사랑과 자비로 당당히 세상과 맞서게 하옵소서. 그래서 이 세상과 이 시대에 주가 임하실 거룩한 집을 세우는 소명에 합당한 백성이 되게 하옵소서. 예수 그리스도의 이름으로 기도드립니다. 아멘.

묵상하고 나누기

1 우리 시대에 교회가 당면한 도전과 관련해 회개하고 바로 잡아야 할 일을 한 가지 꼽는다면 무엇인가?

2 자신을 위해서 혹은 가족이나 교회, 국가를 위해서 지금 마음으로 기도하고 있는 한 가지 제목은 무엇인가?

3 현재적 도전에 대한 하나님의 응답의 일부로서 하나님이 실천하도록 요청하시는 한 가지 행동이 있다면 무엇인가?

주

서문

1. 조나단 삭스, Future Tense: Jews, Judaism and Israel in the Twenty-first Century (New York: Schocken, 2009), 51.
2. 로버트 루이스 윌컨, The Christians as the Romans Saw Them (New Haven, CT: Yale University Press, 1983), 23.
3. 상동.

1장

1. 조지 엘리엇, 조나단 삭스의 Future Tense: Jews, Judaism and Israel in the Twenty-first Century (New York: Schocken, 2009), 13에서 인용.
2. 조나단 삭스, Covenant and Conversation: A Weekly Reading of the Jewish Bible—Leviticus (New Haven, CT: Maggid Books, 2015), 368.
3. 마이클 고브, "In Defence of Christianity," Spectator, 2015년 4월 4일, www.spectator.co.uk/2015/04/in-defence-of-christianity.
4. 조나단 삭스, Radical Then, Radical Now: On Being Jewish (London: Bloomsbury, 2003), x, 191.
5. 상동., 193.
6. 랜스 모로우, "1968," Time, 1988년 1월 11일, 16.
7. 조지 F. 윌, "1968: Memories that Dim and Differ," Washington Post, 1988년 1월 14일자 A27.

8   제러미 리프킨의 Algeny (New York: Viking Press, 1983)를 참고하라.
9   상동., 64.
10 유발 노아 하라리, Sapiens: A Brief History of Humankind (London: Penguin Random House, 2011), 14.
11 리프킨, Algeny, 5-6.
12 안토니오 리갈도, "Engineering the Perfect Baby," MIT Technology Review 118, no. 3 (May-June 2015) : 26.
13 메리 미즐리, Science as Salvation: A Modern Myth and Its Meaning(London : Routledge. 1992), 29.
14 상동., 146-147
15 폴 데이비스, Superforce: The Search for a Grand Unified Theory of Nature (London : Unwin Paperbacks, 1984), 167.
16 마이클 왈저, The Paradox Of Liberation: Secular Revolutions And Religious Counterrevolutions (New Haven, CT: Yale University Press, 2015), 120.

2장

1   리차드 르윈틴, 칼 세이건의 The Demon Haunted World: Science as a Candle in the Dark 리뷰, New York Review of Books, 1997년 1월 9일자. www.nybooks.com/articles/1997/01/09/billions-and-billions-of-demons.
2   조나단 삭스, Covenant and Conversation: A Weekly Reading of the Jewish Bible—Leviticus(New Milford, CT: Maggid Books, 2015), 5.
3   프리드리히 니체, Beyond Good and Evil (South Kingston, RI: Milennium, 2014), 38.
4   유세비우스, Life of Constantine 4.62.1-3.
5   어거스틴, Reply to Faustus the Manichaean 17.3.
6   조나단 삭스, Covenant and Conversation, 16.

7   피터 L. 버거, "For a World with Windows" in Against the World for the World, 피터 L. 버거와 리차드 존 뉴하우스 편집(New York: Seabury Press, 1976), 10.
8   유발 노아 하라리, Sapiens: A Brief History of Humankind (London: Penguin Random House, 2011), 27.
9   프리드리히 니체, Thus Spoke Zarathustra, 토마스 커먼 번역(Blacksburg, VA: Thrifty, 2009), 22.
10 오리겐, Against Celsus 7.4.
11 어거스틴, City of God 22.8.
12 피터 L. 버거, 브리짓트 버거와 한스 프리드 컬너, The Homeless Mind : Modernization and Consciousness (New York: Random House, 1973), 77.

3장

1   쟝 달랑베르와 디드로, 헨리 키신저의 World Order (New York. Penguin, 2014) 38-39에서 인용.
2   프리드리히 니체, Ecce Homo : How to Become What You Are, 던컨 라지 번역(Oxford : Oxford University Press, 2007). 88-89.
3   토마스 파르, World and Faith and Freedom: Why International Religious Liberty Is Vital to American National Security (New York: Oxford University Press, 2008).
4   월터 윙크, Unmasking the Powers: The Invisible Powers That Determine Human Experience (Philadelphia: Fortress Press, 1986), 1.
5   상동, 5.
6   상동, 4.
7   더렉 프린스. Pulling Down Strongholds (New Kensington, PA: Whitaker House, 2013). 33.

8   조지 스타이너, The Portage to San Christobal of A. H. (Chicago: University of Chicago Press, 1981), 164.
9   프리드리히 니체, Thus Spoke Zarathustra, 아드리안 델 카로와 로버트 피핀 편집(Cambridge: Cambridge University Press, 2006), 214.
10 윙크, Unmasking the Powers, 95.
11 상동, 87.
12 에라스무스, 로저 크롤리의 Empires of the Sea (New York: Random House, 2008), 45에서 인용.
13 술레이만, 로저 크롤리의 책에서 인용.
14 필자의 책 Fool's Talk (Downers Grove, IL: Inter-Varsity Press, 2015) 11장을 참고하라.

4장

1   아우렐리오 페체이, The Human Quality (Oxford: Pergamon Press, 1977), 60-61.
2   상동, 61.
3   제임스 브라이스, The American Commonwealth (New York: MacMillan, 1895), 2:702.
4   상동, 2:793.
5   상동, 2:794.
6   존 로크, A Letter Concerning Toleration (Seattle: Amazon Digital Services, 2012), 50.
7   윌 듀란트와 아리엘 듀란트, The Lessons of History (New York: MJF Books, 1968), 51.
8   칼 막스와 프리드리히 엥겔스, The Communist Manifesto (Huntington, WV: Empire Books, 2011), 4.
9   밀란 쿤데라, The Unbearable Lightness of Being (New York: Harper

Perennial, 2009), 256.

10. 지그문트 바우만의 Liquid Modernity (Cambridge: Polity Press)를 참고하라.
11. 페체이의 Human Quality, 15, 17, 22.
12. 블레이즈 파스칼, Pensées 60. A. I. 크라일사이어 번역(New York: Penguin, 1966), 46.
13. 유발 노아 하라리, Sapiens: A Brief History of Humankind (London : Penguin Random House. 2011). 31.
14. 상동, 150.
15. 토마스 홉스. Leviathan 1.6.
16. 하라리, Sapiens. 122.
17. 페체이. Human Quality, 129-130. 149.
18. 상동, 149.
19. 크리스토퍼 도슨, Medieval Essays (Washington, DC: Catholic University of America Press, 1984), 137.
20. 윈스턴 처칠, "Their Finest Hour," 1940 6월 18일 영국 의회에서 한 연설, www.historyplace.com/speeches/churchill-hour.htm.
21. 스티븐 핑커, 2015년 8월 4일 머카토넷에서 매튜 비어드의 "Bioethics Is a Moral Imperative. Mr. Pinker!,"에서 인용. www.mercatornet.com/articles/view/bioethics-is-a-moral-imperative/16620.
22. 하라리, Sapiens, 461.
23. 폴 리쾨르, 피터 왓슨의 The Age of Nothing: How We Have Sought to Live Since the Death of God (London: Weidenfeld & Nicholson, 2014), 300에서 인용.
24. 마틴 하이데거, "Only a God Can Save Us," 1976년 3월 31일자 슈피겔지 209. www.ditext.com/heidegger/interview.html.
25. 하라리, Sapiens, 415.

26 프리드리히 니체, Thus Spake Zarathustra, 헨리 더 루바흐의 The Drama of Atheist Humanism (1949; San Francisco: Ignatius Press, 1995 재출간). 501에 인용.
27 윈스턴 처칠, "Never Despair." 1955 3월 1일 국회 연설. www.winstonchurchill.org/resources/speeches/235-1946‑1963-elder-statesman/102-never-despair.

5장

1 위르겐 하버마스, 피터 왓슨의 The Age of Nothing: How We Have Sought to Live Since the Death of God (London : Weidenfeld & Nicholson, 2014) 2에서 인용.
2 상동, 3.
3 프리드리히 니체 The Antichrist 18, R. J. 홀링데일 번역; 리차드 도킨스, The God Delusion(New York: Mariner Books, 2006), 51.
4 표도르 도스토예프스키, The Adolescent, 리차드 페비어와 라리사 볼로콘스키 번역(New York: Alfred A. Knopf, 2003), 373.
5 크리스토퍼 도슨, Beyond Politics(New York: Sheed & Ward, 1939), 3.
6 상동, 113.
7 샘 해리스, The End of Faith: Religion, Terror and the Future of Reason(New York: Norton, 2005), 52-53.
8 루드비히 비트겐슈타인, Tractatus Logico-Philosophicus 6.41(1922: 재출간, New York: Cosimo, 2007), 105.
9 토마스 나겔, Mind and Cosmos: Why the Materialist Neo-Darwinian Conception of Nature Is Almost Certainly False(New York: Oxford University Press, 2012).
10 프리드리히 니체, The Gay Science, 월터 카우프만 번역(New York : Random House, 174). 132.

11 왓슨, Age of Nothing, 4; 토마스 나겔, The Last Word (New York : Oxford University Press, 1977), 130; 쿠르트 괴델, 데이비드 벌린스키의 The Devil's Delusion : Atheism and Its Scientific Pretensions (New York: Basic Books. 2002), 2에서 인용.

12 왓슨, Age of Nothing, 5.

13 마이클 왈저, The Paradox Of Liberation : Secular Revolutions And Religious Counterrevolutions (New Haven, CT : Yale University Press. 2015), ix, xii.

14 제이미 팍스와 루이스 파라칸, 벤자민 와이커의 Worshipping the State : How Liberalism Became Our State Religion (Washington, DC : Regnery. 2013), 1, 5-6에서 인용.

15 헨리 루이스의 Modem Rationalism as Seen at Work in Its Biographies (London: SPCK. 1913), 359.

16 왓슨, Age of Nothing. 233.

17 피터 쉐퍼, Equus, 2장(New York: Scribner. 2002), 81.

18 아이리스 머독, 왓슨의 Age of Nothing, front matter 에서 인용.

19 니체, The Gay Science. 108.

20 앙리 더 뤼박, The Drama of Atheist Humanism (San Francisco : Ignatius Press, 1995), 506.

21 오웬 채드윅의 The Secularization of the European Mind in the Nineteenth Century(Cambridge ; Cambridge University Press, 1975), 214에서 인용.

22 에밀 뒤르켐, The Elementary Forms of the Religious Life, J. W. 스웨인 번역 (London Collier MacMillan. 1961), 474.

23 크리스토퍼 래쉬, "The Me Decade: Narcissism in America" (Washington, DC, The Hoover Reporting Company. 1970), 32.

24 몽테뉴, 폴 라헤의 Republics Ancient and Modern: Classical Republicanism and the American Revolution (Chapel Hill: University of North Carolina Press, 1992), 236에서 인용.

25 오비드, 같은 책 283에서 인용.
26 체사레 크레모니니, 같은 책 237에서 인용.
27 프리드리히 니체, Will To Power, (New York Random House, 1968), 145. 월터 카우프만과 R. J. 홀링데일 번역
28 버트란트 러셀, 왓슨의 Age of Nothing, 315에서 인용.
29 블라드미르 레닌, 같은 책 220에서 인용.
30 에밀 브루너, Christianity and Civilisation (London: Nisbet, 1949), 105.
31 프르드리히 니체, The Gay Science, 273.
32 크리스토퍼 도슨, The Dividing of Christendom (San Francisco: Ignatius Press, 2008), 31.
33 오스 기니스의 The Global Public Square : Religion and the Making of a World Safe for Diversity (Downers Grove, IL: InterVarsity Press, 2013)를 참고하라.
34 브라이언 트어니, The Crisis of Church and State (Englewood Cliffs, NJ: Prentice-Hall, 1980), 13과 존 M. 배리의 Roger Williams and the Creation of the American Soul (New York: Viking Penguin, 2012)를 참고하라.
35 기니스의 Global Public Square, 200-203.

6장

1 앙리 드 뤼박, The Drama Of Atheist Humanism (San Francisco: Ignatius Press, 1995), 331.
2 G.K. 체스터튼, Orthodoxy의 "The Ethics of Elfland," 4장 in Orthodoxy와 야로슬라브 펠리칸, The Vindication of Tradition (New Haven, CT: Yale University Press, 1984). 65를 참고하라.
3 마이클 이그나티에프, The Warrior's Honour (New York: Henry Holt, 1997), 188.

4 이시구로 가즈오, The Buried Giant (New York: Alfred A. Knopf, 2015), 297.
5 크리스 크리스터퍼슨과 프레드 포스터, "Me and Bobby McGee," BNA 69035, 1969.
6 마가렛 미드, Culture and Commitment (New York : Doubleday, 1970), 64.
7 크리스 훈, 데스 윌슨의 2014년 5월 18일자 데일리 메일 "Why I Fear Our Next War Will Be Against Our Own Children Daily Mail, May 18, 2014"에서 인용. www.dailymail.co.uk/news/article-2631251/Why-I-fear-war-against-children-A-drain-society-Clogging-homes-Soaking-state-cash-routine-insults-hurled - pensioners-resentful-young- Now-one-senior-writer-enough.html.
8 푸에티에의 힐라리, 크리스토퍼 도슨의 The Making of Europe: An Introduction to the History of Unity (Washington, DC: Catholic University of America Press, 1954), 48에서 인용.
9 안드라스 쉐퍼, 2013년 12월 BBC World Service에서 팀 프랭크스의 "Andras Schaff: Why I Won't Perform in Hungary"에서 인용. www.bbc.com/news/magazine-25450716.
10 아르투르 슈나벨, 위와 같은 데서 인용.
11 에릭 쿠에넬트 레딘, Liberty or Equality (Auburn, AL : Mises Institute, 2012), 275; 에밀 브루너, Christianity and Civilisation (London: Nisbet, 1949).

7장

1 윈스턴 처칠, "Give Us the Tools and We Will Finish the Job," 1941년 2월 9일 BBC 라디오. www.awesomestories.com/asset/view/Churchill-Give-Us-the-Tools-and-We-Will-Finish-the-Job.

2   에밀 팩컨하임, What Is Judaism?(New York: Macmillan, 1987). 60.
3   윈스턴 처칠, "Artful Dodger!," 그의 연설문 중 Never Give In!의 일부, 윈스턴 S. 처칠 편집(London: Bloomsbury, 2013), 73. 1926년 4월 22일 영국 의회에서 한 연설.
4   T. S. 엘리엇, "Choruses from The Rock," 1934.
5   레슬리 뉴비긴, Lesslie Newbigin: Missionary Theologian: A Reader, 폴 웨스턴 편찬(London: SPCK, 2006), 39.
6   월터 윙크, Unmasking the Powers: The Invisible Powers that Determine Human Experience (Philadelphia : Fortress Press, 1986), 41.
7   뉴비긴, Lesslie Newbigin, 47.
8   라인홀드 니버, Discerning the Signs of the Times: Sermons for Today and Tomorrow (New York: Charles Scribner's, 1946), 2.
9   상동, 4.

맺는 글

1   조나단 삭스, Radical Then, Radical Now: On Being Jewish (London: Bloomsbury, 2003). 5o.
2   조나단 삭스, Covenant and Conversation: A Weekly Reading of the Jewish Bible Leviticus (New Haven, CT: Maggid Books, 2015). 145.

신앙의 변절을 요구하는 시대를 살다
오스 기니스의 저항

1판 1쇄	2017년 8월 15일
1판 4쇄	2023년 10월 25일
지은이	오스 기니스
옮긴이	김진선
발행인	조애신
편집	이소연
디자인	임은미
마케팅	전필영, 권희정
경영지원	전두표
발행처	도서출판 토기장이
주소	서울시 마포구 동교로 71-1 신광빌딩 2F
출판등록	1998년 5월 29일 제1998-000070호
전화	02-3143-0400
팩스	0505-300-0646
이메일	tletter77@naver.com
인스타그램	togijangi_books_
ISBN	978-89-7782-382-2

- 이 책은 저작권 법에 따라 보호를 받는 저작물이므로 무단 전재와 무단 복제를 금합니다.
- 이 책의 전부 또는 일부를 이용하려면 반드시 저자와 도서출판 토기장이의 동의를 받아야 합니다.

도서출판 토기장이는 생명 있는 책만 만듭니다.
"우리는 진흙이요 주는 토기장이시니 우리는 다 주의 손으로 지으신 것이니이다" (이사야 64:8)